BIBLIOTHÈQUE DES LETTRES MODERNES

42

Série *Critique*

14

La Forme du passé

Cet ouvrage a été publié pour la première fois en 1999 dans la collection
Bibliothèque des lettres modernes dirigée par Michel Minard.

Patrick Marot

La Forme du passé

Écriture du temps et poétique du fragment chez Julien Gracq

PARIS
LETTRES MODERNES MINARD

Patrick Marot est professeur de littérature française moderne et contemporaine à l'université Toulouse – Jean-Jaurès. Ses travaux concernent la théorie littéraire et l'esthétique. Spécialiste de Julien Gracq, il dirige la série de la « Revue des lettres modernes » consacrée à cet auteur. Il est président du comité éditorial des Lettres modernes Minard.

Réimpression de l'édition de Paris, 1999.

ISBN 978-2-406-12555-6 (livre broché)
ISSN 0520-0555

Mes remerciements chaleureux vont à Élisabeth Cardonne-Arlyck (Vassar College, New York) et à Jean Burgos (Université de Savoie) pour leurs relectures attentives qui m'ont été précieuses, ainsi qu'à Michel Minard pour le concours amical et matériel qu'il m'a apporté.

SIGLES ET ABRÉVIATIONS

ÉDITIONS UTILISÉES

[*ŒC*,] I, II	Julien GRACQ, *Œuvres complètes*. Édition établie par Bernhild BOIE. Paris, Gallimard, « Bibliothèque de la Pléiade », t. I : 1989, t. II : 1995.
AB	*André Breton. Quelques aspects de l'écrivain* (1948)
BF	*Un Balcon en forêt* (1958)
BT	*Un Beau ténébreux* (1945)
CA	*Au château d'Argol* (1938)
CGC	*Carnets du grand chemin* (1992)
EÉ	*Les Eaux étroites* (1976)
En	*En lisant en écrivant* (1981)
FV	*La Forme d'une ville* (1985)
L1	*Lettrines* (1967)
L2	*Lettrines 2* (1978)
PÎ	*La Presqu'île* (« La Presqu'île », « La Route », « Le Roi Cophétua »)
Préf.	*Préférences* (1961)
RS	*Le Rivage des Syrtes* (1951)
SC	*Autour des sept collines* (1988)

USUEL

JGr1...	*Julien Gracq 1*, etc. (livraisons de la Série *Julien Gracq* de la collection « La Revue des lettres modernes »).

Toute citation formellement textuelle (avec sa référence) se présente soit hors texte, en caractère romain compact, soit dans le corps du texte en *italique* entre guillemets, les soulignés du texte d'origine étant rendus par l'alternance romain / *italique* ; mais seuls les mots en PETITES CAPITALES y sont soulignés par l'auteur de l'étude.

À l'intérieur d'un même paragraphe, les séries continues de références à une même source sont allégées du sigle commun initial et réduites à la seule numérotation ; par ailleurs les références consécutives identiques ne sont pas répétées à l'intérieur de ce paragraphe.

Le signe * devant une séquence atteste l'écart typographique du texte édité (*italiques* isolées du contexte non cité, PETITES CAPITALES propres au texte cité, interférences possibles avec des sigles de l'étude) ou la restitution * [entre crochets] d'un texte existant mais non édité sous cette forme : document sonore (dialogues de films, émissions radiophoniques...) ; état typographique (redistribution de calligrammes, rébus, montage, découpage...) ; état manuscrit (forme en attente, alternative, option non résolue, avec ou sans description génétique).

« *Deux passages de Shakespeare m'émeuvent toujours très particulièrement, et pourtant dans des scènes très secondaires. Dans* Macbeth, *quand Duncan arrive en vue du château où on va l'assassiner* [...]. *L'autre passage, au cinquième acte de* Hamlet, *quand Hamlet hésite un instant avant le duel, puis se résout* [...].

Pourquoi ces deux passages ? L'un, je pense, parce qu'il pressent, l'autre, parce qu'il ne pressent pas. Rien d'autre ne m'a jamais intéressé au théâtre, ou presque. » (*L1* ; II, 195-6)

NOTE LIMINAIRE

Les termes fragments *et* fragmentaire, *dont j'userai tout au long de cet ouvrage, sont attestés chez Gracq lui-même. Le premier l'est dans la page liminaire des* Carnets du grand chemin *(*CGC *; II, 939), où l'écrivain l'emploie indifféremment avec le mot* notes *— plus neutre et plus prudent dans la mesure où il est moins richement investi par l'héritage de la littérature antécédente (romantique en particulier) ; le second apparaît dans l'entretien accordé en 1981 à Jean Roudaut (II, 1226), où Gracq parle de «* littérature fragmentaire *» (l'expression figure entre guillemets dans ce texte — relu comme les autres par l'écrivain) pour caractériser ses propres œuvres non fictionnelles.*

INTRODUCTION

La discrétion de Julien Gracq quant aux événements de sa vie privée a souvent été notée par la critique, tant universitaire que journalistique — quelle qu'ait été la bonne volonté de l'écrivain à faire part de tel ou tel souvenir permettant d'éclairer biographiquement un épisode romanesque. On peut songer à cet égard aux réponses apportées lors des entretiens accordés par l'auteur — réponses où la précision factuelle de la remémoration laisse néanmoins toujours apparaître un souci du quant à soi. C'est que l'événement vécu — qu'il appartienne à l'Histoire commune ou à la vie privée — n'a pas la même portée ni le même sens selon qu'il est livré dans une facticité que l'espace conversationnel, par exemple, laisse à elle-même, ou selon qu'il fait l'objet d'une mise en œuvre littéraire qui dès lors redéfinit son statut événementiel, le fait exister dans l'ordre des signes. Un fragment de *En lisant en écrivant* concernant les idées reélaborées par l'écriture romanesque indique assez l'ampleur de cet écart esthétique :

> Il m'est arrivé quelquefois, pendant que j'écrivais un livre, de me reprocher — réflexe d'avarice — d'avoir *parlé* dans la conversation une idée que je venais d'y incorporer, agacé après coup dans mon instinct possessif à l'idée d'une divulgation prématurée. En fait, de pareilles indiscrétions ne comportent aucun risque : si l'idée tient vraiment au livre, détachée de lui elle restera inutilisable et même invisible, incapable qu'elle est par nature d'entrer en composition ailleurs. Si elle n'en est que la menue monnaie, nul inconvénient à ce qu'elle aille pourvoir les nécessiteux. (*En* ; II, 666)

Il en va des événements du passé comme des idées que s'absorbe l'écriture romanesque, et s'il peut être intéressant pour comprendre ce qui a nourri les péripéties de *Un Balcon en forêt* de connaître ce qui, dans les événements vécus par le lieutenant Poirier à Gravelines ou à Rosendael, peut présenter un caractère matriciel, il reste que l'écrivain manifeste volontiers qu'il se trouve plutôt du côté de Proust que de celui de Sainte-Beuve.

La réticence de Gracq à l'autobiographique est attestée par le commentaire peu élogieux du *Journal* d'André Gide dans l'essai consacré à *André Breton* (voir I, 450), ou par telle *confession dédaigneuse* qui, évoquant par exemple la faim éprouvée en détention, s'empresse d'effacer toute la dimension pathétique ou singularisante qui pourrait s'attacher à une telle remémoration (voir *L1* ; II, 188). Que les recueils de fragments qui se sont multipliés à partir de *Lettrines* aient découvert, pans par pans, les aspects jusqu'alors inconnus de la biographie de l'écrivain ne doit en l'occurrence pas prêter à malentendu, et ce n'est pas le moindre mérite du *Gracq autographe*[1] de Bernard Vouilloux d'avoir insisté sur le peu de pertinence qu'il y aurait à rabattre l'écriture fragmentaire ou le cycle des lieux sur les formes traditionnelles de l'autobiographique (journal intime, récit de voyage, confessions, mémoires, etc.). Celui-ci fait toujours chez Gracq l'objet d'une élusion ou d'une fin de non-recevoir, et ne trouve finalement de légitimité que dans le réinvestissement purement littéraire de son matériau. De ce que fut Louis Poirier, nous ne savons que ce qu'en fait l'écrivain Julien Gracq : la permanence du pseudonyme sur les couvertures des œuvres fragmentaires indique assez que les productions non fictionnelles se prolongent l'une l'autre sous les mêmes emblèmes.

Il peut donc sembler sous cet aspect peu pertinent d'opposer aux œuvres romanesques des recueils de fragments (*Lettrines* 1 et 2, *En lisant en écrivant*, *Carnets du grand chemin*), et des textes qui, sans appartenir à la fiction ni à l'autobiographie, manifestent une continuité narrative et une unité thématique évidentes (*Les Eaux étroites*, *La Forme d'une ville*, *Autour des sept collines*). Les romans multiplient en effet, par-delà les emprunts au vécu de la « drôle de guerre » signalés à propos de *Un Balcon en forêt* et amplement commentés par l'écrivain lui-même et par les critiques, des notations sensorielles et des images dont les textes fragmentaires proposent obligeamment les « clés » : ainsi par exemple l'Ancien Observatoire de *La Forme d'une ville* est-il affecté comme source probable de la figure — si insistante dans la fiction gracquienne — du « *lieu clos* » (*FV* ; II, 807) ou du « *château noir* » ; ainsi encore l'« *illumination quiétiste* » (831) ressentie « *il y a soixante ans* » dans la prairie de Mauves, en bord

1. Bernard Vouilloux, *Gracq autographe* (Paris, José Corti, 1989).

de Loire, est-elle liée par l'écrivain au poème « La Sieste en Flandre hollandaise », et peut-elle tout aussi aisément se trouver réinvestie dans l'évocation enivrée des prairies d'asphodèles par le Journal de Gérard (*BT* ; I, 131). D'autre part, les brefs récits de souvenirs proposés par les recueils de fragments relèvent eux-mêmes d'une poétique de la forme brève dont la littérarité, volontiers exhibée par les références intertextuelles qui y abondent, exclut en regard des récits fictionnels ou des évocations de lieux toute tentation d'une opposition facile entre le matériau et son inscription littéraire, entre la matrice d'un vécu pré-scriptural tout entier pensé du côté de ses virtualités narratives et cet advenu que constitue l'œuvre écrite.

Il serait d'autre part décevant ou arbitraire de s'en tenir à la ligne de partage critique que proposerait une distribution générique entre formes narratives longues, telles que l'illustrent les quatre romans ou même les nouvelles de *La Presqu'île*, et les formes narratives ou discursives brèves des recueils de fragments. Une telle approche présenterait en effet l'inconvénient de réduire à une taxinomie poétique pré-constituée des textes qui peuvent s'assigner réciproquement selon des dispositifs migratoires plus subtils que ceux de la simple superposition ou de l'emprunt — qui l'une et l'autre laissent de côté, au-delà du repérage des filiations généalogiques dans l'espace d'une intertextualité interne, les parcours par lesquels l'évocation gracquienne du passé accède à une singularité poétique où il y va de la forme même des œuvres. Que faire en outre, dans cette perspective, d'un fragment de roman comme « La Route », publié dans le recueil de nouvelles *La Presqu'île* mais qui relève d'une autre démarche d'écriture que les textes qu'il accompagne ? Et que faire, plus significativement, des évocations rêveuses de lieux (l'Èvre, Nantes, Rome) dont le classement générique est douteux, à la fois longuement déployées et fracturées en multiples juxtapositions, à la fois discursives et saturées par le descriptif à la manière des *Mémoires d'outre-tombe* de Chateaubriand ou des *Mémoires d'un touriste* de Stendhal — deux références chères à Gracq mais qui ne sauraient évidemment tenir lieu de modèles d'écriture ou de lecture ?

Si l'opposition du fictionnel et du non fictionnel demande donc à être nuancée à l'échelle d'une micro-lecture, elle est toutefois globalement pertinente au plan de la macro-lecture. Nombre de lecteurs de Gracq ont découvert, avec la parution du second volume des *Œuvres complètes* par la « Bibliothèque de la Pléiade », que les textes fictionnels et les textes non fictionnels étaient issus de deux pratiques distinctes de l'écriture : l'une, confrontée à une entreprise de longue haleine (il s'agit bien entendu des fictions), où l'écrivain utilise des feuilles volantes ; l'autre, scandée par une durée créative limitée à l'espace clos et homogène d'une journée, où il a recours à des cahiers cousus sur lesquels s'enchaînent les fragments datés du jour de leur mise au net. La pratique fragmentaire apparaît singularisée par des modalités propres de la temporalité créatrice autant que par le caractère plus immédiatement appropriable de son objet — comme si l'espace d'une journée pouvait désormais suffire à ce que l'écriture suture par son tissage la légère blessure ouverte par le souvenir de telle impression, l'évocation de tel événement, qui justement laissaient à dire et appelaient le fil de la plume[2].

Ces deux critères là encore peuvent toutefois appeler des réserves. *La Forme d'une ville* a en effet été écrit sur des feuilles libres, pratique qui avait été abandonnée depuis *La Presqu'île*, c'est-à-dire depuis l'écriture des derniers textes délibérément fictionnels de Gracq. À l'inverse *Les Eaux étroites*, qui constitue probablement la plongée la plus profonde de l'écrivain dans les arcanes de son propre imaginaire, est l'ajointement de huit fragments se suivant dans les cahiers. Quant à *Autour des sept collines*, il est la résultante de vingt-trois fragments rédigés en 1976 et 1984 et épars dans les cahiers, mais que leur unité thématique rendaient susceptibles d'être rassemblés en un livre doté de sa cohérence propre. De telles indications constituent une contribution précieuse à la compréhension des œuvres non fictionnelles de Gracq, et en particulier de la manière dont l'écriture peut constituer son objet d'exploration et se constituer elle-même (diversement) comme projet. Elles ne rendent compte ni de ce qui fait d'ouvrages comme *Les Eaux étroites*, *La Forme d'une ville* ou *Autour des sept collines* des formes cohérentes évidemment irréductibles à la somme des parties qui les composent, ni même de la spécificité de l'écriture fragmentaire dès lors que ce qu'on a pu appeler le « cycle des lieux » livre le fragment à une double inscription selon sa clôture ou son autotélie, et selon le

2. Voir Michel MURAT, *Julien Gracq* (Paris, Belfond, « Les Dossiers Belfond », 1991), p. 214 : « *À travers les réseaux "si bien anastomosés" de la langue, cette menue blessure se diffuse comme un "ébranlement liquide", parfois aussi avec l'instantanéité du "chemin de foudre" ; et en se répandant, elle se répare.* ».

système qui l'ouvre et l'intègre à une forme synthétique en mouvement. Si reste nécessaire la césure opérée entre récits fictionnels et textes non fictionnels, celle-ci ne doit certes pas occulter l'incidence propre de la fiction dans ces derniers : dès lors qu'ils font l'objet d'une institution littéraire, ils assignent l'écriture à réfléchir la manière dont elle produit la réalité de l'événement et se définit en regard. La ligne de partage de la fiction et de son autre se laisse alors plus justement penser comme une frontière poreuse dont les zones de passage peuvent être examinées de près à partir des effets singuliers que multiplient et commentent les textes — par-delà les jeux de corrélation simple entre les objets, par-delà la présupposition de taxinomies poétiques stables.

Un autre critère justifie peut-être de façon plus satisfaisante le partage entre textes fictionnels et non fictionnels, qui concerne la relation de l'écriture à son dehors. Relation délibérément effacée dans les œuvres de fiction où «*tout ce qu'on introduit* [...] *devient signe*» (*En*; II, 638), où — ainsi qu'«*ose le dire*» (598) l'auteur de *En lisant en écrivant* à propos de *La Chartreuse de Parme* et des romans de Dostoïevsky comme des *Trois mousquetaires* — «*il n'y a pas une once de* vérité». Relation impliquée au rebours dans les textes à caractère fragmentaire où Gracq met en forme des souvenirs, ou dans les textes où certains lieux fortement référentiels deviennent pour l'écriture l'espace d'une archéologie réflexive, et pour l'écrivain celui d'une réflexion sur l'éveil d'un rapport singulier au monde. Penser le dehors de l'écriture pose la question de ce qui, dans l'autobiographie, fait pour ainsi dire reste. Cette question a pu sembler oiseuse à plusieurs commentateurs de l'œuvre. L'autobiographique gracquien, on l'a rappelé, est avare de confidences données pour elles-mêmes, et la remémoration glisse volontiers du plan événementiel où l'attend l'horizon de lecture vers l'exploration de ce qui reconduit l'écriture à elle-même. La réflexivité d'un tel retour archéologique condamne en quelque sorte la part du biographique pur à disparaître du fait de son insignifiance[3], ou à se résorber dans l'espace d'une littéralité réputée seule susceptible de l'élever à une signification. Bernard Vouilloux note, à propos du fragment intitulé «Mon père» (*L2*; II, 349-53), que «*le récit autobiographique attendu s'est bel et bien fourvoyé dans une*

3. Il correspondrait sans doute à ce que l'« Avis au lecteur » de *Au château d'Argol* appelle *« circonstances faibles » (*CA* ; I, 4).

description topographique » (p. 44[1]) — fourvoiement symétrique de la « *résorption de l'autobiographique dans le gnomique* » (p. 41[1]) notée à propos du récit consacré au boomerang (*L1* ; II, 192-194). Il y va là d'un effet de lecture dont Gracq lui-même donne la clef dans *En lisant en écrivant* à propos des textes réputés mineurs de Stendhal :

> L'effet d'intégration qui ne s'exerce à aucun degré sur *Les Choses vues* de Hugo ou les récits de voyages de Flaubert, lesquels restent hétérogènes à leur massif central, s'exerce à plein sur le moindre fragment de Stendhal, qui accourt de lui-même faire bloc, indissociablement, avec la masse pourtant singulièrement réduite de ses œuvres maîtresses. (*En* ; II, 576)

Une telle circulation lectorale, assurée par la cohérence des thèmes, des lieux et des réseaux imaginatifs, se vérifie notamment dans la tendance parfois manifestée par la critique gracquienne à rabattre les texte brefs (poèmes en prose de *Liberté grande* ou fragments) sur l'œuvre fictionnelle : chasse généalogique toujours fructueuse et qui révèle bien le jeu de variations dans lequel, à travers la diversité des modes énonciatifs et des implications génériques, l'écriture gracquienne se recroise elle-même pour circonscrire l'espace d'un déploiement sans reste de la littérature. Une telle approche est effectivement beaucoup plus convaincante que celle qui consiste à rechercher naïvement dans les textes non fictionnels les secrets de la fiction — entendons par là le fonds biographique qu'elle masquerait supposément par ses motifs artificiels. Ces deux approches illustrent diversement les acceptions selon lesquelles on peut entendre le terme *matrice*, impliqué par Gracq pour définir ses rapports avec Nantes (« *la fonction que remplit la ville fut pour moi moins maternelle que matricielle* » (*FV* ; II, 869)) et qui vaut plus généralement pour tous les textes de Gracq présentant un caractère autobiographique : soit un dispositif causal que le privilège de l'antériorité légitimerait pour lui-même, soit un cocon incubateur appelé à disparaître une fois apparu ce à quoi il a donné naissance — en l'occurrence l'écrivain tout entier dissout dans la figure même de l'écriture.

Que la glose proposée par Gracq lui-même de cette forme matricielle qu'a été Nantes pour lui aille clairement vers la seconde acception (« *passé mes sept années d'incubation réglementaire, elle me libéra.* » (*FV* ; II, 869)) ne doit toutefois pas occulter le mouvement qui conduit l'écriture à rencontrer ce qui se tient au dehors de son champ. S'il ne s'agit pas, justement, de résorber l'œuvre dans l'événement (ce que ferait — à supposer qu'un tel état textuel puisse exister — l'autobiographique réduit à sa plus simple expression, c'est-à-dire à son plus mince coefficient de littéralité), il est tout aussi réducteur — me semble-t-il — de résorber tout uniment l'événementiel dans l'écriture, autrement dit de faire comme s'il n'était d'événement que scriptural. L'intérêt n'est pas en l'occurrence de faire la part des choses et celle des mots (tel partage, d'ailleurs récusé par l'écrivain, relèverait d'un travail — toujours hypothétique et équivoque — de biographe et ne concernerait qu'assez lointainement l'œuvre), mais de mesurer de quelle manière les textes s'instituent eux-mêmes dans la reconnaissance de leur bord, dans la confrontation à une distance qui donne son titre, précisément, à la section de *Lettrines* 2 que Gracq consacre à la remémoration autobiographique (« Distances » (II, 335-9)), et que la pure et simple annulation d'un événementiel considéré *in se* risque de diluer au point de faire perdre tout sens de la frontière.

Il n'est pas indifférent que Gracq souligne à propos de ses descriptions de paysages, lors de l'entretien qu'il a accordé au géographe Jean-Louis Tissier : « *Tous les paysages de mes romans sont des paysages synthétiques. Évidemment ils se souviennent des paysages réels mais ils sont recomposés, souvent fondus l'un dans l'autre.* [...] *Les paysages de* Lettrines *sont, eux, des paysages réels, non recomposés.* » (1207). S'engagent, dans ces différentes écritures du paysage, des poétiques que l'introduction du critère du « réel » (évidemment irréductible à toute problématique du réalisme, qui n'a affaire qu'avec la fiction et qui reste largement étrangère aux préoccupations de l'écrivain) rend essentiellement hétérogènes, quels que soient les glissements qui peuvent s'opérer de l'une à l'autre jusqu'à engager partiellement leur statut même : celle d'un espace autotélique sans bords, et celle où l'autotélisme de la création littéraire se confronte à l'altérité de l'événement — à ce qui fait reste et qu'il est justement hors de question d'évacuer. Autant apparaît sommaire l'opposition brutale du fictionnel et du non fictionnel, ou arbitraire le jugement ontologique qui se dessine en arrière-plan de tout classement hiérarchique (dans un sens ou dans l'autre) de ces deux massifs, autant le passage avec armes et bagages des textes fragmentaires dans un espace littéraire débarrassé de cette frontière peut faire courir le risque de perdre la spécificité de ce qui prend forme en marge de la fiction ou en dehors d'elle, de ce en quoi la littérature s'informe à tenter de saisir ce qui la borde.

L'évocation du passé figure exemplairement ce dehors de l'écriture, tant il est vrai que le passé n'a pas vraiment d'existence comme tel dans l'équivalence temporelle des signes qui est celle de l'écriture fictionnelle ou de la lecture de fiction : il n'y a d'hétérogène dans le temps que par référence à une épaisseur temporelle supposément antérieure à l'écriture qui s'y confronte et qu'elle tend à instituer dans son espace propre. Au plan littéraire, en l'espèce, évoquer des souvenirs ou évoquer une relation à l'Histoire relèvent d'un même processus : la mise en œuvre paradoxale d'une altérité temporelle qu'il s'agit à la fois de dire comme telle et de résorber. Aussi peut-il sembler légitime d'envisager ensemble les textes fragmentaires où se laissent lire l'interrogation de l'Histoire et la remémoration personnelle, les textes consacrés à la descente initiatique et littéraire de l'Èvre (*Les Eaux étroites*), aux perceptions présentes et passées de Nantes, ville privilégiée de l'enfance (*La Forme d'une ville*), ou aux réflexions suscitées par la découverte tardive de Rome, ville où l'Histoire même semble procéder à une sorte d'exhibition topographique (*Autour des sept collines*).

Cette homogénéisation du vécu remémoré et du temps de l'Histoire ne va sans doute pas de soi : s'y oppose phénoménologiquement l'extrême différence d'un temps constitutif du sujet dont il est la part la plus intime, et d'un temps à l'inverse impersonnel dans la mesure où il est universel ; s'y oppose formellement la subsomption poétique d'un tel partage entre subjectif et objectif à des catégories génériques aussi divergeantes que, par exemple, le lyrisme et l'épopée. Le souvenir tel qu'il se donne à lire dans nombre de fragments, dans *Les Eaux étroites* ou *La Forme d'une ville*, plonge par ailleurs dans les sources vives de l'individu, alors que l'Histoire relève d'une conscience réfléchie, intellectualisée et médiée par cet enseignement secondaire ou universitaire dont Michel Murat a rappelé combien il était décisif dans l'écriture de Gracq et dans la constitution de son espace référentiel[4]. Il n'en reste pas moins que l'écrivain n'accède aux sources intimes où il peut lire les orientations d'un imaginaire et la fabrique d'une sensibilité que dans la distance d'une remémoration qui doit multiplier les médiations pour procéder à un

4. MURAT, *op. cit.*[2], chap. IV, pp.113–20.

tel ressourcement, dans la distance où s'installe inévitablement l'écriture dès lors qu'elle prétend accéder à ce qui est antérieur à l'acquisition de ses pouvoirs, et y accéder par des dispositifs réflexifs d'autant plus subtils que sont interdits les faux-semblants d'une remémoration qui se voudrait naïve ou immédiate.

Symétriquement, l'Histoire fait l'objet d'une appropriation imaginaire et sensorielle dont les médiations mêmes sont constitutives de l'écriture gracquienne. Ses figures sont au centre de la narration et de la mise en scène symbolique de *Le Rivage des Syrtes*, de *Un Balcon en forêt*, mais aussi — en creux — de la nouvelle « Le Roi Cophétua » ; elle investit les recueils de fragments — soit en recroisant l'évocation des souvenirs personnels les plus anciens, soit en se proposant comme telle à la réflexion de l'écrivain ; elle rôde enfin continûment autour des sept collines, le texte qui leur est dévolu étant probablement à cet égard le plus riche quant à l'assignation gracquienne de l'Histoire par la littérature — même si ou surtout si une telle assignation se fait indirecte — voire négative. Il ne suffit peut-être pas, pour justifier une telle importance, de rappeler que Gracq est historien autant que géographe, que le regard de technicien qu'il pose sur les paysages urbains ou naturels (et surtout intermédiaires) est pour lui indissociable d'une prise en compte des modelages puissamment imposés par le Temps et les hommes — en quoi se légitimerait l'accolage propre à l'enseignement français de l'« *histoire-et-géographie* » (« Entretien avec Jean Carrière » ; II, 1257). De telles raisons sont sans nul doute éclairantes, mais elles ne rendent pas compte de ce qui peut apparaître à travers les œuvres comme une fascination pour une poétique de l'Histoire, dont les figures sont au fond justiciables d'une relation de la littérature à elle-même — à un titre comparable, même si nous tenterons de montrer en quoi il n'est pas identique, à celui qu'instaure la réflexivité archéologique de la remémoration. On conçoit les affinités qui peuvent à cet égard rapprocher Gracq et Jünger, non seulement dans des textes comme *Le Rivage des Syrtes* et *Sur les falaises de marbre*, mais aussi dans les nombreux écrits que l'écrivain allemand consacre aux glissements de figure à travers lesquels l'Histoire donne à lire ses signes (*Héliopolis*, *Les Abeilles de verre* parmi d'autres). Cette approche figurale n'est certes pas seule impliquée dans la relation de l'œuvre de Gracq à l'Histoire, mais elle permet exemplairement de saisir où et comment les textes se retournent sur eux-mêmes pour mettre à l'épreuve leurs possibilités de représentation narrative — et partant leur pouvoir de se confronter au dehors de la représentation.

Le vécu de l'enfance est à ce titre aussi hétérogène que l'Histoire la plus éloignée au regard d'une écriture qui ne peut se l'approprier qu'au prix de la réflexivité d'une mise en scène et d'une mise à distance — sauf à traquer les coïncidences miraculeuses où l'épaisseur du réel et l'épaisseur du langage peuvent se rencontrer pleinement. Une telle traque est bien entendu l'objet privilégié de cet oiseleur qu'est Gracq, soucieux comme Rimbaud de rapporter du « *gibier vivant* » (*L1* ; II, 155) ; mais elle passe par une quête des formes où puisse se laisser apprivoiser le passé, où puisse prendre figure le commerce plus ou moins litigieux de la littérature avec le réel.

La présente étude entend s'attacher aux formes prises par l'institution réciproque du sujet et du dehors, autobiographique ou historique plus singulièrement, dont l'écriture fragmentaire de Gracq tend à rendre compte. Le point de départ réside donc dans le constat d'un jeu de distance et de proximité entre le Je et l'objet. De ce jeu, l'écriture constitue pour nous comme pour l'écrivain le seul espace possible d'expression et d'appréhension ; mais elle est, d'autre part, questionnée par l'extériorité de ce qu'elle s'assigne, et par là même amenée à un retour réflexif dont les textes fragmentaires — entre distanciation lucide et tentation de l'immersion pure et simple — multiplient les détours avec une remarquable variété. La confrontation de l'écriture à son dehors se produit donc dans un espace paradoxalement évacué par le caractère essentiellement lacunaire de cette relation à l'objet, et saturé par les médiations littéraires en lesquelles le sujet écrivant tente de saisir cet objet fuyant et de se ressaisir. L'absence n'est pas ce que l'autobiographique doit conjurer mais bien plutôt la condition d'une actualité et d'une présence du passé.

Les fragments se donnent en somme comme des dispositifs de rencontre ou de capture du dehors. Comme tels ils ne sont pas pur passage du Je vers ce qu'il évoque, mais bien formes de l'émergence de cette altérité selon leurs propres modalités énergétiques et temporelles, selon leur poétique propre. Poétique du ponctuel plus que de la linéarité : c'est selon cette cohérence qu'elle définit les statuts de l'événementiel et de l'expansion narrative, qu'elle met en scène les sensations dont elle s'efforce de recréer la fraîcheur, qu'elle déploie le clavier des postures énonciatives rendu disponible par la discontinuité même de l'écriture, qu'elle autorise ces formes de projection fusionnelle et presque intemporelle du sujet et de l'objet que sont les « vignettes ».

Les fragments instaurent ainsi une temporalité et une spatialité susceptibles de faire se rencontrer ou se superposer, au prix de négociations problématiques et d'équilibres menacés qui sont la dynamique même des textes et de leur lecture, la littérature et le vécu antérieur ou ce qui dans l'Histoire peut encore nous assigner. Leur discontinuité est le lieu de cette rencontre — capture réciproque ou coalescence, ce qui à la fois peut l'inscrire *dans* l'espace et *comme* représentation de l'espace : spatialisation réflexive, qui fraie dans la mémoire et dans l'écriture les mêmes trajets éclatés (rhizomes, réseaux, constellations), les mêmes mouvements contradictoires de centrement et de décentrement, les mêmes topographies du sens.

L'autoreprésentation spatiale et temporelle du fragmentaire apparaît en définitive comme ce qui tout à la fois peut guider la remémoration et en déjouer les pièges, rendre appropriable la présence vivante de ce qui se tient au dehors (le moi antérieur, le battement du passé lointain) en contournant ou défaisant ce qui, dans le souvenir ou dans l'écriture, peut figer cette vie, n'en livrer que le double cadavérique et stériliser l'essentiel en elle : sa dynamique d'appel et sa tension vers l'éventuel. Les références intertextuelles ont un rôle majeur à jouer dans ce pari de l'écrire contre l'écrit où réside, me semble-t-il, un des enjeux véritables de l'écriture fragmentaire chez Gracq.

Si la remémoration autobiographique et l'évocation du passé historique relèvent conjointement de la relation de l'écriture à son dehors, l'Histoire se laisse toutefois en partie appréhender selon des formes spécifiques, qui seront plus particulièrement envisagées dans la dernière partie de cette étude. En elle en effet se révèle, avec plus d'acuité qu'ailleurs, le paradoxe ou la gageure de ce rapport à l'extériorité, tout à la fois appel à l'appropriation narrative ou discursive et résistance du vestige à cette appropriation. En ce sens *Autour des sept collines*, butoir (provisoire) de l'œuvre et point d'aboutissement de cette étude, dessine emblématiquement les limites de l'espace fragmentaire chez Gracq.

Chapitre Premier

LE SUJET ET LA DISTANCE

1. L'estompage de l'expérience.

des fictions aux fragments : un adieu aux initiations

Les références à l'Histoire, l'évocation des souvenirs personnels s'inscrivent toujours dans l'œuvre de Gracq dans l'espace d'une polyphonie des voix. Ce dialogisme se retrouve aussi bien dans les fictions que dans les œuvres fragmentaires, mais son statut énonciatif et sa référentialité se définissent différemment dans les unes et les autres, celle-ci impliquant à l'évidence davantage, et de manière plus complexe, les figures du Je et du moi : s'il est, d'autre part, peu satisfaisant d'opposer en blocs fictions et fragments (notamment au regard de la représentation du passé), les mises en œuvre pragmatiques et sémantiques auxquelles procèdent les textes laissent observer des glissements, des déplacements sensibles dont les polarisations permettent d'éclairer le passage d'une pratique principalement fictionnelle à une pratique principalement fragmentaire.

On constate dans *Le Rivage des Syrtes* combien les discours du prédicateur de Saint-Damase, du vieux Danielo et du capitaine Marino déploient une diversité de fables interprétatives : apocalyptique et messianique, spenglerienne (ou nietzschéenne), ou encore centrée sur un effacement de l'Histoire au profit d'une identité quasi biologique relevant d'une tout autre vitesse d'évolution (c'est en ce sens que va l'exemple proposé par le capitaine de l'Amirauté de ces oiseaux des Syrtes qui ont lentement désappris le ciel pour se tourner vers l'immédiate proximité des vasières (voir *RS*; I, 591)). Si ces figures assignatrices convergent vers une résolution événementielle qui est, comme on sait, la traversée transgressive du "*Redoutable*" vers Rhages et l'entrée en guerre d'Orsenna, le sens d'une telle résolution demeure dans l'aporie — entre l'hypothèse de la Promesse et de la régénération et celle de la pure et simple destruction. L'incertitude des rares moments où le narrateur manifeste la situation énonciative pour le moins opacifiée qui est la sienne (on rappelle que le récit apparaît comme une rétrospection après la destruction (729)) confirme évidemment le dévoiement du déploiement heuristique par la multiplication de ses figures lectorales. S'il y a bien réflexion sur l'Histoire, l'accent se place ici sur la fascination qu'elle exerce et sur la contagion des signes plus que sur la confirmation de l'une ou l'autre des hypothèses interprétatives qui en sont le support : la relation à un énigmatique de l'Histoire passe par la mise en scène symbolique et figurale dont l'investissent le désir, le regard, le grain de la voix — ce qui revient à dire que les instances lectorales mises en œuvre par le récit s'inscrivent indissociablement comme présences physiques. La superposition entre les logiques contradictoires des discours sur le sens de l'Histoire et les logiques sensorielles s'ouvre cependant comme écart : un parasitage réciproque de leurs effets disjoint la régie narrative et événementielle du roman de ce que l'on peut appeler une « poétique de la sensation » — disjonction où la leçon du texte (si l'on peut user d'un tel terme) se déplace de la fable vers l'écriture, où heuristique de la lecture dans le récit se retourne en heuristique de la lecture du récit.

Il serait aisé de reconduire des remarques analogues à propos de *Un Balcon en forêt*, où les signes de la guerre irréalisent le déchiffrement et la venue même de celle-ci (pourtant effective à la fin du récit) par la prégnance d'une immersion de la « plante humaine » dans l'immédiateté du sensoriel ; la lecture des signes est alors moins institution d'un sens que présence à soi, notation de la présence. Ainsi l'évocation de la fin de l'arrière-saison dans le village des Falizes progressivement déserté se propose-t-elle à travers une double série de notations sensorielles. La première, nettement signalétique, inscrit ses signes dans l'ordre d'une lisibilité prophétique et proleptique : « *Derrière cette beauté timide et encore dorée, cette paix frileuse d'arrière-saison, on sentait le froid monter et gagner la terre, un froid mordant qui n'était pas celui de l'hiver ; la clairière était comme une île au milieu de la menace vague qui semblait monter de ses bois noirs.* » (*BF* ; II, 15). Or cette assignation sensorielle glisse progressivement à la marge dans l'esprit de Grange, se perdant en impasse ou se fourvoyant sur un plan de référence tout autre et énigmatique dans la mesure où le récit ne lui offre guère de répondant ni d'écho : « [...] *un autre bruit lui semblait remonter du fond de l'enfance : c'était la* récitation *d'une dizaine de gamines* [...]. *Il sentait battre en lui une petite vague inerte et désespérée qui était comme le bord des larmes.* » (16).

Qu'à cette notation marginale et asémantique on puisse faire correspondre (au prix de quelques déplacements mineurs — de l'école à l'église par exemple) telle évocation d'un chœur d'enfants entendu un soir par le père de l'écrivain pendant une tournée (voir *L2* ; II, 352) ne fournit en fait aucun élément interprétatif susceptible de l'éclairer ; on n'a pas davantage affaire à un glissement de la fiction vers l'autobiographique (indirect en l'occurrence) — sinon pour instituer dans le texte un écart énonciatif et référentiel dans l'hiatus duquel vient s'annuler ponctuellement le sens (à la fois direction et signification) de la fable, au profit d'un tremblement émotionnel qui ne renvoie qu'à lui-même, à son épaisseur indissociablement poétique et sensorielle.

Le déplacement de la perspective heuristique apparaît d'autre part très net, au point que celle-ci ne constitue plus un pôle du déploiement narratif, et ne peut désormais se manifester qu'en creux :

> [...] on pensait plutôt à ce monde qui avait dételé aux approches de l'an mil, lâchant partout la herse et la charrue, attendant les signes. Non pas, songeait Grange, qu'on guettât cette fois le galop de l'Apocalypse : à vrai dire, on n'attendait rien, sinon, déjà vaguement pressentie, cette sensation finale de chute libre qui fauche le ventre dans les mauvais rêves et qui — mais on n'en sentait pas l'envie — se fût appelée peut-être le *bout du rouleau* : le meilleur, maintenant, c'était vraiment le sommeil bien ivre sur la grève ; jamais la France, un goût de nausée dans la bouche, n'avait tiré le drap sur sa tête avec cette main rageuse. (*BF* ; II, 49)

L'abandon de l'assignation apocalyptique fait image vers un délitement des figures interprétatives, réduites au vague fantôme d'elles-mêmes, et auxquelles se substitue une proximité du sujet à son propre corps — devenu la médiation opaque de toute lecture de signes. C'est en ce sens qu'allait d'ailleurs, dans « La Route », le trajet de la troupe masculine sur le grand chemin mystérieux dont l'aboutissement textuel (provisoire et définitif puisque le récit est inachevé) est la rencontre de ces bandes féminines se livrant aux voyageurs pour mieux éprouver elles-mêmes dans l'étreinte la « *chaude épaisseur* » de leur chair (*PÎ*; II, 415).

Peu importe en l'occurrence que le sujet soit à la première ou à la troisième personne dès lors que le point de vue reste interne au personnage-témoin — comme c'est le cas de tous les récits après *Au château d'Argol*. Il est toutefois significatif que cette restriction de champ soit dans *Un Beau ténébreux* et *Le Rivage des Syrtes* contestée par ce dialogisme des signes et du sens évoqué plus haut (que reprennent les dialogues — particulièrement nombreux et fournis dans ces récits — entre les personnages), et qu'elle subsiste en revanche presque sans tension dans les textes ultérieurs — qu'ils relèvent ou non de la fiction.

Si les récits fictionnels ne constituent pas l'objet privilégié de cette étude, leur confrontation — même hâtive — à la production ultérieure permet cependant de signaler les glissements qui se sont opérés dans l'œuvre vers une forme fragmentaire qui associe singulièrement le discursif et le descriptif, ou vers des textes longs dont il s'agira ici de montrer en quoi ils assument par leur forme même l'évocation gracquienne du passé. Celle-ci apparaît en fait comme ce qui manifeste exemplairement de tels glissements, dont on peut dans l'immédiat rappeler l'insistance.

On peut en effet observer que la polyphonie des voix, dont on a dit brièvement l'importance dans *Le Rivage des Syrtes* mais dont la distribution des discours et des attitudes des spectateurs-acteurs, dans *Un Beau ténébreux*, eût également fourni l'exemple, s'est déplacée quant à la problématique des signes, désertant le côté de la lecture du sens (le procès contradictoire de dévoilement et de recès est au cœur des trois premiers romans de Gracq comme de sa pièce *Le Roi pêcheur*) pour gagner celui de la présence énonciative. Sans doute le commentaire didascalique et le récit soulignent ici la singularité, les inflexions propres des voix de Danielo, de Marino ou de l'envoyé farghien, mais il s'agit là d'une surimpression au regard du dialogisme lectoral qui les inscrit[5]. Or de telles organisations narratives des dispositifs de lecture, liées à la figure initiatique de la quête du sens, s'effacent

5. Il en va de même de la polyphonie intertextuelle dont *Un Beau ténébreux* donne un exemple abondamment commenté (voir en particulier Ruth AMOSSY, *Les Jeux de l'allusion littéraire dans "Un Beau ténébreux" de Julien Gracq* [Neuchâtel, À la Baconnière, 1980]) : les voix convoquées (de Rimbaud ou de Vigny parmi d'autres) y renvoient à une mise à distance interprétative dont l'effet de sens — fût-il aporétique et voué à la relance herméneutique — relève là encore d'un dialogisme macrotextuel.

après *Le Rivage des Syrtes* au profit de figures micro-lectorales dont l'organisation narrative est plus lâche, et dont répondent dès les poèmes en prose de *Liberté grande* et *Un Balcon en forêt* — et de plus en plus à mesure que l'œuvre avance dans le temps — les ensembles fragmentaires et le « cycle des lieux ». À ces glissements s'ajoute celui de la mise en œuvre événementielle qui, dans les trois premiers récits, conduit vers un acte spectaculaire (viol et mise à mort, théâtralisation du suicide, transgression et passage à un état de guerre déclarée), mais tend par la suite à faire l'économie de tels aboutissements factuels : on sait que Gracq n'a pas terminé *Le Rivage des Syrtes* par le récit de bataille navale qu'il avait prévu ; l'irruption de la guerre à la fin de *Un Balcon en forêt* est aussi discrète que dans « Le Roi Cophétua », et se produit en creux d'un récit qui s'est constamment décentré par rapport à une telle linéarité événementielle. On conçoit dès lors que l'évocation de l'Histoire, loin de se produire sur un mode analogue à celui qui prévalait dans la mise en œuvre narrative et sémantique de *Le Rivage des Syrtes*, devienne problématique comme telle. On conçoit, d'autre part, que le sujet dans les textes de Gracq ne soit plus tant celui que traverse le procès d'un dévoilement des signes que celui qui institue au plus près de lui-même la possibilité et l'histoire d'un rapport aux signes. Que la relation au passé manifeste exemplairement de tels déplacements et engage dans le corpus retenu pour cette étude la forme et le statut des œuvres, c'est ce qu'il s'agit désormais ici d'examiner.

la distance du Je au moi

Les recueils de fragments, les évocations de lieux recourent volontiers à la première personne, comme il est attendu pour ce qui relève peu ou prou du récit autobiographique. Or il est remarquable que ce Je soit fortement impliqué par une narration qui toujours se rapporte à sa perception, même lorsque l'objet de l'évocation ne concerne pas directement le narrateur, mais qu'il soit aussi largement absenté de l'expérience — comme si la remémoration intime ou la mise en scène du sujet par lui-même ne pouvait relever que d'une écriture à distance, d'une instauration de la distance dans l'écriture. Étudiant les formes de hantise littéraire dont se gonflent dans *La Forme d'une ville* le nom et l'espace de Nantes, Françoise Calin constate que le « pacte autobiographique », dont certaines notations de l'écrivain en début d'ouvrage laissent attendre l'observance, est rapidement déjoué par l'évacuation, de chapitre en chapitre, de l'objet du ressouvenir et du sujet lui-même : la vie du petit Louis Poirier à Nantes est restée strictement cadrée par la réclusion de l'internat, la rareté des promenades en ville, l'extériorité du regard (que ce soit dans l'enceinte du lycée, derrière les vitres d'un train, ou dans le rapport de fascination-répulsion qui barrait à l'enfant l'accès à ces interdits que constituaient pour lui le théâtre Graslin ou les quartiers chauds)[6]. Il ne s'agit pas de dérouler le fil d'événements vécus mais de capter une sorte d'« *esprit du souvenir* » (*En*; II, 707) — tout comme il y a un « *esprit-de-l'Histoire* » dont le registre temporel est plus largement itératif que singulatif. La remémoration se décroche ainsi de la linéarité ordinairement postulée par la tradition autobiographique qui la subsume génériquement dans l'esprit du lecteur, pour se centrer sur la figure d'un Je dont la présence-absence vaut comme instance d'organisation poétique.

On peut citer à titre d'exemple parmi tant d'autres possibles tel fragment de *Lettrines 2* — en l'occurrence porteur d'un titre — où Gracq évoque assez longuement son père (*L2*; II, 349-53). Le texte oscille constamment entre la description ou l'explication informatives, dont les détails l'ancrent dans le factuel (ainsi du « *panier qui coulissait sur une tringle et traversait la rue du Grenier à Sel* » (349) pour relier les deux magasins, ou encore des noms des bonnes de la famille, des concurrents et des destinations locales de la « *tournée* ») et, d'autre part, les notations où le sujet ne s'implique que dans l'absentement des références à une expérience vécue. En témoignent les nombreuses modalisations (« *je crois* », « *il me semble* », etc.), les constats de l'extrême éloignement d'un passé que le présent parvient mal à doter de poids et de crédibilité : « [...] *j'ai peine à m'imaginer à quel point on vivait reclus* » (351) ; « [...] *tout cela remontait dans la nuit des temps, bien au-delà de ma naissance, à l'époque à demi fabuleuse de la fondation, de* l'association » (349). L'évocation joue ainsi du double registre de la précision et de l'imprécision, de l'embu propre aux souvenirs de la prime enfance, et de données dénombrées et dénommées qui relèvent évidemment d'une reconstitution par ouï-dire, d'une archéologie de la

6. Françoise CALIN, « Nantes, dis-moi qui te hante » (*JGr2*, 91–107), pp.91-2.

mémoire familiale et régionale dont l'intérêt réside en bonne part à ce qu'elle se tient à la limite de rupture entre ce que la rétrospection intime peut encore investir et ce qui lui échappe, la laisse sur le seuil (un tel texte est parmi les rares où Gracq laisse percer une nostalgie du ton — dont il se défend le plus souvent — dans le jeu de confrontation entre le présent et un passé qui lui échappe).

Il est significatif que cet absentement de l'expérience personnelle puisse également inscrire — à la fois en relief et en creux — le Je dans des remémorations qui appartiennent à la vie d'adulte du narrateur. Ainsi un fragment de *Lettrines* consacré à Marguerite Jamois (voir *L1* ; II, 179-81), que Gracq a croisée pendant les répétitions de *Le Roi pêcheur* au théâtre Montparnasse (en 1949), souligne-t-il — plutôt que la rencontre — l'absence de la comédienne à tout ce qui n'est pas le monde clos du théâtre, l'imperméabilité au regard qui se fixe sur elle et qu'elle retient par là même d'autant mieux, l'absorption par sa présence lointaine de tout ce qui constituait l'expérience du théâtre que pouvait alors avoir Gracq : immergé dans la vie des répétitions, l'écrivain ne retient que ce qui le désengage, ce qui instaure de la distance dans l'objectivation des regards et la sécession du sujet. Une telle sensibilité à ce qui introduit de la distance, à ce qui creuse l'absence dans la présence ou ne fait signe que sur le mode de l'absentement, n'est sans doute pas étrangère à ce qui éloigne l'écriture gracquienne de la scène théâtrale, moins propice que le récit aux ambiguïtés énonciatives et modales. Va dans le même sens le sentiment éprouvé par l'auteur de *Le Roi pêcheur* que la représentation, objectivée par des costumes et des personnages trop concrets, allait « *trop loin* » (156).

Une telle relation aux objets qu'inscrit la remémoration se propose en fait sur un mode paradoxal de coalescence et de disjonction entre ceux-ci et le sujet. En actualisant dans l'écriture les lieux, les scènes qui l'ont marqué, l'écrivain procède à une sorte de généalogie de la marque ou de la trace qui se distingue de toute entreprise de reconstitution d'une quelconque généalogie du moi. Là encore l'écart par rapport à l'attente autobiographique apparaît nettement, et d'autant mieux que la notation de cet écart constitue à la fois le point de départ et le point final. Nous lisons dès les premières pages de *La Forme d'une ville* : « [...] *le temps où j'ai vécu à Nantes comme tout le monde est resté pour moi comme s'il n'avait jamais été. Ce qui vous a hanté d'abord à la façon d'une princesse lointaine s'accommode mal par la suite du dégrisement de la cohabitation.* » (II, 773). De façon significative, la hantise renvoie à l'antériorité instituante d'une absence, à une empreinte qui marque par les manques en lesquels s'impliquent réciproquement le sujet et le lieu.

Aussi n'est-il pas question de « *faire le portrait d'une ville* » (II, 774), pas plus que de retracer le modelage du moi par cette ville : la relation en l'occurrence n'est pas d'ordre génétique, mais relève d'un dispositif complexe de sommations à être ou à devenir qui ne peut s'instaurer que dans la distance et dans la déprise de tout vécu objectif :

> Je voudrais seulement essayer de montrer [...] comment [Nantes] m'a formé, c'est-à-dire en partie incité, en partie contraint à voir le monde imaginaire, auquel je m'éveillais par mes lectures, à travers le prisme déformant qu'elle interposait entre lui et moi, et comment de mon côté, plus libre que j'étais par ma réclusion de prendre mes distances avec ses repères matériels, je l'ai remodelée selon le contour de mes rêveries intimes, je lui ai prêté chair et vie selon la loi du désir plutôt que selon celle de l'objectivité. (*FV* ; II, 774)

Une telle phrase n'envisage le caractère génétique du projet que pour en invalider aussitôt les critères implicites : la linéarité du processus (ici finalement renversée dans l'affirmation du réversible) ; le rapport entre la forme du moule (« *m'a formé* ») et son contenu — toute frontière de cet ordre étant contestée par le déploiement modal, aussi ouvert que possible et rendus ici indissociable d'une telle réversibilité. Plutôt que d'un rapport génétique entre ces deux sujets du livre que sont la ville et le moi ou le Je de l'écrivain, sans doute conviendrait-il davantage d'évoquer la dimension généalogique d'un projet d'écriture si contradictoirement caractérisé. Cette généalogie ne rencontre pas tant un moi biographique antécédent à l'acte d'écriture ou un Je de l'écrivain dont l'ouvrage remonterait l'histoire et la naissance, que la délimitation problématique, l'intrication sans recouvrement de l'un et de l'autre dans des figures ou des moments rétrospectivement dotés par le discours d'une importance nodale. Entre le Je et le moi s'insinue ici la différence entre ce qui renvoie le sujet à l'épaisseur et à la clôture de son vécu — ce que Gracq nomme la « *poussée aveugle* » (887) ou la « *poussée annexionniste du* moi » (878), son « *énorme boulimie* » (autant de termes qui qualifient le biographique comme nécessité biologique), et ce qui renvoie en sens inverse l'écriture à sa réflexivité, à un procès d'élucidation archéologique dont elle seule peut être le lieu : écart constitutif de toute entreprise de remémoration introspective et qui, en aval de l'entreprise fondatrice des *Confessions* de Rousseau, signale une gageure majeure de l'autobiographique.

S'il n'y a guère sur ce point d'originalité du projet gracquien au regard de ce qui est devenu en quelque sorte un trait générique, le maintien de cet écart comme dispositif de quête de la forme — forme de l'objet bien sûr (*la forme d'une ville*), mais aussi du sujet et de l'écriture (la forme du livre) — semble bien spécifier le rapport des textes de Gracq à l'autobiographique. L'absentement de l'expérience vécue est lié à la manifestation de cet écart : il ne s'agit pas pour l'écrivain de retrouver des aiguillages, opération qui supposerait justement une convocation événementielle susceptible d'éclairer pleinement la subsomption du moi au Je et la continuité entre le passé et le présent ; bien plutôt il est question d'identifier les formes de rencontre entre deux espaces éminemment ouverts : celui d'un sujet caractérisé par une extrême disponibilité, et d'un objet devenu assez habile pour se dissoudre dans l'intériorité ou rester au contraire voilé dans une extériorité énigmatique, assez labile pour n'être qu'une hantise. La dernière phrase de *La Forme d'une ville* est à cet égard révélatrice de ce rapport d'intrication et de juxtaposition indissociables où la relative éviction du vécu événementiel est donnée comme cela même qui évite qu'il soit rendu compte d'une chose figée et morte — comme condition d'une actualité du texte : « *Je croissais, et la ville avec moi changeait et se remodelait, creusait ses limites, approfondissait ses perspectives, et sur cette lancée — forme complaisante à toutes les poussées de l'avenir, seule façon qu'elle ait d'être en moi et d'être vraiment elle-même — elle n'en finit pas de changer.* » (878).

Il n'est sans doute pas tant question, on le voit, de procéder à l'histoire d'un devenir — écrivain, comme l'ont diversement proposé Proust ou Sartre, que de renvoyer à un jeu d'identifications frontalières entre sujet et objet, entre intériorité et extériorité, jeu dont on sait qu'une des règles est la réversibilité et dont l'enjeu est la faculté du passé à informer et à prendre forme, à devenir écriture. En ce sens, loin que la remémoration soit conditionnée par le refus préalable du faire-œuvre (refus impliqué dans la tradition autobiographique par le vœu de fidélité à la vérité des faits et du moi), elle tendrait au rebours à aboutir à l'œuvre. Par quoi elle accéderait à une sorte de monumentalité de la forme (mais alors à quelle sorte de monument a-t-on au juste affaire ?).

2. « Une grille lacunaire et comme trouée ».

l'inscription du biographique

Une telle perspective déplace l'énigme majeure suscitée par l'attente lectorale à l'égard de l'autobiographique : celle du moi qui commande la narration et le commentaire à travers lequel ce moi est censé se manifester. Le moi de l'autobiographie, on le sait, est ce que le texte tend à rejoindre idéalement sans pouvoir faire autre chose que le cerner, réserve inépuisable si l'on entend par là qu'il est à la fois la matrice expériencielle de l'écriture, et ce qui se tient dans un recès nouménal que les signes ne peuvent que désigner du dehors depuis leur espace propre. Le biographique est en fait énigme pour l'écrivain comme pour le lecteur, en ce qu'il met exemplairement à l'épreuve le pacte de sincérité qui conditionne en bonne part l'entreprise : que la véracité du récit ne repose sur aucune garantie vaut autant pour l'autobiographe que pour son lecteur. Toutefois, la définition de ce qu'on entend d'ordinaire comme l'événementiel du biographique est dépourvue d'équivoque. Or l'absentement de l'expérience vécue, dont on a rappelé qu'il caractérisait volontiers la remémoration gracquienne, fait glisser cette définition de l'objectivité du fait vers sa virtualité.

Le biographique chez Gracq apparaît comme espace d'inscription entre deux fonctions d'appel dans le jeu desquelles réside largement la dynamique même de l'évocation du passé : l'une est le vécu lointain, en amont de l'écriture ; son évidement permet à l'institution littéraire du Je de se manifester pleinement à travers un lacis de rapprochements biographiques ou intertextuels qui suppléent et rémunèrent à la fois la défaillance du factuel ; l'autre attire l'écriture de la remémoration vers un après qui porte le texte écrit à sa marge, dans la désignation d'autres textes virtuels, qui le débordent ou dont il ne présente que les fragments épars : textes de la vie à venir, d'une évocation épuisant idéalement son objet ou en révélant la vérité, etc.. *Les Eaux étroites* et *La Forme d'une ville* attestent de façon significative cette double fonction d'appel par laquelle l'écriture se porte à ses propres limites amont et aval. *Les Eaux étroites* réduit le biographique, alors même que le Je semble à chaque ligne impliqué et confronté à ses hantises, à quelques gestes rapportés par surcroît selon l'aspect de l'itération ou à quelques cartes postales (le surplomb de la Roche qui Boit, le manoir de la Guérinière par exemple) dont l'évocation est aussitôt ressaisie dans la sphère d'une expérience qui est celle de la littérature telle qu'elle a été ou est lue, telle qu'elle s'est écrite et s'écrit là même pour l'écrivain. On a souvent remarqué à cet égard le caractère emblématique de l'Èvre : la rivière est l'image même d'une linéarité temporelle dont la descente jusqu'au « *barrage noyé* » (*EÉ* ; II, 528) qui interdit la communication avec la Loire peut évidemment figurer ce « *chemin de la vie* » qu'évoque la fin de l'œuvre (559). Mais la linéarité de ce cheminement n'a de sens que dans la mesure où elle « *ouvr*[*e*] *les routes* », c'est-à-dire où elle retourne l'emblème de l'irréversible en son contraire, résorbe la ligne dans le plan, et renvoie au terme du texte à un déploiement d'associations virtuelles dont seule la littérature peut désormais pour l'écrivain offrir le répondant, justifiant l'écriture même du récit — par-delà l'épuisement supposé des réitérations dans l'ordre biographique. Cette figuration emblématique paradoxale se condense exemplairement dans l'image des deux barrages en amont et en aval du circuit navigable : se superposent le cercle et la ligne, la dynamique de la propulsion et celle de l'itération. La caractérisation du biographique n'a de lien que dans son frayage vers ce qui pouvait jadis se faire pressentir de la vie qui s'ouvrait — c'est-à-dire vers une forme indéterminée de l'événementiel ; ou encore il n'a de lieu que dans les possibles d'une superposition imaginale ou littéraire.

S'illustre ici cette « *élation vers l'éventuel* » (*En* ; II, 621) qui aspire si souvent l'écriture gracquienne (fictionnelle ou non), et qui définit le biographique dans la perspective d'une double réserve aspectuelle et modale : sa notation factuelle s'inscrit paradoxalement comme expérience synthétique de la durée ou du moment, les seuls événements singulatifs étant ceux que poursuit la fiction et que l'allusion réécrit avec quelque liberté[7]

7. Jean Bellemin-Noël en fournit la démonstration convaincante dans son article « Mémoire d'avenir et d'ailleurs » (*JGr 3*, 93–114).

(l'équipée de Marie de Verneuil dans *Les Chouans* et la « Flamme errante » de *La Maison à vapeur* de Jules Verne) ; sa portée interprétative, quant à elle, l'assigne à ce qui confronte l'écriture à son en deçà et à son au-delà comme à l'en deçà et à l'au-delà des barrages de l'Èvre : les possibles de la vie promise et ceux de la littérature qui multiplient les formes de cette promesse :

> Parfois on dirait qu'une grille en nous, plus ancienne que nous, mais lacunaire et comme trouée, déchiffre au hasard de ces promenades inspirées les lignes de force qui seront celles d'épisodes de notre vie encore à vivre. Tout comme un album de photographies de famille qu'on feuillette au hasard nous parle de notre passé, mais d'un passé à la fois gommé de ses événements vifs et pourtant indiciblement personnels, [...], de tels lieux lèvent, eux, énigmatiquement un voile sur le futur ; au contact de cette terre qui nous était de quelque façon promise, toutes nos pliures se déplissent comme s'ouvre dans l'eau une fleur japonaise. (*EÉ* ; II, 527)

Dans ces phrases affleurent la plupart des « *lignes de force* » et des interrogations qui traversent l'écriture gracquienne de la remémoration. Que le parcours régressif effectué par le souvenir et le déploiement projectif de l'écriture ne fassent idéalement qu'un, c'est ce dont le jeu de l'irréversible et du réversible dans *Les Eaux étroites* manifeste l'emblème.

Pourtant, si l'on a pu voir que l'affirmation de l'écriture est celle même d'une conversion aux possibles de la réversibilité, la fin du récit propose un ultime retournement, le figement de l'emblème en figure de l'irréversible : la butée sur le biologique et le constat du vieillissement. Un tel figement des figures de conversion se lit encore à la fin d'un fragment de *Lettrines 2* consacré à l'évocation des « *journées de la fin de saison* » (*L2* ; II, 365), « *journées pour moi baptismales, qui délient du passé et qui rouvrent les portes* ». Or ces pages se terminent sur deux mentions qui réassument dans leurs registres propres l'ample description lyrique qui les précède : l'une ramène les impressions ressenties vers la création littéraire, en mentionnant les pages liminaires de *Un Beau ténébreux* auxquelles le fragment fait écho dans ses thèmes comme dans son ton ; l'autre bifurque vers l'autre pôle : celui d'un vécu qui investit l'énonciation au point de la priver de son pouvoir d'instaurer la réversibilité et — tout provisoirement — de l'exténuer dans le blanc qui borde le fragment vers sa fin :

Pendant que j'écris, le soleil qui descend en face de moi jaunit et dore cette page, et ma plume y fait courir une ombre longue et aiguë de cadran solaire. Ces heures-là, heures entre toutes les heures de l'année, sont toujours venues à moi avec une promesse ou avec une sommation. Mais il se fait tard, et il n'y a plus rien devant moi cette fois-ci. (*L2* ; II, 365)

le virtuel et le prescrit, le devenir et le devenu

La « grille *en nous, plus ancienne que nous, mais lacunaire et comme trouée* » (*EÉ* ; II, 527), évoquée dans les pages inaugurales des *Eaux étroites*, grille souvent convoquée par une critique gracquienne à juste titre friande des éléments à caractère métacritique que peuvent proposer les œuvres, nous renvoie à deux ordres contradictoires de l'inscription. D'une part, elle nous donne la carte des possibles et des orientations que suivra la vie à venir ; elle est prescription de ces promesses dont les recueils de fragments, *Les Eaux étroites* et *La Forme d'une ville*, notent et déploient les virtualités. En ce sens, le texte manifeste tend à se superposer à cet autre texte, antérieur et prescriptif, que figure la *grille* de lecture : texte virtuel et texte de virtuel tout à la fois, qui renvoie le lecteur au motif du palimpseste puissamment orchestré par les considérations d'Allan dans *Un Beau ténébreux* :

Qui peut savoir quelle puissance de conjuration recèle ce texte en filigrane, ce texte aimanté et invisible qui guide inconsciemment le poète à travers le clair-obscur déjà si hasardeux du langage écrit. Toute œuvre est un palimpseste — et si l'œuvre est réussie, le texte effacé est toujours un texte magique. (*BT* ; I, 146)

La grille-palimpseste, pour autant qu'elle ne perd pas ses enchantements dans les hasards d'une évocation maladroite, garantit ainsi l'aptitude du texte manifeste à se faire promesse. Mais le motif comporte aussi le risque d'une clôture qui lui est aussi inhérente que son ouverture au virtuel. En tendant un fil relationnel entre le présent et le passé, la remémoration élabore un rapport au devenir dont la mise en perspective a pour origine le devenu. Si la superposition idéale du texte lisible et du palimpseste relève évidemment de l'impossible, c'est aussi parce que l'écriture de ce qui fut promesse ne peut rejoindre la reconfiguration de cette promesse depuis le déjà-vécu du présent de l'évocation, ou encore que ce qui s'institue dans l'écart d'une distance ne peut recouvrir ce qui abolissait par avance toute mise à distance. Le partage se fait ainsi entre ce qui retourne en amont dans l'indéfinition d'un virtuel par essence antérieur à toute inscription, et ce qui va à l'écriture qui ne peut instituer le Je que dans la distance d'un advenu se retournant sur les conditions de son émergence.

L'évocation de cette « grille en nous » donne en effet lieu à une ambiguïté énonciative :

> Tout comme un album de photographies de famille qu'on feuillette au hasard nous parle de notre passé, mais d'un passé à la fois gommé de ses événements vifs et pourtant indiciblement personnel, nous communiquant en même temps le sentiment vital du contact avec la tige-mère et la tonalité exquise, et faiblement souriante encore, du *fané*, de tels lieux lèvent, eux, énigmatiquement un voile sur le futur. (*EÉ* ; II, 527)

La phrase opère ici un balancement oppositionnel (souligné par le pronom accentué en incise « *eux* ») entre les photographies qui regardent le passé et l'évoquent comme révolu (« *la tonalité* [...] *du* fané »), et les paysages de l'enfance qui dévoilent la promesse des lendemains. Mais le comparatif initial marque bien le parallélisme des deux processus — voire leur équivalence, et la comparaison même indique que ces derniers ne sont guère séparables quant à leurs implications : le virtuel ne peut faire trace que dans l'actualité manifestée et la perspective du devenu ; la remémoration, en s'attachant à tout ce qui dans le passé faisait signe d'une « *poussée aveugle* » (*FV* ; II, 877), expulsait le sujet de son « *cocon* » ou de sa chrysalide, fait état d'un devenir-autre du Je qui ne peut que laisser derrière lui des vestiges, des choses du passé — ce que Gracq lui-même rappelle à la fin de *La Forme d'une ville* : « *Je rassemble les morceaux d'un œuf cassé, d'un cocon troué ; rien ne peut plus me rendre la poussée aveugle qui condamnait tout ce qui m'entourait à éclater, pour apprendre à exister autrement* [...]. ».

Loin d'agir à la manière de vases communiquants[8] en faisant passer la substance vive, mais désormais évanouie, du passé dans la présence vivante d'un texte, la remémoration gracquienne se

8. Gracq n'est guère convaincu par le côté mécanique de l'image des vases communicants, l'ouvrage de Breton portant ce titre étant un de ceux qu'il apprécie le moins en raison de sa pesanteur argumentative. Voir par exemple la préface à *La Victoire à l'ombre des ailes* de S. Rodanski, 1975 (II, 1118).

paie donc d'un double épuisement : au plan de l'énoncé, l'écriture note le caractère vestigiel du passé évoqué et son éloignement irréductible ; au plan énonciatif, elle tarit les sources vives dans lesquelles elle puise comme si, entre la substance scripturale et la substance de la vie devait s'opérer une passation mortelle. Écrire le passé n'est pas le ressusciter mais constater son décès et procéder à son deuil. C'est lui, ce faisant, qui prend la figure du devenu et laisse à l'écriture seule le pouvoir de manifester l'actualité, c'est-à-dire de se manifester comme seul espace d'actualité. Rendre compte des forces dynamiques et séminales du passé suppose donc que la distance du présent au passé fasse l'objet non d'une ellipse mais d'une surexposition ; cela suppose que les procès d'exténuation soient le lien même de l'exploration : que celle-ci rencontre les témoins et les formes d'un devenir-vestige plutôt qu'elle ne ramène dans ses filets des choses déjà mortes.

3. CONTINUITÉ ET DISCONTINUITÉ DE LA REMÉMORATION.

les pliures de la fleur japonaise

Il n'est, dans la mise en œuvre gracquienne du passé, de convocation possible de celui-ci que dans cette distance instituante qui contraint l'écriture à éprouver sans cesse les lois d'une convocation du révolu : les procès d'exténuation, la double pince de l'actuel et du virtuel, de l'advenir et de l'advenu. L'Èvre et Nantes constituent deux pôles de cette représentation distanciatrice du passé, et deux espaces révélateurs du jeu, inhérent à la remémoration, de la continuité et de la discontinuité. Le récit *Les Eaux étroites* est en effet exemplaire en ce qu'il est entièrement construit sur l'hypothèse d'une continuité fondatrice entre certains événements vécus dans l'enfance ou l'adolescence[9] et un imaginaire qui a en partie cristallisé les pentes de sa rêverie en réordonnant et triant le matériau engrangé pendant ces moments privilégiés. En témoigne l'image, déjà citée dans un autre contexte, de la fleur en papier : « [...] *au contact de cette terre qui nous était de quelque façon promise, toutes nos pliures se déplissent comme s'ouvre dans l'eau une fleur japonaise* [...]. » (*EÉ* ; II, 527-8). Cette image empruntée à la *Recherche du temps perdu* avait été déjà utilisée par Gracq sur un mode parodique pour caractériser la remémoration proustienne. La fleur japonaise de Proust y devenait «*potage déshydraté*» (*L1* ; I, 157) auquel ne manque pas même, une fois celui-ci reconstitué, la «*frisure*» d'un «*merveilleux brin de persil*». La fleur de papier où resurgissent pour Proust les lieux de l'enfance gêne justement Gracq parce qu'elle est coupée et toujours déjà fanée («*les couleurs délicatement fanée de la réminiscence*»). En ce sens Proust bascule tout entier du côté de l'«*album de photographies de famille*» (*EÉ* ; II, 527) qui nous communique cette «*tonalité exquise* [...] *du* fané» (*En* ; II, 631) dont nous avons vu un peu plus haut qu'elle était le comparant inévitable de l'invocation du virtuel

9. On observe dans ce récit, à travers l'indécision de la période biographique concernée, une continuité entre les phases de ce que l'on pourrait appeler les «enfances» du sujet, d'autant plus remarquable qu'elle est plutôt rare chez un écrivain soucieux de dater et de fuir les flous artificiellement entretenus.

dans le passé. La reprise de l'image de la «*fleur japonaise*» (528) dans *Les Eaux étroites* n'est plus parodiée mais bien, quelque dix ans plus tard, appropriée. Plutôt qu'à une fleur coupée, nous avons affaire comme chez Proust à l'emblème de la continuité, ou de la parfaite réversibilité, entre le vécu passé et la remémoration présente qui «*dépliss*[*e*]» (le mot renvoie au «plissé» qui caractérise la fameuse madeleine) «*toutes nos pliures*» : le passage du virtuel à l'actuel se fait ici sans perte ni hiatus.

On constate entre les deux ouvrages dévolus aux lieux de la profonde intimité du sujet avec lui-même — l'Èvre et Nantes — un évident changement de ton qui tient en partie à une manière différente de dire la continuité ou la discontinuité entre le présent et le passé : autant la promenade en barque est une navigation enchantée et dépourvue d'effort entre les espaces interpénétrés de la mémoire, de l'imagination et des lectures, navigation d'une allure qui semble ici plus libre et plus nervalienne que jamais (on songe, bien entendu, à *Sylvie*, mais il n'est pas absurde de songer aussi à la première partie de *Le Grand Meaulnes*), autant *La Forme d'une ville* apparaît tout entier construit sur la notation de l'écart entre le temps du souvenir et le temps de l'écriture. Il est révélateur de confronter l'incipit de l'ouvrage et celui de *Les Eaux étroites*. Là où l'évocation de l'Èvre affirme la puissance de l'investissement du présent par les forces vives du passé, *La Forme d'une ville* inscrit d'emblée la remémoration dans la notation du révolu : le «*cœur*» (I, 771) est laissé en arrière, «*en proie à ses souvenirs*» et comme prisonnier de l'objet de sa convocation ; la ville n'est jamais l'image d'elle-même, mais bien le lieu d'un «*vertige de métamorphose*» qui manifeste l'emprise d'une Histoire présente en marche : présent et passé sont donc lancés sur deux trajectoires toujours plus divergentes, tout comme est notée dès la première phrase le caractère improbable d'une superposition entre deux formes dont les mutations obéissent à des vitesses différentes : «[...] *la forme d'une ville change plus vite, on le sait, que le cœur d'un mortel*». La citation de Baudelaire (dont le *hélas !* compassionnel est remplacé par ce désinvolte *on le sait*) ouvre d'ailleurs le livre sur une intonation désabusée bien différente de celle qui invoquait le «*sortilège caché*» (*EÉ* ; II, 527) dans la phrase inaugurale de *Les Eaux étroites*.

Il n'y a toutefois pas lieu d'opposer radicalement les deux textes. Leur antagonisme consiste au fond en la différence entre deux parcours d'un même dispositif. Certes, l'un se laisse d'emblée envahir par le reflux de la prophétie alors que l'autre commence par disperser les mouvements du flux et du reflux. On peut cependant noter les modalisations qui affectent la persistance de l'enchantement attaché à l'Èvre : l'évocation du «*sortilège plus caché*» (*EÉ*; II, 527) qui entre tous «*ouvre pour nous les portes et peut changer vraiment notre vie*», qui est au cœur de la phrase inaugurale de *Les Eaux étroites*, s'ouvre par un premier mot dont la valeur interrogative est par excellence celle d'une instauration de l'écart et d'une insinuation du doute : «*Pourquoi ?*». De même, le commencement du récit itératif de «*l'excursion sans aventure et sans imprévu*» sur l'Èvre s'accompagne d'une indétermination modalisante qui fêle d'emblée l'écriture du souvenir en la faisant osciller entre la postulation d'une continuité avec le présent et la possibilité d'une solution de cette continuité : «*On s'embarquait — on embarque, je pense, toujours* [...].» (528). D'autre part, le début de *La Forme d'une ville* fait en un second temps converger ce qui divergeait dans la note d'attaque : le révolu de la ville et celui du cœur (leurs formes passées) peuvent constituer dans la distance une figure de formation et de sommation réciproque, une figure d'actualité dont la manifestation serait le texte lui-même (la forme du texte). Si la distance est bien impliquée par l'un et l'autre texte, elle est distinctement envisagée à partir des deux termes de l'écart : d'un côté, celui de la plénitude qui la comble sans effort ou reconduit du moins le mouvement euphorique de son annulation ; de l'autre côté, celui de la défaillance ou du manque, aussi bien d'un présent dont la généalogie fraie dans les parages d'un révolu sans retour, que d'un passé dont on a noté combien il était lointainement hanté plutôt que véritablement habité.

Ce jeu de polarisations de la présence et de l'absence, qui vaut pour la remémoration comme pour le remémoré, est régi par celui des conditions objectives de l'énonciation : la promenade sur l'Èvre n'a pas été refaite depuis l'époque où elle était forme et gage de promesse, et l'évocation de ce qu'elle fut jadis (dont Gracq n'envisage les adultérations ponctuelles que sur le mode de l'hypothèse), exempte de confrontation et de démentis, déploie les signes dans une égalité temporelle comparable à cet égard à celle qui prévaut dans les récits de fiction : rien, lecture comme écriture, n'y existe qui ne soit dans l'empire du présent. Nantes au rebours a été parcourue à plusieurs reprises par le narrateur depuis l'époque évoquée par *La Forme d'une ville*. Celui-ci a pu ainsi constater régulièrement les altérations du paysage connu jadis, livrant par là même la remémoration aux antagonismes d'un va-et-vient entre présent et passé. L'exemple du pont transbordeur qui enjambait autrefois le port de Nantes est à cet égard révélateur du travail de superposition et de discontinuité opéré par l'écriture : « [...] *encore maintenant, ses jambages de colosse de Rhodes continuent au fond de mon œil à réunir en pointillé le quai de la Fosse aux chantiers de l'île Beaulieu, où il transférait aux heures ouvrables d'un bord à l'autre de la Loire — lentement, majestueusement — ses cargaisons de cottes bleues.* » (*FV* ; II, 838). La continuité du passé dans le présent est actualisée par la surimpression rétinienne du pont disparu sur le paysage présent du port, mais aussi par le mouvement même de la phrase dont le rythme évoque mimétiquement celui de l'ouvrage d'art. Un tel procès d'effacement de la différence temporelle se vérifie à plusieurs reprises dans *La Forme d'une ville*, par exemple à propos des bras de la Loire, bétonnés après la Seconde Guerre mondiale. Ces superpositions ne procèdent toutefois pas à une quelconque égalisation temporelle, et plutôt qu'à la fusion attendue d'une image dans l'autre (comme dans un fondu enchaîné), on a affaire à un composite qui laisse coexister, sans conflit ni nostalgie mais dans la disparate, la vision du passé et celle du présent, chacune désaisonnant l'autre et la mettant à distance du Je énonciateur — comme si la surimpression s'effectuait, justement, plutôt entre des distances qu'entre des présences.

Si la continuité entre présent et passé dans *Les Eaux étroites* et *La Forme d'une ville* relève fondamentalement d'un espace clivé instauré par l'écriture, celle-ci, on l'a vu, résout plus ou moins partiellement la fracture dans le mouvement même où elle l'inscrit. Que cette résorption ne soit pur et simple lissage de l'hétérogénéité des temps, les deux œuvres en attestent diversement selon les dispositifs de décalage par lesquels elles mettent en œuvre la distance. L'écriture de la continuité est en l'occurrence appelée à frayer ses chemins dans un espace frontalier : soit qu'elle s'arroge les droits de la fiction en laissant le sujet s'identifier au pouvoir reconfigurant dont celle-ci a le privilège — pouvoir de substituer à la distance entre les époques sa propre temporalité unifiante ; soit qu'elle prenne acte de la distance pour s'y installer et, la creusant par là même, se l'approprier dans le jeu d'une énonciation réflexive. Le risque est alors que la frontière s'installe jusqu'à rendre ineffaçable l'hétérogénéité des temps et des plans de réalité. Qu'une telle situation soit exclue des fictions, c'est ce que signalent les frontières — franchissables ou déplaçables — mises en scène par *Le Rivage des Syrtes* ou *Un Balcon en forêt*. Mais les œuvres fragmentaires laissent çà et là percer les figures d'une telle menace, le péril d'une remémoration immobilisante ou vouée aux choses mortes. À l'opposé du processus intégrateur se trouve en effet l'expérience inutilisable : en somme ce qui demeure définitivement enclos dans la sphère étanche du biographique, et en reste de l'écriture. Un tel contre modèle se trouve exemplairement illustré par l'évocation dans *Carnets du grand chemin* d'« *un champ de bataille revisité vingt ou trente ans après la guerre* » (II, 1018). Gracq note alors l'impossible superposition entre les regards au présent et au passé — discontinuité radicale qui signale le défaut de toute perspective généalogique :

> Un champ de bataille revisité vingt ou trente ans après la guerre relègue l'événement qui l'a marqué dans un plus-que-passé, un irréel passé qui demanderait pour le signifier un temps inédit du verbe [...] : le *je* qui revient excursionner est un autre et n'a plus grand chose de commun avec le somnambule amorti, discontinu, pour qui le temps, les sons, les distances et même la lumière avaient changé de vitesse et de timbre, d'échelle et de coloration. (II, 1018)

Le jeu de glissements compensatoires entre présence et absence que l'on avait observé à propos de *Les Eaux étroites* et de *La Forme d'une ville* disparaît ici au profit d'une double désertion : le souvenir, la vision présente, sont sans répondant et ne se superposent que pour manifester le creusement d'une altérité qu'aucune instance énonciative ne peut résorber, faute de laisser la moindre place à une intersection entre intériorité et extériorité.

"soma" et "germen" :
le germinatif et le résiduel de l'expérience

Une autre évocation du champ de bataille de Dunkerque où le lieutenant Poirier avait connu le feu (*L1* ; II, 188-9) est pour Gracq l'occasion de proposer une antithèse féconde sur le plan méta-critique, et dont l'enjeu renoue clairement avec le propos du *Contre Sainte-Beuve* de Proust : celle qui oppose l'homme et l'artiste, et plus précisément le *soma* et le *germen*. Gracq précise qu'entre le corps mort et le corps germinatif il y a « *une frontière en partie étanche* » — restriction souvent omise[10] mais qui me semble pouvoir être commentée. Les champs de bataille bordent trois des fictions de l'écrivain : *Le Rivage des Syrtes* marche au canon vers une bataille navale qui ne sera jamais livrée — sinon dans la figuration emblématique proposée par le tableau de Longhone dans la chambre de Vanessa Aldobrandi (c'est-à-dire au prix d'un décalage temporel et d'une transposition esthétique) ; *Un Balcon en forêt* et « Le Roi Cophétua » déploient leur espace fictionnel en lisière d'une guerre qui les hante de sa présence-absence. Or la représentation de la guerre, ou plutôt les modes de sa non-représentation, constitue l'un des lieux de passage les plus révélateurs de cette sorte de retournement scriptural que l'on observe entre *Le Rivage des Syrtes* et les textes qui l'ont suivi (*Un Balcon en forêt* inclus) — retournement dont l'occultation de la bataille navale peut apparaître comme le signe annonciateur. Ce qui est évacué du vécu de la guerre concerne la part de cette expérience qui réduit le sujet à la perte de ses repères et à l'impuissance à réorganiser le monde de l'intérieur : « *le laisser-courre d'une maison de fou* » (*L1* ; II, 188). Or en citant en début de fragment d'une manière délibérément tronquée une phrase d'Aragon où se lisait le désir d'en finir au nom de l'expérience vécue avec la littérature d'imagination[11], Gracq oppose au *on* dépersonnifié de l'objectivité historique un *je* insistant qui

10. Notamment par VOUILLOUX, chap. 8[1].

11. Ce *on* est en réalité prêté à Aragon par Gracq. Le texte de référence est un article des *Lettres françaises* (24 oct. 1953) : « Stendhal et Robert Merle devant le mal historique » (voir II, 1364).

expulse en fait la figure même de l'expulsion de l'écriture, au bénéfice d'un ressaisissement de la souveraineté du dire et de la légitimité de la fiction à instituer le sujet. Gracq choisit ici clairement le côté de Stendhal contre celui d'Aragon (ou, par exemple, de Sartre). La question posée en l'occurrence n'est pas tant celle de la transmission entre le Je biographique et le Je de l'écriture, que celle d'une aptitude de l'énonciation à reconstruire — c'est-à-dire aussi à rencontrer — le sujet de l'expérience. De l'expérience de la guerre subsiste dans la thématique de l'écriture (fictionnelle ou non) ce qui peut faire vivre une absence ou une distance : la découverte d'une humanité que l'écrivain ne soupçonnait guère et dont Olivon et Gourcuff portent les stigmates atténués, ou encore le souvenir de ce qui installait précairement les simulacres de la paix dans l'errance des bivouacs, de ce qui désancrait la guerre des échouages de la grande Histoire. Les deux fragments concernant les champs de bataille signalent dans l'œuvre comme un autre ambivalent de l'écriture : à la fois le refus de toute contiguïté, et l'indication d'une frontière dont le pouvoir de fascination désigne une origine extérieure à l'espace du dire, mais dont le champ met en perspective le représentable. Il n'est pas interdit dans cette optique de lire dans un tel au-delà du domaine scriptural l'équivalent des frontières géographiques qui traversent thématiquement *Le Rivage des Syrtes* ou, en mineur, *Un Balcon en forêt.*

L'antithèse du *soma* et du *germen* renvoie, d'autre part, par son origine biologique, à un partage organique. De fait, il n'est d'écriture possible, pour Gracq, qu'au travers d'une organicité appropriable par le sujet. Que celle-ci ait ou non fait l'objet d'un vécu personnel n'est en l'occurrence pas décisif : le vécu de la faim et du feu, qui ont bel et bien été le lot de Louis Poirier, tombe partiellement à l'extérieur de la relation organique du sujet au monde (ou n'y revient que sur le mode de son absence productrice), alors que l'Histoire — même lointaine — peut relever d'une telle relation. Le fragment de *Carnets du grand chemin* intitulé « Chemins » est significatif :

Une des raisons qui me rendent difficile toute imagination du passé au-delà, approximativement, du dix-septième siècle, c'est la quasi-impossibilité de me figurer ce qu'étaient les routes, les chemins ; non pas tant leur aménagement technique sommaire [...], que leur relation vivante avec les villes, les bourgades qu'elles joignaient, avec les paysages qu'elles traversaient, avec les haies et les clôtures, les bois, les cours d'eau, le mouvement aussi de leurs usagers [...]. Bref, que pouvait bien être dans ce vaste corps, l'antique circulation du sang ? (*CGC* ; II, 1041)

L'organicité du monde n'apparaît donc sensible qu'à distance relativement rapprochée, c'est-à-dire lorsque la masse de l'information historique autorise une projection imaginaire du sujet. Mais elle n'apparaît aussi qu'à distance suffisamment éloignée pour que la perception puisse accéder aux formes de la représentation. C'est là un aspect de ce que Gracq appellerait le « *recul signifiant* » (*L2* ; II, 337)[12], et qui correspond à ce qui peut intégrer le sujet dans sa totalité. La bonne distance temporelle serait ici le gage d'une circulation entre ce qu'on pourrait définir respectivement comme corps-monde et comme corps-écriture — circulation qui garantirait le statut régulateur du sujet et s'en trouverait garantie en retour.

On sait néanmoins combien l'écrivain s'est intéressé à certaines époques plus lointaines de l'Histoire, telles que la fin de l'Empire romain et l'époque des invasions barbares[13]. De cet intérêt, des fictions telles que *Le Rivage des Syrtes* ou « La Route » portent témoignage, de même que divers fragments épars dans les recueils. Le peu de goût de l'écrivain pour les romans historiques est de ce point de vue paradoxalement révélateur, qui tient à la difficile superposition de l'écriture historiographique et de l'écriture littéraire :

Je n'aime pas beaucoup les romans historiques, pour les mêmes raisons sans doute qui font que je n'ai pas tellement de goût pour les historiens stylistes. Le *recul*, constitutif de l'histoire, donne lieu aux mêmes phénomènes d'élision du trivial et du quotidien que la fiction. Mais il le fait par des moyens différents, et ces moyens différents il est en général peu avantageux de les combiner, de les superposer. (II, 1215)

Les commentaires relativement nombreux de *Salammbô* que Gracq n'aime pas mais sur lequel sa réflexion insiste, permettent de saisir partiellement ce qui fait leçon dans ce rejet du roman historique. « *Tout est faux dans ce* péplum *parodique, sauf peut-être l'essentiel : le sentiment* [...] *finalement vivant de la distance par rapport à l'ère chrétienne.* [...] *C'est une chronique d'avant*

12. Gracq emploie en fait, pour en faire par exception le reproche à Valéry, l'expression *« recul non-signifiant » (*L2* ; II, 337).
13. Voir entretien avec Jean Roudaut (II, 1215).

“La Conscience”, *d’avant le châtiment de Caïn.* » (*En* ; II, 607). On conçoit ici ce qui rapproche une telle analyse du fragment des *Carnets du grand chemin* précédemment cité où il était question de la difficulté de l’écrivain à se représenter les chemins au-delà de trois siècles de distance historique. Le matériau historiographique qui sous-tend la représentation et que le roman historique fait proliférer, opérant par là même une soudure entre le passé reconstruit et le présent du lecteur, n’est en définitive guère « *essentiel* ». Qu’il soit engrangé et exploité par un historien comme Michelet lorsqu’il évoque une période proche (la Révolution française) ou par un romancier qui réinvente à grands frais d’érudition une époque lointaine (Carthage au temps d’Hamilcar), l’effet produit est celui d’une discordance de ton et d’une impropriété des moyens utilisés. Si Gracq est réticent à l’égard de Michelet, c’est dans la mesure où l’organicité propre de la littérature est peu compatible avec la linéarisation des événements et des faits proposée par l’historiographie résurrectionnelle, dont Gracq réduit fort ironiquement la méthode d’animation à quelque roussellienne « *injection de* résurrectine » (622). Le roman historique, tout comme l’histoire romancée, instaurent une continuité qui efface ce « recul » ou cette distance que *Salammbô*, avec tous ses défauts, a su préserver contre la tradition générique dont il relève.

La continuité entre présent et passé suppose donc que soient superposables l’organicité de l’écriture et celle du monde, cette dernière passant par là même de la dimension aspectuelle du révolu (*perfectum*) à celle du prolongement dans le présent (*infectum*). Or l’écriture conçue comme corps se déleste largement de cette masse du factuel dont l’encombrement gêne Gracq dans les romans historiques comme dans certaines œuvres de Balzac, et dont il sait tant de gré à Stendhal d’avoir su l’alléger. La continuité organique passe précisément par ces zones de discontinuité, de blanc informatif, qui mettent le sujet en état d’alerte et le livrent à l’activité prophétique des antennes — infiniment plus féconde pour Gracq que les recensements d’affects ou de mobilier. On conçoit dès lors ce qui peut mettre en affinité les souvenirs si personnels d’une Nantes qui n’est évoquée que depuis les lisières lacunaires où les trajets réglementés de la vie d’interne tenaient le jeune Louis Poirier et, d’autre part, les chemins des temps lointains, « *antique circulation du sang* » (*CGC* ; II, 1041) d’un « *vaste corps* » dont les réseaux irriguent d'autant mieux l'imagination, sont d'autant plus perméables à l'écriture qu'ils sont plus détachés du lacis trop serré et trop lesté des enchaînements contingents.

réparer le canevas troué

Si l'évocation du passé ne se conçoit guère autrement chez Gracq qu'investie par des blancs, c'est que ceux-ci ne relèvent pas d'une mémoire défaillante, mais d'une réserve où se tient un corps vivant — celui ou non de l'écrivain — qu'il s'agit pour l'écriture d'épouser selon sa corporéité propre, c'est-à-dire selon sa manière propre d'instituer son objet dans la distance. *La Forme d'une ville* développe à cet égard une double métaphore d'autant plus significative qu'elle est passablement incohérente : la mémoire est assimilée à « *un canevas troué, dans les interstices duquel flottent des zones opaques, pareilles à celles d'un cliché mal développé qui ne se révélerait que par taches discontinues* » (*FV* ; II, 872). L'image propose deux types d'organisation, l'un molaire et désordonné (« *zones* », « *taches discontinues* »), l'autre ordonné par le tissage selon la trame et la chaîne, mais déchiré par ces trous ou « *interstices* » où apparaît l'autre mode d'organisation. La mémoire se définit là comme un champ de forces contradictoires que défait un principe de discontinuité et de dispersion, mais que réorganise un principe de continuité. Un tel antagonisme dynamique vaut pour la mémoire comme pour l'écriture, et inscrit les effets de lecture produits par les différents textes comme ses variables, plus ou moins conflictuelles.

La différence de tons, déjà signalée entre *Les Eaux étroites* et *La Forme d'une ville* apparaît sous cet angle particulièrement accusée en ce que s'y marquent, à nouveaux frais, les deux pôles ou les deux versants gracquiens de l'écriture de la remémoration. L'un procède à une mise en œuvre surexposée des effets de discontinuité mémorielle, et organise le déploiement du texte selon un double procès de constriction et de dispersion que l'on commentera ultérieurement (il s'agit bien entendu de *La Forme d'une ville*) ; l'autre fait à l'inverse primer les processus de liaison et de continuité, dont la promenade au fil de l'Èvre constitue à la fois le support, la fable, et la métaphore privilégiée. Le « *canevas troué* » (*FV* ; II, 872) ne semble guère caractériser l'évocation de ce rituel des jeunes années que constituait la promenade en barque : les souvenirs sont décantés par une narration itérative qui se refuse à quelque singulation anecdotique que ce soit (décalant, comme le fait presque toujours l'écrivain, le récit par rapport à l'horizon autobiographique), mais ils sont d'une extrême précision et font surgir pour le lecteur comme pour l'auteur toute l'épaisseur vivante d'une remémoration qui confère à son objet une organicité pleinement appropriable par l'écriture. Non résurrection, puisqu'une telle opération supposerait le singulatif de l'incarnation, mais glissement les unes sur les autres d'épaisseurs temporelles qui résorbent leur écart et échangent leurs modes de présence. Songeons, à titre d'exemple parmi tant d'autres possibles, aux « macres *aux cornes aiguës* » (*EÉ ;* II, 529) récoltées parmi

> [...] les constellations vertes et flottantes des peuplements de châtaignes d'eau qu'on soulevait au retour et qu'on inspectait comme des filets [...] : petits crânes végétaux épineux que la cuisson durcit et qui livrent, fendus, en guise de cervelle, une noisette au goût douceâtre de sucre et de vase, friable et grenue qui crisse entre les dents. (*EÉ* ; II, 529)

Le passage de l'imparfait au présent est celui qui va d'un récit événementiel plongeant dans le passé à une définition descriptive intemporelle ; mais il est aussi le mouvement qui accorde sans rupture une sensation immédiate qui appartient à l'évidence au monde de l'enfance, et un dire que son contrôle renvoie non moins évidemment au présent de la construction rétrospective.

Ces effets de résorption de la distance tiennent, d'autre part, à la coulée de l'écriture de *Les Eaux étroites*, dont le caractère unique dans l'œuvre de Gracq est sensible à tous les degrés de lecture : sa fluidité, l'aisance des passages du souvenir des promenades aux références littéraires ou aux commentaires à caractère plus général, semblent de fait concilier la liberté des recueils fragmentaires les plus ouverts (*Lettrines* en particulier) et un déploiement narratif rendu extrêmement cohérent par sa réduction thématique, par le lien organique constamment maintenu entre le sujet et le milieu occasionnel qui tout à la fois l'absorbe, le reflète et le diffracte. La linéarité de l'espace, celle de la remontée du cours d'eau, emblématise la réversibilité des lieux et des temps, et la limpidité même du processus réflexif. Le fil de l'Èvre est exemplairement le fil d'Ariane de la remontée généalogique d'une mémoire scripturale en quête de ses sources vives.

Le paradoxe de cette généalogie est qu'elle n'est nullement rétrograde, mais qu'elle tire sa signification du présent : l'écriture nourrit sa substance de ce qu'elle hale des profondeurs de sa mémoire propre, non seulement pour en restituer le matériau mais aussi et surtout pour transfigurer celui-ci, le révéler à lui-même dans l'actualisation ; elle se réfléchit, d'autre part, elle-même comme instance productrice et distance énonciative. Le passé s'origine dans la réflexivité de la mémoire, comme institué par le moment de sa convocation autant que par la richesse du gisement d'où il tire sa consistance. Ainsi « *la brûlure piquante et assoiffante de la limonade tiède* » (*EÉ* ; II, 528), qui est pour l'écrivain « *inséparable* [...] *des préparatifs de l'appareillage* », est réactualisée par « *le récit du pique-nique au bord du Cher dans* Le Grand Meaulnes ». De manière analogue, « *le cygne de Lohengrin remontant, puis descendant sur la scène de l'Opéra les lacets de la rivière* » (529) donne rétrospectivement sens à la « *sensation de félicité presque inquiétante* » éprouvée sur l'Èvre. L'éclairement généalogique des motifs profonds de l'imaginaire gracquien (aux deux sens du mot *motif*, comme le voulait Cézanne pour la peinture : sujet, et « raison d'agir ») projette en l'occurrence la lumière sur le détour, sur la dimension productrice du processus de médiation. Au schème dynamique d'un glissement sans rupture de l'organicité du passé à celle de l'écriture, le modèle du détour producteur superpose en effet l'artifice délibéré de ses références de carton-pâte, qu'il s'agisse du cygne de l'Opéra, des contes convoqués aussitôt après où des « *esquifs ingénus — cygnes, caïques, auges de pierre —* [...] *glissent* [...] *à la surface d'une eau immobile* », ou encore de ces « *décors de scènes à transformation, ou de ces toiles de diorama qui s'enroulaient et se déroulaient, et défilaient devant le passager de Luna-Park assis dans sa barque vissée au plancher* ». La référence qui suit au « Domaine d'Arnheim » d'Edgar Poe insiste évidemment sur cette fabrication de l'image mobile, sur ce paysagement d'une mémoire qui, loin de masquer les praticables, met aussi bien en scène les artifices de son exploration que l'exploration de ses artifices.

Ces deux processus (transfert d'organicité et surexposition d'une médiation artificielle) s'alimentent réciproquement plutôt qu'ils n'entrent en conflit, comme le montre l'exemple cité de la limonade dont la brûlure investit le pique-nique du *Grand Meaulnes*, et lui confère sa vérité aux yeux d'un lecteur pourtant peu amène pour le roman d'Alain-Fournier. Le parcours de la mémoire dans *Les Eaux étroites* est ce va-et-vient entre l'immédiateté sensible et la réflexivité de ce que Hegel appelait des « prothèses réfléchissantes ». Ce qui revient à confirmer le constat précédemment proposé d'un trajet à la fois linéaire et circulaire : continuité spatiale et continuité temporelle se mirent en un jeu de figuration réciproque selon le double procès de la généalogie de l'écriture. Il appartiendra à d'autres œuvres de manifester la discontinuité fondamentale de l'évocation du passé.

Le fil de l'eau se brouille pourtant. Entre ces deux modes de la continuité s'effectuent des changements de plans qui sont autant de déplacements de l'espace référentiel du souvenir de promenade à celui de la lecture, et qui relèvent de logiques d'enchaînement différentes. L'ordre de la promenade tel que le propose le récit recouvre supposément la successivité réelle des lieux. Non qu'il s'agisse de restituer aussi exactement que possible un parcours qui vaudrait en lui-même (ce serait procéder à la manière d'un guide touristique) ; mais la succession des étapes ou des toiles peintes du « *diorama* » (II, 529) a valeur de rituel (à la fois intime et initiatique) et inscrit comme telle une trajectoire signifiante. À cette cohérence se substitue toutefois, selon un mouvement toujours réversible de glissement, un espace de cohérence, une logique processive autres : ceux qui enchaînent les références littéraires ou ce qu'on pourrait appeler les souvenirs « épiphytes » greffés sur l'axe mémoriel principal (ainsi l'évocation du « *Val sans retour* »). Le fil du texte, son allure et sa cohérence deviennent ceux du tissage digressif dont la remontée de l'Èvre se fait encore la métaphore provisoire. Le passage d'un plan à l'autre se produit volontiers comme une rupture légère dont les blancs typographiques sont la trace dans le texte, manifestant discrètement mais délibérément la couture de deux fragments ajointés pour la publication.

La digression constitue, de fait, une expansion qui vient reprendre et amplifier tout en le réorientant un élément appartenant au plan initial du récit. Ainsi la convocation des *Chouans* de Balzac, dont une « *vignette* » (*EÉ* ; II, 538) illustrée et « *légendée d'une livraison à bon marché* » vient se superposer à l'évocation de la Roche qui Boit, reprend-elle la mention la « *châtelaine de la Guérinière* » à qui cette falaise surplombant l'Èvre « *passe pour avoir servi autrefois de plongeoir* » (537). L'allusion à cette légende, qui n'est sauvée de la banalité de l'anecdote que par l'ambiguïté de la formulation et qui ne vient guère rompre le fil de la remémoration, propose un point de bascule d'un plan à l'autre : de la navigation linéaire et enchantée au pelotonnement d'une boucle qui diverge et dérive sur son erre propre, suscitant dans la trame qu'elle a déchirée pour s'y substituer un autre ordre de superposition, une autre logique d'enchaînement qui vient recouper la première à la verticale : celle qui passe par l'équipée de Marie de Verneuil sur les roches de Saint-Sulpice et rejoint *la Flamme errante* dans l'Inde fantaisiste de *La Maison à vapeur* de Jules Verne. La première de ces figures romanesques « *hale* [*l'autre*] *peu à peu à la surface comme du fond d'un puits* » (540), les points de glissement proposés par le texte étant cette « *température d'orage* » (538) qui électrise les deux femmes et les « *pousse de l'avant* », et plus concrètement le « *Kandjar ciselé et* [*la*] *longue traîne* » dont Jean Bellemin-Noël a par ailleurs montré qu'ils relèvent largement d'une réécriture (*JGr 3*, 93–114).

La superposition change alors de régime temporel : à celle qui ajointait selon la coulée du circuit le présent et le passé, se substitue temporairement celle des références intertextuelles jouant librement dans l'espace fondamentalement achronique de la lecture. Entre ces deux ordres de glissements temporels et référentiels, il n'y a ni progression ni dramatisation, mais le ludion d'une remémoration qui explore réflexivement la richesse de ses dispositifs propres à mesure qu'elle suit le chemin de l'enfance. Si aux deux termes de ce va-et-vient on retrouve les pôles de l'autonomie de la littérature et du passé comme présence d'une altérité, ceux-ci sont dans *Les Eaux étroites* exceptionnellement solubles l'un dans l'autre. En témoignent ces points de fusion entre les plans de superposition qui viennent d'être évoqués : les roches de Saint-Sulpice reprenant la Roche qui Boit, les « *brûlants fantômes* » (*EÉ* ; II, 539) de Balzac et de Verne révélant la dimension foudroyante d'à-pics qui étaient dévolus à l'élément liquide, c'est-à-dire révélant dans cette conjonction oxymorique la mémoire à elle-même. Se répète alors ce dont le « *Val sans retour* » porte le secret et que le récit délivre comme sa propre clef, « *le sortilège fondamental, qui est la réversibilité du Temps* » (548).

4. L'ÉCRITURE DE LA DISTANCE.

réel et imaginaire : du face-à-face au dos-à-dos

Il appartient à l'écriture de régler la distance où se situe le passé pour l'écrivain. Si la relation entre énoncé renvoyant au passé et énonciation au présent est dans l'ensemble peu conflictuelle (comme l'indiquent les exemples mentionnés plus haut de *Les Eaux étroites* ou les surimpressions visuelles de *La Forme d'une ville*), le retour qui s'opère de celui-là sur celle-ci s'effectue souvent à la marge. On retrouve là l'indéfinition de la présence du passé, cette hantise suggérée par les premières pages de l'ouvrage dédié à Nantes ; hantise, c'est-à-dire ce qui revient estompé dans le demi-effacement des superpositions qui déplacent le lieu de l'être, à l'instar de ces « brûlants fantômes » qui traversent la remémoration de la promenade sur l'Èvre et qui viennent d'être évoqués, ou à l'instar de Nantes telle qu'elle a été connue par la bande depuis l'internat, c'est-à-dire telle qu'elle n'a pas été connue au sens où on l'entendrait ordinairement. Ce qui prévaut ici est la « *loi du désir plutôt que* [...] *celle de l'objectivité* » (*FV* ; II, 774), c'est-à-dire celle qui accorde la préséance au présent de l'inscription désirante plutôt qu'à l'identité propre de l'objet. Celui-ci miroite à la lisière, « *remodelé selon le contour* [*des*] *rêveries intimes* » — non pas prétexte puisque alors la rêverie deviendrait creuse et ballante faute de support, mais bel et bien situé aux points de contact extérieurs d'un texte avant tout centré sur lui-même. Ainsi n'est-il rendu compte du vécu que dans le cadre d'une économie de la rareté qui en évacue la quotidienneté et en fait tout le prix. Gracq écrit significativement dès les premières pages de *La Forme d'une ville* à propos de l'année qu'il a passée à Nantes « *dans des conditions normales* » (773) en tant qu'enseignant : « [...] *je me perdrais aujourd'hui dans le quartier où je vivais cette année-là, je ne reconnaîtrais même pas la maison que j'habitais : ce temps où je vivais à Nantes* comme tout le monde *est resté pour moi comme s'il n'avait jamais été.* ».

Ce qui se trouve élidé est la part d'un enracinement social qu'une écriture réaliste ou naturaliste auraient déployé et qui n'apparaît que pour fabriquer de la distance entre le sujet (un fils de petite bourgeoisie ignorant le monde des travailleurs manuels dont son milieu se « distinguait » autant qu'il était possible) et l'objet (en général traité sur un mode imaginaire). Plus essentiellement, est évacuée l'événementialité du passé, tout le matériau objectif d'une remémoration qui ne se dilue pas pour autant dans la pure subjectivité mais se soucie assez peu des critères de fidélité et de sincérité que l'on attend d'habitude de l'autobiographie. L'objectivité gracquienne est plutôt affaire d'exactitude dans l'évocation d'une sensation ponctuelle ou dans l'analyse du retentissement d'une référence esthétique, c'est-à-dire qu'elle est plutôt une vertu de l'énonciation qu'une propriété déterminée par l'énoncé. Nous avons pu constater à cet égard que l'événementiel de *Les Eaux étroites*, réduit au minimum pour une navigation si dépourvue d'effort que la rame n'y est presque pas mentionnée, était assumé par des références intertextuelles quant à elles fort animées. Ce sont elles qui régissent toute la mise en branle du réel, et qui traversent comme une balle la distance qui sépare le présent du passé (distance des époques historiques, dans le cas des *Chouans*) : « [...] *le coup de feu tiré il y a deux siècles va de nouveau partir ; les fantômes couchés se relèvent à l'appel d'une écriture magique,* tout est vrai *; il n'y a pas plus qu'une portée de fusil.* » (*EÉ* ; II, 539).

C'est ainsi, dans le long fragment de *Lettrines* intitulé « La Nuit des ivrognes », que la littérature la plus fantaisiste magnétise — au sens propre — le poids de réalité que comporte l'évocation de la nuit d'errance à la fin de laquelle le lieutenant Poirier a été fait prisonnier avec ses hommes, pendant la guerre de 1940. L'« *Amiral Nord* » (*L1* ; II, 199) aussitôt investi du « *souvenir de Jules Verne et des* Aventures du capitaine Hatteras » apparaît dès le début du texte, qu'il aiguille vers l'imaginaire tout comme son sillage désorientait dans la réalité la petite troupe. Celle-ci est loin du temps et de l'espace de la guerre (« *on ne savait où, au milieu d'on ne savait quoi* [...]. *Notre détachement, notre insouciance devenaient extrêmes, comme si on s'était habitué à marcher sur la mer : on ne saurait être plus* égaré »). À quoi répond la réorientation imaginaire de ce monde désancré : « [...] *il me semblait qu'on s'enfonçait derrière lui* [l'Amiral Nord] *pas à pas dans le monde du bizarre, comme derrière un brise-glace.* » (198). « La Nuit des ivrognes » est l'un des fragments de Gracq où la précision autobiographique est la plus poussée. Mais cette richesse événementielle ne nourrit en fait l'évacuation du factuel qu'au profit de l'enfoncement dans l'irréel. Comme dans *Un Balcon en forêt* les silhouettes des engins de guerre ennemis, telles que les proposent avec exactitude les planches illustrées du capitaine Varin, se transforment en géants de la mythologie germanique revue et corrigée par Wagner (Fafner), les épisodes de la nuit de l'errance et de l'arrestation se « *désancrent* » de l'Histoire qu'ils devaient alimenter et lester du poids du vécu, pour instituer une situation d'exception extra-temporelle qui est fondamentalement celle de l'écriture.

Le fragment s'inscrit sur un mode ironique à la marge des temporalités romanesques déployées par *Un Balcon en forêt* et par *Le Rivage des Syrtes* : il reprend du premier cette situation de suspens temporel, de bulle miraculeusement enchâssée dans les replis de l'Histoire avant que celle-ci ne reprenne ses droits ; il appelle le second par la question finale (« *Qui vive ?* » (*L1* ; II, 199)) lancée par ceux qui allaient mettre un terme à l'errance. Ce cri fait bien entendu écho au « *Qui vive ?* » (*RS* ; I, 839) de Daniélo, à la fin de son entretien avec Aldo. Mais il est aussitôt expulsé de la dimension héroïque que lui conférait le roman — celle d'une entrée en guerre qui signifiait, au-delà de la destruction probable (et fugitivement attestée) d'Orsenna, le souci de sa « *destination* » (879), c'est-à-dire de son salut — par la phrase qui le suit dans « La Nuit des ivrognes » : « *Je n'étais pas très sûr pourtant que nous étions sauvés.* » (*L1* ; II, 199). Cette phrase finale du fragment déconstruit comme négligemment le final épique du roman et le renvoie du plan d'une littérarité sursignifiante à celui d'une retombée, brutale mais sans drame, dans le factuel de l'Histoire. La référence à *Un Balcon en forêt* est à la fois plus massive (du fait de la communauté des thèmes) et plus subtile (elle est allusive et non citationnelle). On la retrouve avec la présence des deux ivrognes (que reprennent Olivon et Gourcuff dans le roman), ou dans la tonalité de la première phrase du fragment : « *Le souvenir que j'ai gardé de Dunkerque est beaucoup plus fantasmagorique encore que sinistre. L'impression d'irréalité était par moments extrême.* » (*L1* ; II, 196). « La Nuit des ivrognes » est toutefois située sur le front et non à distance de celui-ci, elle est pleine de vacarme alors que l'action (si l'on peut dire) du roman se situe aux lisières silencieuses du monde de la guerre. Le fragment dit la guerre que tait le roman, ou encore le Je fais la guerre que Grange ne fait pas. Mais ce faisant il épuise ce qui rôdait dans la fiction comme un sortilège embusqué, et qui sonne comme la menue monnaie du vécu factuel : « *une grande nuit de fiesta* » dont les épisodes hagards ici détaillés minent l'intemporalité onirique qu'ils illustrent. Le fragment joue ainsi contradictoirement sur les deux tableaux à l'intersection desquels se trouve « *l'Amiral Nord* » : la fiction happe le souvenir dans son espace de référentialité propre, le souvenir concret égare au rebours la poussée fictionnelle et déconstruit au passage la temporalité signifiante des romans. Fiction et autobiographie se lisent dès lors dans un rapport d'effritement réciproque qui permet de réévaluer les fonctions respectives de l'énoncé et de l'énonciation : le temps référentiel de l'énoncé n'oscille pas tant entre l'intemporel de la fiction et le passé du souvenir qu'il ne s'inscrit dans un entre-deux problématique, et dans l'exemple présent litigieux, entre ces deux temporalités que l'énonciation n'appelle que pour mieux les défaire, manifestant par là sa souveraineté dans l'institution de la distance.

la bonne distance du sujet

On conçoit qu'à s'inscrire dans un tel jeu, le statut du Je soit complexe et ne puisse se réduire à la personne telle qu'elle pouvait exister dans un passé antérieur à l'existence littéraire. Un tel constat n'est certes pas spécifique à Gracq : il est à vrai dire inhérent à l'écriture de remémoration dans la mesure où celle-ci ne s'efface pas au profit d'un surgissement aussi fidèle que possible mais prend conscience de sa puissance constructrice, de sa poéticité. Mais le statut du Je gracquien envisagé dans cette perspective n'est pas réductible aux grandes références de la littérature autobiographique que le lecteur ne peut manquer d'avoir en mémoire. Il ne relève pas de l'entreprise de subsomption, difficile mais finalement affirmée, d'une énonciation très lucide quant à ses modalités par un plan de l'énoncé aussi cohérent et continu que possible — tentative dont *Les Confessions* de Rousseau constitue le modèle fondateur ; il ne s'agit pas davantage, toutefois, de ce que l'on pourrait grossièrement définir selon un schéma pragmatique inverse où c'est le jeu énonciatif seul qui conditionnerait la validité de l'énoncé, réorientant le projet autobiographique vers la réflexivité du déploiement autoréférentiel de la littérature, à l'instar de ce que propose *À la recherche du temps perdu*. L'on n'a pas affaire chez Gracq, pas plus avec ses textes fictionnels qu'avec les autres, à un procès de construction du Je s'arrachant du factuel pour s'éployer dans l'espace de la pure littérarité — seul susceptible de lui conférer présence et identité. Le Je gracquien se dessine surtout, en fait, comme figure déceptive. On a rappelé combien ce sont les modes de son absence à la ville plutôt que de sa présence qui sont privilégiés dans *La Forme d'une ville* ; de même l'exemple de « La Nuit des ivrognes » ne livre le détail du vécu que dans la perspective d'un double estompage : celui qu'il subit depuis la présence référentielle de la fiction et celui qu'il lui fait subir.

Il serait cependant un peu hâtif de conclure que le Je gracquien, dans les textes non fictionnels, est purement et simplement l'instance qui régit ce jeu d'effacements et d'ambiguïsations. Bien plutôt un tel jeu n'a de sens que dans la mesure où le sujet est là où il n'est pas : dans la référence littéraire qui inscrit une intégrité physique et imaginative de lecteur ; dans la référence au vécu passé qui laisse insister dans le recès même de l'événementiel la disponibilité d'un devoir être dont l'écriture peut seule répondre ; ou encore dans ce qui fait reste au regard de la littérature et vient, en creux, interroger à ses marges son aptitude (toujours déçue) à se superposer au monde qu'elle évoque et qui la nourrit. Les statuts énonciatifs du Je sont divers : subjectif ou objectif, interrogateur ou gnomique, dissout dans sa communauté avec les lecteurs ou avec une figure commune et indifférenciée du sujet, ou à l'inverse irréductible à une telle dissolution, effacé par l'allusion littéraire qui l'absorbe ou restitué à sa singularité extralittéraire, etc.. Cette diversité se laisse lire comme le signe de cette écriture de l'équivocité ou de l'entre-deux : elle n'atteste certes pas un quelconque juste-milieu, mais les figures variables d'un équilibre, parfois délibérément menacé, entre le réel et la littérature.

Un fragment de *Lettrines 2*, souvent cité par la critique pour illustrer la perméabilité du souvenir et de la littérature, est à cet égard révélateur. Rappelant l'époque de son séjour à Caen (de 1942 à 1944), Gracq évoque un «*faux souvenir*» (*L2* ; II, 253) qui le fait revenir en train d'une excursion vers le littoral normand alors qu'«*à la réflexion*» il paraît impossible qu'à cette époque de pénurie «*on ait remis en service l'antique tortillard balnéaire*». Le souvenir raccorde aux trajets réellement effectués par l'écrivain dans cette région «*le réseau ferré lilliputien — lui-même largement imaginaire, et qui avait séduit* [Gracq] *dès la première lecture — tissé par Proust dans son livre autour de Balbec* ». Et l'auteur de conclure le fragment sur une remarque générale concernant le fonctionnement de la mémoire — remarque dont on fait à juste titre l'une des clefs de sa poétique :

Ce ne serait pas la première fois que j'observe combien le souvenir qui s'éloigne devient perméable à une fiction littéraire, quand elle est restée à l'esprit présente et forte, au point d'accepter, si cette fiction s'adapte par hasard à un espace usé de la mémoire qui montre la corde, de se laisser rapiécer par elle sans façons. (*L2* ; II, 253-4)

Un tel passage réclame toutefois du commentaire autre chose qu'une simple reprise tautologique. Il dit, certes, une communauté de l'espace du réel et de celui de la fiction leur permettant de se pourvoir réciproquement : les signes de l'une deviennent ceux de l'autre, la lecture pouvant superposer sans efforts les images engrangées par la mémoire de ce qui a été vécu, le vécu pouvant s'annexer comme réels les tissages propres de la fiction. Ce qui intéresse Gracq, plus précisément, semble être la figure de présence-absence constituée par ce chemin de fer fantôme, figure dont on trouve dans le reste du fragment deux images : d'une part, dès les premières lignes le « *petit chemin de fer de la côte (déjà envahi par la rouille et l'herbe, et aujourd'hui sans doute démoli)* » (252) ; d'autre part, « *cette côte inconnue, si proche et si tantalisante* » dont la découverte après un long temps d'interdiction avait suivi « *un état de carence, analogue à celui auquel on palliait alors sur le plan nutritif avec les distributions de biscuits vitaminés* ». Entre ce qui est dévolu au passé (le sentiment de manque) et ce qui appartient au présent (le rapiéçage de la mémoire par la littérature), le mouvement est celui du flux et du reflux analogue à la structuration spatiale du fragment selon l'aller de la ville à la côte et le retour — on retrouve là le canevas de « La Presqu'île » ! Flux du désir qui suscite le parcours (réel, puis imaginaire), reflux de l'inscription qui le recouvre en partie et accomplit à son tour le trajet selon un tissage qui résorbe le manque.

L'image du rapiéçage se voit concurrencée par celle d'une invasion réciproque (signalée par un « *perméable* » (*L2* ; II, 253) étranger à cette clef métaphorique) s'effectuant entre ce qui se retire et ce qui se propose, entre ce qui, d'une part, insiste dans le passé comme figure d'absence, génératrice de la marche vers la mer, mais aussi du passage à l'écriture et la construction en diptyque du fragment et, d'autre part, ce qui se déploie au présent comme réparation à distance et instauration de la présence par la réflexivité critique du texte de remémoration. La caractérisation de la mer en tant qu'objet à la fois offert et refusé du désir, au milieu du fragment, est comme l'emblème duel de celui-ci. La mer redistribue figuralement les courants de cette dynamique contradictoire de la présence-absence ; mais elle manifeste aussi, au cœur de ce texte voué à la continuité entre vécu et fiction et à la positivité comblante du tissage (mémoriel et scriptural), un vide qui se creuse à mesure, faisant écho à ce palliatif insatisfaisant de la « *carence* » (252) que proposaient en période de guerre et de famine les *« biscuits vitaminés ». Le tissage se superpose à la déchirure plutôt qu'il ne la répare, ou plus précisément l'écriture de la réparation ne peut se produire qu'au travers de dispositifs qui la défont. En témoigne encore la description de la côte éventrée par le débarquement, description qui fait pendant au souvenir du retour en train. Le « *bourg à demi détruit* » (253) (il s'agit de Langrune) et la plage dévastée sont revus à distance d'écriture selon des allusions mythologiques dont l'incongruité frappe autant le lecteur (et de toute évidence l'écrivain) que la surimpression des dragons wagnériens sur les chars de guerre allemands pouvait frapper Grange : « *traces apocalyptiques* » ; la mer, qualifiée sur un mode épique de « *nourrice des tempêtes* », et « *venue sur la pointe des pieds, en curieuse, observer des fureurs inédites chez Neptune* ». Si l'imaginaire investit ici la réalité du souvenir au point de lui donner sa couleur et son orientation, c'est au prix d'une double dépossession : du mythe par l'Histoire qui l'expulse pour un temps d'« *un ordre immémorial et convenu* » qu'il représente ; de l'Histoire par la référence mythique qui la désaisonne et la fait basculer vers une fiction étrange ou drolatique (selon l'humeur du lecteur).

Entre la description de la côte et le retour imaginaire dans le train de Proust, se produisent les mêmes effets de construction et de déconstruction — reprenant sur leur plan propre (celui de la modalisation) les mouvements de flux et de reflux évoqués plus haut — que ceux que j'ai tenté d'analyser à partir de « La Nuit des ivrognes ». La mise en perspective toutefois n'est pas la même, pas plus que ne sont assimilables les superpositions proposées par *Les Eaux étroites* et celles de *La Forme d'une ville* :

le fragment de *Lettrines* procède à une disjonction toujours accrue de l'imaginaire fictionnel et du souvenir ; celui de *Lettrines 2* joue au contraire de la complexité ambiguë des effets de retrait et de recouvrement à travers lesquels la mémoire et l'écriture se livrent à une sorte de dramaturgie de l'entre-deux, de la hantise réciproque et du décalage. Ces deux fragments (bien d'autres exemples auraient été possibles, que l'on retrouvera à d'autres moments de cette réflexion) illustrent deux directions tendanciellement contradictoires de la régie gracquienne de la distance entre passé remémoré et présent de la remémoration : l'une qui va dans le sens de la décision et dessine les territoires respectifs du fictionnel et de son autre ; l'autre qui va au rebours vers l'indécision entre ces territoires qu'il n'y a pourtant pas lieu de confondre. Le Je se constitue et se définit à l'intersection de ces zones d'échange qui se font ou se défont entre fiction et réel, entre ce qui est appropriable du passé et ce qui ne l'est pas, entre ce qui se propose comme présence et ce qui n'insiste que sur le mode de l'absence. L'intersection toutefois, on l'a vu, n'est pas seulement le centre : elle est aussi reconnaissance de frontières d'autant plus problématiques que le sujet se trouve de part et d'autre de leur ligne de partage : à l'instar d'Herminien et Albert, ces doubles antagonistes de *Au château d'Argol*, de part et d'autre de la rivière-miroir qu'ils longent ; à l'instar de ces figures réversibles de l'identité et de l'altérité que proposent dans *Le Rivage des Syrtes* Orsenna et le Farghestan, Aldo et Aldobrandi.

La distance inhérente à l'évocation du passé — que les supports en soient les souvenirs personnels ou les vestiges historiques — est telle qu'elle permet au sujet de se situer à la frange où entrent en contact le toujours présent de ce qui fut et qui continue à désirer en nous, et le présent d'une écriture qui se refuse à l'intemporalité un peu facile d'une contemplation du Temps (Histoire ou mémoire) comme pure distance extérieure. Sur ce point encore, Gracq manifeste son agacement à l'égard de la pensée décidément trop anhistorique (ou anti-historique) de Valéry, et il le fait dans un fragment expressément situé entre deux notations concernant les rythmes de la guerre tels que les ont connus les soldats de 1914 et ceux de 1940 :

> La Terre un jour sera une lune, se dit — irréfutablement — l'homme qui pense contre sa soif et laisse l'eau fuir entre ses doigts.

Il est curieux que Valéry ici [...] se laisse prendre à cette sagesse décorporée et posthume, qui projette arbitrairement l'homme dans un espace sans fond et un temps sans durée — lui qui reproche tant, et si justement, à Pascal l'abus de ce que j'appellerai le *recul non-signifiant.* (*L2* ; II, 337)

Pascal, Valéry, Goethe ironiquement cité dans *Les Eaux étroites* (« *le "baiser des planètes" cher à Goethe* » (*EÉ ;* II, 527) mais qui n'embrasse, semble-t-il, pas grand-chose de notre vie) sont ici renvoyés à une série qui les situe du côté de la mort, du néant (*omnia vanitas*) proclamé par l'Ecclésiaste, c'est-à-dire du côté de ce qui expulse le sujet. Le néant est à opposer à cet égard à l'absence, dont on a noté qu'elle évidait la remémoration de toute singularité événementielle dans *Les Eaux étroites* ou *La Forme d'une ville*, mais qu'elle se définissait aussi comme creux et comme appel à un comblement qu'il appartient à la vie comme à l'écriture de fournir. Que ce creux soit, dans les lignes citées ci-dessus comme dans l'évocation du trajet aller et retour de Caen à la côte dévastée, celui de la soif ou de la faim, définit la distance que s'assigne au regard du passé le sujet gracquien : distance organique ou biologique — indépendamment de toute productivité de l'écriture. À la « *ligne horizontale étendue* » (*L2* ; II, 337) prônée par Valéry « *au fond des mouvements et météores secrets* » de tout penseur conséquent, et que Gracq ne voit pour sa part « *avérée que dans les cimetières* », s'oppose la ligne des patrouilles qui zèbre la carte marine de l'Amirauté dans *Le Rivage des Syrtes*, ou la frontière belge que longent ces rôdeurs des confins que sont Grange et son compagnon Hervouet : ligne magnétique celle-là, à distance assez rapprochée pour que se fasse sentir l'attraction ou la tentation. Cette distance ne se caractérise pas seulement par l'éloignement chronologique, comme on l'a vu dans ce fragment précédemment relu où l'écrivain s'interroge sur ce que pouvaient être les chemins il y a plus de trois siècles. L'essentiel est que la ligne magnétique puisse être reconduite — fût-ce en pointillés, dans un espace où l'hypothèse se laisse imaginairement investir par le corps du sujet et par la respiration de l'écriture qui lui est liée. On y reviendra (voir *infra*, pp. 75–82 : « Une logique de la sensation »).

II
UNE POÉTIQUE DU FRAGMENTAIRE

1. Problématique du fragment[14].

une économie de la consommation

Il n'aura pas échappé que les exemples proposés par cette étude puisent indifféremment dans le corpus visiblement « fragmentaire » et dans les textes de ce que l'on peut appeler le « cycle des lieux ». Une telle indifférenciation est admissible si l'on s'arrête aux façons d'écrire : sur feuilles volantes pour la fiction, sur cahiers et selon la succession des jours d'écriture pour les œuvres non fictionnelles, à l'exception de *La Forme d'une ville* qui ne paraît à la lecture pas moins dispersé que *Autour des sept collines*, et plutôt plus que *Les Eaux étroites*. L'appréhension des œuvres dévolues aux lieux se fait néanmoins surtout au plan de l'ensemble, comme c'est le cas dans les quatre romans, alors qu'elle se fait plutôt au plan de chaque fragment dans les recueils — même si la variété, le rythme, les polarisations thématiques singularisent évidemment ces derniers ; même si l'enchaînement entre les fragments, qu'il cultive ou non la disparate, est souvent significatif. J'ai proposé comme critère d'unification de l'œuvre non fictionnelle la confrontation de l'écriture à un dehors qui y fait retour, qu'il s'agisse du vécu personnel, de l'Histoire dans ses événements et ses vestiges, des lieux réels opposés par l'écrivain lui-même aux lieux de la fiction ; c'est des formes de ce retour qu'il est question dans cette étude, formes dont certains linéaments ont déjà été esquissés pour ce qui concerne la problématique de la distance temporelle ou le jeu de

14. Sur le choix — et les équivoques — des termes *fragments*, voir *supra*, notre note liminaire (p. 6).

continuité et de discontinuité qui régit l'évocation présente du passé, et dont je voudrais définir brièvement les données plus proprement inhérentes à l'écriture fragmentaire.

Gracq n'écrit pas « sur le motif », mais à distance de l'expérience dont il rend compte : distance de la décantation qui permet à la mémoire d'élider la trivialité du quotidien, d'effacer l'insignifiant et de faire saillir le significatif (Gracq se range parmi les écrivains « *presbytes* » (*L1* ; II, 160), comme Chateaubriand, et contrairement à Breton). La distance mise entre le motif évoqué et l'écriture qui l'évoque est, d'autre part, ce qui permet à celle-ci d'exister comme expérience autonome, libérée de la pression de l'expérience vécue et s'instituant dans un espace et une temporalité propres. On songe à la formule de Claude Simon dans *Orion aveugle* : « [...] *c'est seulement en écrivant que quelque chose se produit, dans tous les sens du terme* »[15]. Ainsi se justifient les années écoulées entre la « *drôle de guerre* » dont Gracq a été un acteur en 1940 et la mise en chantier de *Un Balcon en forêt*, ou entre le séjour — effectué au printemps 1976 — à Rome et l'écriture (en 1984 puis 1988) de *Autour des sept collines*. L'écart entre les promenades d'enfance sur l'Èvre et *Les Eaux étroites* est évidemment bien plus grand encore. Cette distance temporelle, comme on voit, sert aussi bien l'écriture fictionnelle que l'autre. Elle a toutefois quelque parenté privilégiée avec la pratique fragmentaire dans la mesure où celle-ci procède en isolant ses objets, qui ne sont pas ce que livre le continuum du vécu saisi sur le vif mais ce qui a pu dans le travail de la distance proposer une condensation de sens entre la disponibilité à l'accueil du sujet et une trace qui répond à cette disponibilité dans la mesure où elle la convoque, l'engage tout à la fois à se creuser et à se satisfaire.

Chacune de ces rencontres vaut en elle-même, de la même façon que valent en elles-mêmes les rencontres avec les livres. Entre l'aptitude à former une constellation autour d'un pivot thématique ou expérientiel, et l'émancipation à l'égard de toute macro-structure organisatrice, se déploient dans toute leur variété les œuvres fragmentaires : de *Les Eaux étroites* qui efface partiellement son origine fragmentaire à *Lettrines* qui défie toute linéarisation et se montre par là plus exemplairement conforme que tout autre recueil à ce qui constitue pour nous l'horizon réfé-

15. Claude SIMON, *Orion aveugle* (Genève, Skira, 1970), non paginé.

rentiel de l'écriture fragmentaire (en l'occurrence les séries discontinues publiées par les frères Schlegel et par Novalis). Les écrits fragmentaires de Gracq sont donc, on s'en doutait un peu, peu justiciables de tiroirs : s'il n'est pas question de les réduire à une uniformité qu'ils récusent à l'évidence, il est en revanche licite, me semble-t-il, de les saisir dans ce double mouvement qui les caractérise selon diverses polarités et modalités : la tendance à former système, c'est-à-dire à multiplier les plans d'intersection et les logiques d'enchaînement au sein d'un même recueil ou d'un ouvrage à un autre ; et la tendance inverse des fragments à s'autonomiser. La tendance, en somme, de l'écriture à se produire sur le mode discontinu et discret (linguistiquement parlant) du *fragment*, ou sur le mode relativement plus continu du *fragmentaire*.

Une note de *Lettrines* est à cet égard éclairante, qui souligne une dualité valant de façon générale pour toute œuvre littéraire mais où se dévoile comme en transparence la pente du glissement vers la pratique fragmentaire :

> La « nature » du poète, ou de l'écrivain qui plus généralement s'adresse à la sensibilité, repose avant tout sur l'existence d'un réseau serré de connexions affectives. À chaque instant, l'influx est aiguillé automatiquement vers le point de consommation : peu importe la source d'énergie à laquelle il est fait appel ; [...] ce qui compte, c'est la souplesse du réseau à faire affluer tout entier le voltage disponible vers la demande.
>
> (*L1* ; II, 182)

Ce qui prévaut dans une telle analyse est une vision de l'écrivain ici pensé comme métaphore de cet autre sujet qu'est l'œuvre qu'il produit. Conception organiciste qui croise comme souvent chez Gracq les isotopies du sanguin et du ferroviaire, mais dont la parenté avec les réflexions de Schlegel sur la littérature comme système est flagrante. L'accent est mis sur les trajets de circulation et l'intensité de l'énergie affective plus que sur ce que l'œuvre peut proposer d'objectivable : intrigue, structure, personnage, etc. (on reconnaît là les motifs favoris de la critique littéraire si fortement élaborée par Gracq, ses passes d'armes contre les approches thématiques ou structuralistes, ou les flèches meurtrières tirées contre le « Nouveau Roman »). Mais autant que l'organisation dynamique du sujet ou de l'œuvre comme système sensible, ce passage souligne une économie de la dépense dont l'échange s'accomplit localement (Gracq parle de « *point de consommation* »), dans une relative autonomie du moment et du lieu.

La pratique fragmentaire concentre de façon particulièrement lisible cette économie générale de l'œuvre littéraire. Nombre de fragments comportent un titre en italique, le plus souvent fort laconique et ne proposant pas un thème sur quoi broder mais plutôt une indication sommaire (lieux, personnes, items hâtifs) qui sert à la fois de point d'ancrage et de rampe de lancement pour l'écriture. Dès la première ou les premières phrases, le texte propose une notation — souvent concrète, presque toujours physiologiquement caractérisée — par laquelle le sujet entre en résonance avec ce qui dans sa propre sensibilité a pu éveiller l'attention présente et susciter le geste de l'écriture. On reconnaît là *in nuce* le motif fondateur de *Les Eaux étroites* et de *La Forme d'une ville*, motif qui parcourt également — plutôt en creux — *Autour des sept collines*, et que les arguments fictionnels des romans ou des nouvelles mettent en perspective plutôt qu'ils ne le travestissent.

Toute analyse d'exemple, dans ces conditions, ne peut être que tendancieuse et arbitraire. Attachons-nous toutefois brièvement au récit de *Lettrines* parodiquement intitulé, de manière plus longue que de coutume, « Du rôle joué dans mon enfance par les objets étranges ». Le texte évoque successivement un « *piège à mouches* » (*L1* ; II, 192) et un boomerang — deux objets qui fascinèrent l'enfant par leur rareté et leur complexité (de mécanisme ou de comportement). Ce fragment construit en diptyque répète en fait, à travers deux objets, une anecdote emblématique de la relation instaurée dans l'œuvre non fictionnelle entre le réel et l'écriture, entre le passé évoqué et le présent de l'évocation. Le Je est immédiatement plongé dans une tension entre le désir et la satisfaction de ce désir — second temps qui, loin d'étancher la soif, en déplace le sens et les modalités dans un ordre symbolique d'autant plus affirmé qu'il s'émancipe du support événementiel : du « *piège à mouches* » Gracq écrit : « [...] *le charme de la boîte mystérieuse était bien au-delà de l'efficacité : elle ne quittait pas ma poche* [...]. ». La machine mystérieuse est présente et neutralisée, comme plus tard (dans le temps et dans le texte) l'est le boomerang, objet dont l'efficacité magique appartient au virtuel : « *Peut-être n'étais-je pas* déjà *tellement pressé de l'éprouver — pressentant une faille entre le monde des livres et celui de l'expérience, hésitant à demi à abandonner les* *charmes de l'espérance pour les épreuves de la foi.* » (193). La présence des objets étranges, ce qui les rend fascinants, réside dans un entre-deux du possible et de l'effectif propre à ajointer « *le monde des livres et celui de l'expérience* », à suturer la « *faille* » pressentie. Présence talismanique (c'est ainsi que l'arbore l'enfant qui le porte sur lui pendant ses promenades en solitaire) que le récit voue à la perte et qui ne pourra « *faire signe* » (134) qu'à cette condition : à la *« présence réelle » (194) du boomerang original, la copie fabriquée après la perte de ce dernier ne peut que substituer la relique ontologiquement exténuée et qui ne fait sens que pour signaler la distance où se tient désormais la présence (« *comme ces crucifix qui pendent encore à leur clou dans des maisons où depuis longtemps on ne pratique plus* »). L'histoire du boomerang métaphorise ainsi le statut même du passé tel que l'actualise la remémoration gracquienne : son véritable lieu consiste en l'évanouissement dans le virtuel — en quoi il est indissociable de la dimension du révolu et d'une économie de la perte : celle de cette présence que le vestige (la relique) simule ou interroge sans pouvoir la remplacer. Revoir un (vrai) boomerang dans une vitrine, pour l'écrivain désormais éloigné de l'enfance, ne peut ranimer que la relique (Gracq parle de « *récompense posthume à* [*son*] *enfance* », de « *sortilège fané* »), impropre à manifester une « *présence réelle* » qui n'appartient qu'à la distance et à cette double dynamique du virtuel et du révolu qui l'investit. C'est en ce sens que va, me semble-t-il, l'épilogue du récit : s'« *il ne faut pas remuer les amours mortes* », c'est que, pas plus que pour la madeleine proustienne, leur actualité ne relève pas d'un registre matériel qui ne saurait ressusciter une présence irréversiblement perdue, mais de l'écriture qui suscite toute l'architecture de la *Recherche* comme, beaucoup plus modestement, la rédaction de ce fragment.

l'écho dans la caverne
économie référentielle et temporelle des fragments

Le récit consacré à ces *objets étranges* de l'enfance emblématise, d'autre part, la dimension proprement poétique de l'économie fragmentaire, c'est-à-dire la forme de la réponse apportée par le fragment à l'interrogation inaugurale de la section « L'Écriture », dans *En lisant en écrivant* : « *Pourquoi écrit-on ?* » (*En* ; II, 656). À cette question jadis posée par la revue surréaliste *Littérature* (et que décalera bien plus tard un entretien avec Jean-Louis de Rambures portant sur le « comment » de l'écriture), Gracq ne s'est jamais dérobé — étant entendu que la réponse ne peut se déployer qu'à côté de cette question qui ne lui préexiste pas mais qu'elle définit par son mouvement propre. L'écrivain oppose trois temps de la motivation, dont les extrêmes sont à l'évidence à affecter aux premiers récits d'une part, à la pratique fragmentaire de l'autre :

> Quand j'ai commencé à écrire, il me semble que ce que je cherchais, c'était à matérialiser l'espace, la profondeur d'une certaine effervescence imaginative débordante, un peu comme on crie dans l'obscurité d'une caverne pour en mesurer les dimensions d'après l'écho. Le temps vient sans doute sur le tard où l'on ne cherche plus guère dans l'écriture qu'une vérification de pouvoirs, par laquelle on lutte pied à pied avec le déclin physiologique. (*En* ; II, 656)

Après quoi l'écrivain caractérise cette « *zone indécise* » qui s'étend « *dans l'intervalle entre l'excès et la pénurie de l'afflux à ordonner* », et où « *s'entrelacent inextricablement* » « *le goût défensif de donner forme et fixité à quelques images élues qui vont inévitablement s'étiolant, le ressentiment contre le vague mouvant et informe du film intérieur* », mais aussi plus simplement « *l'envie* [...] *de communiquer quelque chose : une remarque, une sensation, une expérience* ».

La « vérification de pouvoirs » (qui correspond probablement si l'on s'en tient à cette distribution linéaire, au temps de la pratique fragmentaire) consiste donc à faire résonner à nouveau la caverne. Ce qui signifie, d'une part, produire en quelque sorte l'écho d'un écho ; d'autre part, puisque l'on passe d'une construction ample à des textes brefs, borner le cri à des cavités de moindre dimension dont le matériau vécu (« *une sensation, une expérience* » (*En* ; II, 656), peut fournir le support. Le fragment s'oppose ainsi au récit long dans la mesure où, à l'inverse de celui-ci, il est inapte à fonctionner « *en* enceinte fermée » (*L2* ; II, 329), c'est-à-dire à être cerné à chaque page de ce « *mur circulaire qui renverrait et répercuterait à mesure sur tout le contenu de l'ouvrage réanimé par lui l'écho indéfiniment prolongé de chaque ligne à mesure qu'elle est lue* ». Ce mode de sédimentation, propre à l'écriture romanesque comme à la lecture qui en actualise l'efficace, est interdit au fragment faute de continuité : la circulation entre les fragments, ou d'un fragment à une œuvre fictionnelle, relève de la discontinuité d'un ajointement ou d'une superposition ponctuelle dont les zones de contact sont d'ordre thématique. Les fragments de *Lettrines* ou de *Carnets du grand chemin* où Gracq évoque son expérience de la guerre de 1940 ne produisent, mis en relation par la lecture, aucun effet d'épaisseur temporelle comparable à celui que tisse l'écriture, par-delà la cohérence des motifs objectivables, à chaque page de *Un Balcon en forêt.*

La mise en écho du fragmentaire ne peut ainsi être produite que par tout l'ensemble de l'œuvre, c'est-à-dire de façon beaucoup plus lâche et selon le retour cellulaire de la variation. La cohérence propre de l'écriture des œuvres non fictionnelles se lit à partir d'autres critères dynamiques qui n'apparaissent dans les récits que dilués par l'homogénéisation référentielle inhérente à la fiction : les séquences rythmiques, les modes de convocation réciproque s'effectuant entre des plans référentiels hétérogènes (vécu, faits historiques, allusions littéraires, citations, etc.), ou encore la spécularité d'une écriture se retournant sur elle-même pour sonder sa profondeur et devenant ouvertement son propre objet. La réception des fragments, telle qu'elle se dégage en creux de celle des récits fictionnels, a en commun avec la perception des œuvres cinématographiques l'absence du « *domaine des marges* » (*En* ; II, 724) qui caractérise le roman[16]. Or l'écrivain lie cette absence à l'intrusion de l'altérité référentielle, inévitable dans l'image filmique, qu'est la présence du réel — présence dont on a tenté de cerner le caractère constituant à travers les modes mêmes de son absentement dans l'œuvre non fictionnelle[17].

16. Il s'agit des stratifications du souvenir et des synchronisations mentales *a posteriori* opérées par le lecteur de roman, et que rendrait impossible la réception, largement passive selon Gracq, d'un film (voir « Littérature et cinéma », *En* ; II, 719–29).

17. Voir *supra*, chap. Ier : « Le sujet et la distance » (pp.19–56).

Crier « *dans l'obscurité d'une caverne pour en mesurer les dimensions d'après l'écho* » (*En* ; II, 656) : cette image qui est censée caractériser les premiers récits, peut néanmoins être reprise à propos des fragments. Si l'écho n'est pas celui de la mise en résonance de l'écriture par elle-même à l'échelle d'une œuvre, il est ce qui permet le retour du réel dont le texte a ouvert l'évocation ; il est la forme même de ce retour que sa circularité destine à clore le fragment une fois que l'évocation a pu faire la part de la présence et de la distance, c'est-à-dire une fois que l'écriture a pu revenir, à l'instar de l'écho, après avoir rebondi sur sa propre limite. Ce qui se mesure n'est pas l'obscurité de la caverne puisque le rapport de l'écrivain à la langue s'est déjà révélé à travers toutes les œuvres écrites antérieurement, mais l'aptitude de l'écriture à faire retentir selon ses harmoniques le réel. Le fonctionnement « *en* enceinte fermée » (*L2* ; II, 329) du fragment n'est pas, dès lors, celui de la fiction, lié à « *la marge de blanc qui cerne chaque page imprimée* » et fermant continuement le dispositif élocutoire par lequel le récit s'autonomise et produit ses propres strates ; s'il existe, néanmoins, c'est par la discontinuité qui isole chaque texte entre son incipit et son excipit et donne forme à la frontière poreuse qu'il trace avec ce qui lui est extérieur.

La clôture circulaire du fragment appartient pour Gracq à la temporalité même de l'écriture, que reconduit celle de la lecture. Ainsi l'écrivain confie-t-il à Jean-Louis de Rambures le plaisir propre à la pratique fragmentaire : « [...] *c'est fini dans la journée, on dort bien* » (II, 1190) — plaisir que redouble celui du recopiage, c'est-à-dire de la mise au propre dans les cahiers. Ce plaisant dégagé de l'écriture s'oppose au caractère pénible du travail au long cours qu'impose, parfois pendant plusieurs années, le roman : travail de restauration inlassable d'une continuité menacée par la discontinuité des jours, travail d'atterrissage dangereux du récit à mesure que se ferme l'éventail des possibles narratifs et que se profile l'achèvement du texte[18]. La pratique fragmentaire se rapproche sous cet aspect de celle de la peinture telle que la commente avec envie un texte des *Carnets du grand chemin* à propos d'une remarque du *Journal* de Delacroix : « *La*

18. Voir sur ce point *En lisant en écrivant* (II, 638), où Gracq analyse magnifiquement la difficulté d'achever un roman, et évoque « *ce sentiment qu'*[*il*] *a plus d'une fois éprouvé en achevant un livre, d'"atterrir" — dangereusement — plutôt que de terminer* ».

satisfaction de l'homme qui a travaillé et convenablement employé sa journée est immense. » (CGC ; II, 1060). Le fragment est ici consacré à ce qui oppose le temps créateur du peintre et celui de l'écrivain :

Il subsiste dans l'artiste-peintre un tâcheron sublimé [...] pour qui, malgré tout, l'heure de travail s'écoule plus continue, plus liée, plus huilée, plus placide, plus proche, dans l'enchaînement régulier et sans hâte des gestes précis, dans le recul périodique de l'œil qui contrôle, de celle du ciseleur ou de l'ébéniste que de celle de l'écrivain, et surtout du poète, chez qui l'écoulement régulier du temps ne scande rien et perd tout sens, chez qui tout n'est que torpeur expectante et guettante, coupée de crises.

(*CGC* ; II, 1061)

Ce que gagne la pratique fragmentaire, c'est précisément cette régularité immédiatement satisfaisante de la scansion de l'écriture, et cette continuité due à l'adéquation sans heurts du temps qui va du commencement à l'achèvement de chaque séquence de travail. C'est en ce sens que va le titre donné par Jean-Louis de Rambures à l'entretien que lui a accordé Gracq en 1970, lors de la publication de celui-ci : « Deux heures de travail dans une journée »[19].

La « *vérification de pouvoirs* » (*En* ; II, 656) alléguée par l'écrivain pour caractériser le passage des récits fictionnels aux recueils de fragments ne saurait pleinement convaincre ici, même s'il n'y a pas lieu de douter du sentiment qui l'accompagne d'un relatif tarissement de « *l'effervescence imaginative* ». La mise en œuvre de ces pouvoirs s'effectue en effet de manière fondamentalement distincte dans les deux pratiques, au-delà du plaisir ou de l'anxiété éprouvés ; du fait de la perspective d'un achèvement différé et perçu comme un étranglement progressif du récit, ou d'un achèvement qui est d'emblée inscrit à chaque geste de l'écriture et se trouve, pour l'écrivain comme pour le lecteur, en communication directe avec l'incipit. La continuité de l'écriture dans la pratique fragmentaire est indissociable de la discontinuité propre à la distance référentielle, à la fracture instaurée par le retour du réel. Symétriquement la discontinuité de l'écriture dans la pratique fictionnelle est liée à la continuité référentielle qui doit mettre en lisière le réel pour assurer l'étanchéité de la chambre d'échos. C'est bien en l'occurrence à un basculement scriptural que l'on a affaire, même si les deux pratiques sont

19. Jean-Louis DE RAMBURES, *Comment travaillent les écrivains* (Paris, Flammarion, 1978).

partiellement poreuses entre elles et aménagent des dispositifs ou des points de glissements qui ne sont pas moins définitoires.

La dynamique de l'achèvement dans le fragment, de fait, est bien celle de l'accomplissement d'un geste qui se boucle sur lui-même : non qu'il retourne à son point de départ ; mais il ouvre le souvenir, l'impression ou la réflexion évoqués à la réflexivité d'un dire qui en fait, au terme du fragment, un dit : un événement énonciatif advenu dans le *hic et nunc* et dont la formulation laisse comme le fait pour le peintre sa journée de travail sur un sentiment provisoire de satisfaction. Les textes relèvent significativement d'une double inscription temporelle de l'énonciation : ils sont datés au moment du recopiage, comme pour marquer à la fois le rythme chronologique de la continuité de l'écrire, et le caractère provisoire d'impressions ou de réflexions qui ne se donnent pas l'illusion de l'intemporel, tournant le dos à l'aspectualité gnomique que manifestent volontiers les maximes et autres considérations intempestives. Mais la publication, d'autre part, efface ces dates. Le moment énonciatif se dégage dès lors de la contingence pour se signaler au double plan réflexif de l'écriture qui se produit et de l'écriture qui pense dans une perspective plus large ses modalités de production. La fin de *Les Eaux étroites*, celle de *La Forme d'une ville* illustreraient de façon exemplaire ce déplacement de la temporalité énonciative, si le retournement spéculaire de l'écriture ne débordait quelque peu le cadre fragmentaire dont ces œuvres relèvent quant à leur mode de composition. Un fragment des *Carnets du grand chemin* déjà évoqué, « Chemins » (*CGC* ; II, 1041-2) en offrirait parmi tant d'autres un exemple plus directement significatif : l'écrivain y date le texte dans un rappel furtif du moment de l'écriture (« *je songe à tout cela en feuilletant un album de reproductions des tableaux et des gravures du vieux maître allemand* [Dürer] » (1042)) ; mais le fragment porte plus largement sur les conditions de la représentation — imaginaire et narrative — du passé lointain. La datation est en l'occurrence plus intérieure qu'objective : ce dont elle rend compte ne s'accommode guère de la chronologie diariste (le plus souvent arbitraire et insignifiante pour Gracq)[20], mais de la dynamique duelle d'une impulsion présente

20. *Un Beau ténébreux* en donne une indication significative : les dates du « Journal de Gérard » scandent en fait l'écoulement des événements diégétiques vers l'arrière-saison, vers ce « point doré de périr » dont on sait qu'il est pour l'écrivain une saison privilégiée, aussi intérieure que climatique.

qui ouvre l'espace du texte et en constitue le déclencheur, et d'un horizon qui referme cet espace dans la coïncidence formelle, à la fois provisoire et idéale (c'est-à-dire en fin de compte toujours différée), de l'écriture et du réel que celle-ci cite ponctuellement à comparaître. L'achèvement du fragment, tout comme celui du récit fictionnel, se produit donc dans l'immanence ; mais il en circonscrit le champ dans la brièveté et la réitération du geste de rencontre par lequel l'écriture se tend vers son autre pour mieux se ressaisir.

le hérisson et les pollens
clôture du fragment et circulation interfragmentaire

Les fragments gracquiens relèvent en bonne part, comme le précise Berhild Boie dans la notice qu'elle a composée sur *Lettrines* (II, 1336), de la définition esthétique dont Schlegel, dans l'*Athenaeum*, a fixé le modèle souple et vivant. Rappelons la formule fameuse qui fait de chaque fragment « *une petite œuvre d'art* », un texte autonome, « *totalement détaché du monde environnant et clos sur lui-même comme un hérisson* »[21]. Le hérisson fait bien entendu image pour l'organicité de chaque texte devenant sujet à l'instar du sujet réel qui le produit et l'investit, mais dont il se détache pour trouver en lui-même son point d'équilibre et sa forme (ce que Schlegel appelle sa « caractérisation »). Cette conformité des fragments gracquiens à l'idéal schlegelien atteste le goût de l'écrivain pour le Romantisme allemand, auquel il a consacré de fortes pages et à travers lequel il lit largement le Surréalisme dont il s'est senti si proche. Si le hérisson est centré, organique et autonome, son emblème doit toutefois être corrigé ou complété par celui que propose Novalis : les grains de pollens. L'accent est mis alors sur la légèreté du fragment, ailé pour s'envoler vers d'autres qu'il fécondera, faisant système vers une organicité plus disséminée que centrée, plus ouverte à la circulation que défendant son autonomie. Il n'y a évidemment pas lieu d'opposer une conception schlegelienne et une conception novalienne, même si cette seconde référence est plus recommandable encore aux yeux de Gracq que la première, mais bien de souli-

21. Friedrich SCHLEGEL, *Fragments*, n° 206. Voir Philippe LACOUE-LABARTHE *et* Jean-Luc NANCY, *L'Absolu littéraire* (Paris, Seuil, 1978), p. 126.

gner la complexité dynamique de chaque fragment comme de l'ensemble qu'il forme avec les autres au sein d'un recueil (ou d'une section de recueil), voire au cours d'une migration (thématique ou intertextuelle principalement) d'une œuvre vers une autre.

On pourrait citer de nombreux exemples. Je me bornerai à indiquer parmi tant d'autres illustrations possibles le texte de *Lettrines* où Gracq évoque le bref et énergique « *dialogue conjugal* » (*L1* ; II, 243) de Jean et Ernestine de part et d'autre de la Loire. Cet épisode s'abouche en son début et en sa conclusion à *La Forme d'une ville* paru beaucoup plus tard : « *Le cœur de Nantes battra toujours pour moi avec les coups de timbre métalliques des vieux tramways jaunes virant devant l'aubette de la place du Commerce, dans le soleil du dimanche matin de mes sorties, — jaunet et jeune, et râpeux comme le muscadet* » (242). On retrouve dans *La Forme d'une ville* l'évocation de cette trépidation des tramways qui est le rythme même du retour mémoriel de l'écrivain à son enfance nantaise. Le « *cœur de Nantes* » qui ouvre le fragment entre en outre rétrospectivement en résonance avec l'incipit baudelairien de l'ouvrage de 1985 : « *La forme d'une ville change plus vite, on le sait, que le cœur d'un mortel* » (*FV* ; I, 771). La distance d'un cœur à un autre cœur traverse le modeste texte de *Lettrines* autant que le livre, mais ce qui émerge dans le fragment, introduit par l'évocation en jaune du muscadet (le jaune, repris sur la couverture de *La Forme d'une ville,* ne serait-il pas pour Gracq la couleur intime de Nantes ?), entretient avec l'ouvrage dédié à la ville un autre dialogue qui laisse les deux textes à leurs identités respectives, autorisant les jeux de migration plus que l'absorption du plus petit dans le vaste ensemble qui a suivi. Le dialogue de Jean et d'Ernestine est, dit le fragment, « *un peu le symbole de cette ville à la fois grande et active* » (*L1* ; II, 243) — symbole qui vient se loger rétrospectivement, et sans le combler, dans le creux de ce texte évidé qu'est *La Forme d'une ville*, aussi désymbolisé que possible par le caractère délibérément ponctuel de ses notations. De l'un à l'autre texte, la fin du fragment de *Lettrines* signale avec désinvolture l'ouverture possible de l'échange : « *Nantes est aussi, bien entendu, autre chose.* » (244).

L'image des pollens insiste en outre sur la dimension virtuelle de la littérature, qui fut certes théorisée par Schlegel mais vers laquelle pointe plus exemplairement l'inachèvement de *Heinrich von Ofterdingen* (auquel Gracq, on le sait, a consacré une étude recueillie dans *Préférences*). Cette indication permet de penser l'achèvement propre de chaque fragment selon une perspective d'ouverture qui ne contredit pas la clôture du texte, son autosuffisance, mais qui la rend disponible à la multiplication de points d'inflexion où vienne s'informer ou s'accrocher le réel (vécu ou non) — à l'instar de la phrase bretonienne dont Gracq écrit dans *André Breton* qu'elle est « *un moyen de reconnaissance, tout entier hameçons et crochets, tout entier tourné comme une antenne exploratrice vers l'extérieur* » (*AB* ; I, 487).

Du hérisson aux grains de pollens s'inscrivent deux perspectives dynamiques contradictoires de la temporalité et de la référentialité, dont le caractère indissociable me paraît contribuer à caractériser — dans le cadre qu'ils partagent d'une métaphore de l'organicité — les fragments gracquiens. L'opposition est au premier chef celle du centrement du texte autonome sur lui-même, d'une part et, d'autre part, de son décentrement par l'attraction qu'exercent d'autres textes, par la multiplication des dispositifs de capture propres à donner ponctuellement forme au réel. Cette dualité est celle du « prisme » et du « filtre » dont *La Forme d'une ville* souligne l'unité (comparable à celle de l'avers et du revers) : « *Au surplus, je ne prétends en rien faire le portrait d'une ville qui, au travers de son prisme, n'a jamais laissé la lumière filtrer pour moi intacte. Je ne fais état, je l'ai dit, que de sa présence en moi* [...]. » (*FV* ; II, 843-4). Les fragments, comme la ville, constituent des prismes, c'est-à-dire qu'ils impliquent l'un et l'autre un foyer et un mode unifiant d'irradiation. En ce sens le réel et la littérature regagnent l'autonomie de leurs espaces respectifs, qu'ils ne rendent superposables qu'à travers un grand vide de la référentialité (voir l'absentement lié aux formes de la « *hantise* »). Dire, comme le fait l'écrivain quelques lignes plus loin, que Nantes est « *la seule, de toutes les villes qu'*[*il a*] *connues, qui ne relève à aucun titre de la vérification* » (844), revient en l'occurrence à énoncer l'affinité intime entre la forme de la ville et celle des fragments où elle se laisse ressaisir : formes autonomes qui ne communiquent entre elles que ponctuellement. Le ponctuel désignant l'absence qui l'entoure, ces points de contact apparaissent comme ce qui, depuis cet espace d'émancipation sémiotique, accomplit le retournement du « *prisme* » en « *filtre* », mettant l'accent sur les trous du canevas, sur ce qui est laissé pour compte plus que sur la puissance unifiante de déformation impliquée par le « prisme ». Prime dès lors une logique de la dispersion où les notations fragmentaires apparaissent comme absorbées par la distance séparant le présent et la présence perdue du passé, c'est-à-dire par la prégnance d'une relation à l'hétérogène. L'histoire du boomerang, qui prend ici valeur de parabole, en a fourni un exemple ramassé que *La Forme d'une ville* illustre par ailleurs avec plus d'ampleur. On mesure à cet égard la limite du modèle schlegelien, limite que signale justement l'ambivalence du rapport entre *soma* et *germen* : tous deux sont indissociablement liés et disjoints dans les fragments, ce qui signifie que ces derniers sont indissolublement autonomes et hétéronomes.

écriture fragmentaire et écriture poétique

Peut-être est-ce paradoxalement du côté de la poésie qu'il conviendrait de définir la pratique fragmentaire chez Gracq. Non pour faire rentrer des œuvres au statut générique indécis dans quelque cadre canonique (cela concernerait davantage, d'ailleurs, le « cycle des lieux » que les recueils de notes dont la tradition est clairement établie depuis le Romantisme allemand) : il est utile de garder à l'esprit la formule de *En lisant en écrivant* : « *Les œuvres d'art, il est judicieux d'avoir l'œil sur leurs fréquentations, mais de laisser quelque peu flotter leur état civil.* » (*En* ; II, 677). On n'aura garde d'oublier, toutefois, que l'écriture fragmentaire dans les textes de Schlegel et de Novalis entend assigner son avenir à la littérature même. Une première approche, assurément trop évidente, laisse appréhender texte poétique (toujours en prose dans la pratique gracquienne comme le plus souvent, semble-t-il, dans ses goûts) et texte fragmentaire par leur brièveté : l'un et l'autre sont justiciables de ce que Nietzsche, à propos de Wagner, appelait le « *miniaturisme musical* », c'est-à-dire « *l'art de faire tenir en quelques mesures un infini de nostalgie et de souffrance* »[22]. Assurément l'attitude de Gracq est plus volontiers ironique que pathétique, et l'allure dégagée, penchant fortement du côté de la narrativité, qui est

22. Friedrich Nietzsche, *Le Cas Wagner*, in *Œuvres complètes* (Paris, Gallimard, 1974), t. VIII, p. 34. Cité dans *En lisant en écrivant* (II, 749) et dans un entretien avec Jean Carrière (II, 1238).

celle des fragments apparaît peu conciliable avec la « concentration d'effets » (BAUDELAIRE) propre aux textes poétiques — concentration dont *Liberté grande* ou *La Prose pour l'étrangère* fournit une bonne illustration. On sait toutefois que l'économie poétique de l'écriture gracquienne s'est déplacée, à partir de *Un Balcon en forêt*, du primat du « *mot-climat* » (*En* ; II, 666) vers la recherche du « *mot-nourriture* » — comme si, sans renier rien de son attachement à Rimbaud ou à Breton, l'écrivain s'était progressivement tourné vers la vertu replétive de la poésie baudelairienne (664), ou s'était laissé conquérir par la densité et la qualité de l'étoffe à quoi il compare l'écriture proustienne[23]. La pratique fragmentaire correspond chez Gracq, semble-t-il, à ce relatif déplacement (ou rééquilibrage) du centre de gravité de la lecture : non exclusivement aspirée par la « *traction romanesque* » (II, 1248), mais réjouie par la substance délectable d'une écriture dont l'on peut se rassasier de manière discontinue (reprenant en positif l'« *usage* » de la poésie de Saint-John Perse comme « *chewing-gum* » (696)). Tout se passe en l'occurrence comme si, indépendamment de l'appartenance générique des œuvres, Gracq lisait indifféremment les textes de Baudelaire, Proust et Saint-John Perse (exemplairement opposables dans cette perspective à Stendhal, à Tolstoï ou aux auteurs de romans policiers) comme de la poésie, ou comme des fragments temporellement isolés et immédiatement satisfaisants.

L'hypothèse d'une proximité chez Gracq entre pratique de la poésie et pratique fragmentaire se trouve par ailleurs confortée par la préface écrite par l'écrivain en 1979 pour le *Journal de l'analogiste* de Suzanne Lilar, ouvrage publié en 1954 — c'est-à-dire (y aurait-il là un « signe ascendant » ?) l'année même où commence la consignation régulière des souvenirs et des réflexions sur les cahiers. L'ouvrage de l'écrivain belge s'attache, selon son préfacier, à une expérimentation aussi variée que possible destinée à élucider « *ce que Poe appelle déjà le principe*

23. Dans son entretien avec Jean Carrière, Gracq précise significativement que ses relations avec l'œuvre de Proust ont « *changé sensiblement avec les années* » (II, 1247). Sa perception est moins axée sur le sentiment de l'« *élation vers l'éventuel* » (*En* ; II, 621) dont témoigne encore « Proust considéré comme terminus » : « *Quand Proust évoque, dans* La Recherche, *le désir du narrateur de voir Venise, ce désir a déjà les couleurs délicatement fanées de la réminiscence : pas un instant, pour le lecteur, cette voile hissée n'a pris le vent.* » (631) ; or le « *lecteur plus averti* » qu'il est devenu est désormais, dit-il, volontiers satisfait par le « *trottoir roulant* » (1248) qu'il quitte et reprend à sa guise.

poétique, mais qu'il définit très insuffisamment » (II, 1136). Cette absence de caractérisation se retrouve selon Gracq dans le Surréalisme — que l'ouvrage de Lilar prolongerait en quelque sorte pour en fonder la pratique. C'est donc sur la réflexivité de ce « *journal de bord* »[24] que Gracq met l'accent. Que celui-ci soit « *le chemin d'une initiation graduelle à la poésie* » (1135), qu'il veille à « *ne jamais s'enfouir dans la sensation ou dans le sentiment* » suffit à signaler ce qui démarque l'expérimentation orientée et argumentative de la poétesse belge de la pratique fragmentaire chez Gracq. Toutefois, en notant que l'ouvrage « *progresse plutôt par apports aussitôt incorporés, par agglutinations successives, un peu à la manière d'une boule de neige* » (1137) ou encore qu'il use tour à tour d'« *images se succédant comme des diapositives dans une visionneuse* » et d'« *une écriture extrêmement souple et ramifiée* », le préfacier donne une image assez parlante du rythme et du mode de déploiement de ses propres textes non fictionnels ; il en va de même de la pratique du « *passage* » dont il souligne l'importance dans la conception qu'a « *l'analogiste* » de la poésie, et qui rend compte aussi bien de la narrativité des *Lettrines*, de *Les Eaux étroites* ou de *Autour des sept collines* (ainsi des incessants passages d'une évocation ou d'une référence à une autre, d'une impression sensorielle à une analyse, du détail à la méditation) que de la temporalité propre du souvenir dans les fragments gracquiens[25]. Gracq se livre ici à une sorte d'autolecture, tout comme il l'avait fait dans son essai consacré à Breton. La presque conclusion de la préface est en effet éclairante, qui en dépit de la perspective argumentative et de l'engagement du *Journal de l'analogiste* met l'accent sur une conception de la poésie comme « *éclosion fragile, momentanée, quelque chose comme un* bonheur-du-jour » (1138) : la réflexion, de fait, vaut surtout pour le propre « journal de bord » de Gracq,

24. On songe à ce que dit du Journal de bord l'auteur de *André Breton. Quelques aspects de l'écrivain* : « *C'est qu'en effet, du journal au coin du feu, chaussé de pantoufles et de besicles, au journal de bord, il y a toute l'épaisseur de l'aventure, comme tout le poids supplémentaire de la responsabilité.* » (*AB* ; I, 451).

25. La phrase de Breton ici citée sur l'aspiration à « *ce qui n'est plus l'ombre et ce qui n'est pas encore la proie : l'ombre et la proie mêlés en un éclair unique* » (II, 1137) pourrait également servir d'épigraphe à la dramaturgie intime des écrits fragmentaires. Cette formule est extraite de *L'Amour fou* d'André Breton (*Œuvres complètes* [Paris, Gallimard, « Bibl. de la Pléiade », 1992], t. II, p. 697).

pour sa nouvelle pratique de l'écriture et de la lecture.

Poésie et fragments se rencontrent enfin à mon sens dans ce qui devrait en apparence les séparer le plus : l'implication ou le retour du réel dans l'œuvre, ici indissociable de son autonomie alors qu'elle en est nettement détachée — la réflexion de Gracq sur la littérature y insiste constamment — dans la pratique romanesque. L'ambition de la poésie[26], indique le témoignage consacré en 1957 à Saint-John Perse, est d'ordre ponctuel, dans la mesure où il s'agit d'« *atteindre seulement d'un coup précis le monde à l'un de ses nœuds cachés, de trouver le point d'impact privilégié à partir duquel un simple caillou heurtant le plancher d'une grotte éveillera la sonorité d'une cathédrale* » (II, 1157). On retrouve là l'image de la grotte (*En* ; II, 656) dans laquelle l'écrivain à ses débuts criait pour en mesurer les dimensions. Ce qui prévaut néanmoins ici n'est pas le déploiement de la puissance expressive (« crier » pour mesurer) mais l'économie de moyens (« *un simple caillou* » (1157)) qui vise à donner aux « *méthodes de percussion* » utilisées par les poètes depuis Baudelaire un rendement esthétique maximal. Lié à la détection de « nœuds » stratégiques entre le monde et la forme expressive, l'expansion du texte poétique est conçue selon un modèle cellulaire et concentrique. En quoi elle est superposable à celle qui régit le processus de centrement-décentrement du fragment, elle-même opposable à la dynamique linéaire aspirant vers l'avant la narration romanesque. Cette coïncidence nodale, d'une part, ne mène qu'à elle-même, « manière d'être » plutôt que mode de connaissance, invalidant d'entrée de jeu selon Gracq le vieux débat sur « l'art pour l'art » ; mais elle est, d'autre part, ouverture à l'altérité du monde, comme le dit le beau texte de 1977 intitulé « Réponse à une question sur la poésie » :

> Fondamentalement, [...] on peut dire que sa possibilité reste toujours liée — à travers des formes et des supports infiniment changeants — à la fois, contradictoirement, au sentiment rajeuni de l'étrangeté du monde et au pressentiment concomitant, justifié ou non, de la possibilité d'accéder au cœur de cet « autre » impénétrable que le monde constitue. (II, 1174)

26. Gracq, comme Saint-John Perse, parle à l'évidence d'une filiation poétique menant de Baudelaire à Breton en passant par Rimbaud, plus que d'une conception fondée sur la négativité et la réflexivité du langage (conception que l'on pourrait dire mallarméenne).

Le fragment, tout comme la poésie, offre la solution d'une superposition idéale, à la fois ponctuelle et rayonnante, du monde et de la littérature — superposition qui passe par une dé-linéarisation de l'écriture, même si les narrations romanesques de Gracq restent volontiers hantées par ce contre-modèle dont l'image la plus éloquente est assurément le « *palimpseste* » (*BT* ; I, 146) ou le « *texte magique* » évoqués par Allan dans *Un Beau ténébreux.*

2. Une logique de la sensation.

la respiration

Entre leur incipit et leur achèvement, entre le présent de l'écriture et le passé évoqué, les fragments gracquiens trouvent une sorte de respiration qui constitue pour chacun d'eux son rythme propre et en quelque manière sa signature. Respiration trouvée, en effet, plutôt que cherchée : l'écriture de Gracq dans les œuvres non fictionnelles connaît peu ces écarts de registres ou ces hésitations de méthode que présentent parmi les fictions le récit intitulé « La Route », pour lequel l'écrivain dit s'être heurté à une « *erreur* » (II, 1223) de « *ton* » qui l'a contraint à abandonner ce qui devait être un roman, ou encore dans *Un Beau ténébreux* où se trahissent certains flottements dans une mise en œuvre narrative qui semble se chercher. L'écriture fragmentaire, à laquelle on peut subsumer *La Forme d'une ville*[27], ne connaît évidemment pas ces incertitudes liées à la dynamique de sédimentation des signes et aux difficultés d'« atterrissage » qui en découlent pour la diégèse. Gracq aime à citer, dit-il, la phrase orgueilleuse de Picasso : « Je ne cherche pas, je trouve », où il voit désormais, plus que dans la relance incessante de la quête emblématiquement figurée par les trois premiers récits, la formule de la création artistique.

La trouvaille en l'occurrence n'est pas celle que privilégiait Breton : cette rencontre fortuite dont le parapluie et la machine à coudre ducassiens fournirent le modèle au Surréalisme, et dont on retrouve le schème dans *Au château d'Argol*, ou, de manière résiduelle et plutôt sous les espèces d'une recension amusée, dans certains fragments[28]. Elle consiste plutôt, à l'instar de ce que permet la « percussion » poétique depuis Baudelaire, en un jeu d'ajustement et de réponse entre ce que métaphorisent la forme de la grotte et le tintement de caillou qui l'emplit : jeu d'appels entre la présence perdue et le vestige présent dans l'évocation du passé historique ou vécu, ou plus largement entre ce que

27. Bien qu'écrit sur le même support que les romans (des feuilles volantes), *La Forme d'une ville* s'apparente — mimétiquement, peut-être — aux textes de la pratique fragmentaire par l'allure, le ton et le mode d'organisation.
28. Voir par exemple *L1* ; II, 182, 189, 207.

convoque l'événement déclencheur et l'aptitude de la réponse textuelle à lui proposer une caisse de résonance (une « grotte ») à sa juste mesure. La trouvaille dans la pratique fragmentaire est adéquation entre un dehors de l'événement notable et un dedans de la notation, entre inspiration et expiration pris au sens le plus organique — en un sens en définitive assez voisin de celui où Claudel (que Gracq n'aime pas mais dont il est à bien des égards si proche) entendait la respiration. La respiration n'est pas seulement la métaphore d'une circulation narrative entre incipit et fin du fragment, mais aussi un des modes privilégiés de l'inscription du sujet dans le texte — tant comme objet de l'énoncé que comme instance énonciative. La respiration apparaît en cela comme l'espace où communiquent les sujets : les figures du Je, celles du texte, ou l'extériorité vivante du passé.

Évoquant sa traversée de la Toscane et de l'Ombrie, Gracq en retient au premier chef sa relation respiratoire aux lieux : « *Je me découvre, dans cette Italie péninsulaire jusqu'ici inconnue, étranger à tout paysage dont le rythme ne me communique pas naturellement le bonheur dans l'acte de respirer.* » (*SC* ; II, 888). Le manque d'aération, lié à l'absence d'horizon spatio-temporel (« *c'est le lieu sans horizons d'une histoire émiettée* » (887), écrit Gracq, — non sans esprit de paradoxe ! — de l'Italie centrale), enferme le Je dans un espace progressivement rétréci : « *J'ai étouffé à Rome et à Florence — étouffé dans l'émerveillement — un peu comme dans le confinement d'un musée sans fenêtres.* » (888). La constriction est ici directement opposable à la dilatation respiratoire, procédant métonymiquement par cercles croissants, que figurent dans *Le Rivage des Syrtes* la chambre des cartes (dont la clôture, comme l'on sait, se retourne exemplairement — à l'instar du « carré d'hiéroglyphes » de l'échiquier selon Allan (*BT* ; I, 145) — en dispositif d'ouverture du virtuel), puis l'îlot de Vezzano (près de la ligne de patrouilles), puis la traversée du "*Redoutable*" jusqu'au Farghestan. De même l'écrivain dit-il ne pas détester l'Anjou moderne transfiguré par le remembrement et dont il oppose l'ouverture au cloisonnement bocager de la campagne de son enfance[29].

La constriction de l'espace est encore ce qui rythme la première moitié d'un fragment de *Lettrines 2* consacré à l'évocation des

29. Notons au passage qu'une telle remarque, parmi d'autres, fait justice des représentations hâtives qui font de Gracq un « écolo » passéiste.

leçons de piano infligées jadis à l'enfant. La première phrase du texte en est le condensé programmatique, et imprime significativement la marque de l'étouffement au présent de l'acte énonciateur : « *À Ancenis, cet après-midi, j'ai tenté de retrouver la rue où, en 1919 et 1920, le jeudi après-midi, j'allais prendre ma leçon de piano chez les demoiselles R.* . » (*L2* ; II, 356). La fin du texte, au contraire, accomplit en un renversement à la fois figural et référentiel l'accès simultané du Je à la parole et à la respiration : la médiation de Balzac (« *découvert* », dit l'écrivain, à neuf ans « *rue Barême* » par le truchement de ces types provinciaux que furent pour lui les demoiselles R.), la phrase finale de cette première partie du fragment (« *L'heure finissait par s'écouler, je partais, ma poitrine se débloquait; je n'avais pas prononcé un mot.* »), signalent en négatif la forme qui joint le présent de l'écrivain à une matrice ancienne de sa sensibilité littéraire. Mais plus fondamentalement peut-être, l'écriture procède ici à l'institution de son espace propre : espace vital, organique, par lequel elle conjure le confinement suffocant de la tombe (Gracq évoque, à propos des deux « *vieilles filles* » (357) d'Ancenis, « *cet enlisement lent, cette rigidité et ce froid funèbre qui* [*les*] *figeait* », « *la mort venue avant la mort* », et « *les lèvres serrées qui ne s'ouvraient jamais* »). Des lèvres pincées des demoiselles R. à celles, desserrées, de l'Èvre, le motif aménage un effet de symétrie inverse des plus révélateurs : nous avons en effet affaire, dans *Les Eaux étroites*, à une dilatation qui se rend homogène aux références littéraires qu'elle convoque (Poe, De Quincey), et qui est « *la pente de la rêverie* », la pente même de l'écriture. Celle-ci, à l'instar du rêve dont elle reprend la liberté et la dimension prophétique, donne forme au présent comme à la distance temporelle et devient elle-même une respiration de l'espace :

> Je parle d'Edgar Poe et voici qu'il ne va plus guère me quitter tout au long de cette excursion tant de fois recommencée — bien souvent en compagnie bruyante et joyeuse — et qui pourtant, non pas seulement dans mon souvenir, mais chaque fois et pendant même que je la recommençais, a gardé toujours quelque chose de l'allure du rêve, dans le défilé muet, incompréhensiblement majestueux, des deux rives qui viennent à moi et s'écartent comme les lèvres d'une Mer Rouge fendue, dans le sentiment à la fois de lenteur irréelle et de vitesse lisse que j'ai cru retrouver parfois dans les plus beaux, les plus vastes rêves d'opium de de Quincey.
>
> (*ÉÉ* ; II, 530)

On mesure ici combien *Les Eaux étroites* est par excellence le texte de la respiration trouvée, le glissement au fil de l'eau permettant et figurant une circulation analogique qui peut superposer sans solution de continuité la mémoire sensorielle et la mémoire littéraire, couvrir de proche en proche la distance entre présent et passé, et ressaisir pleinement l'immédiateté du vécu dans la réflexivité de l'écriture.

donner une voix au corps

Ce caractère fondateur de la respiration pour l'inscription du sujet apparaît également dans *La Forme d'une ville* : « *J'ai essayé dans ce préambule un peu long* [écrit Gracq dans les dernières pages du texte], *de rendre compte de l'air de liberté, pareil à celui qui souffle dans une voile, que je respirais d'instinct dans les rues de la ville et que j'y respire encore.* » (II, 868). Mais alors qu'avec *Les Eaux étroites* la respiration est la circulation même du texte, aérée et fluide, le corps de l'écriture se substituant au corps passablement effacé du Je (d'ailleurs souvent dilué dans un *nous* ou un *on*), elle est dans *La Forme d'une ville* volontiers liée aux perceptions physiques d'un sujet qui déambule, ou qui ressent la ville dans le desserrement des contraintes inconfortables de l'internat. *La Forme d'une ville* procède à cet égard à une véritable mise en scène du corps dont l'instance perceptive reste distincte de l'organicité de l'écriture, soit qu'elle en assure extérieurement la régie, soit qu'elle en constitue un aboutissement valant pour lui-même : une sorte de *telos* hétérogène.

Un premier exemple significatif concerne la fascination du jeune Poirier pour le rugby pendant le temps de l'internat à Nantes. L'évocation des matches passe par une surexposition des médiations optiques et corporelles, la gesticulation des observateurs (ceux qui voulaient voir sans payer) occultant celle des joueurs : ainsi le texte s'attarde-t-il sur « *l'œil aux trous de la palissade* » (*FV* ; II, 854) qui ceinturait le stade, la progression d'« *un lot de candidats-spectateurs qui se déplaçaient par saccades au ras du sol, pliés en deux* », ou « *l'échelle double* » qui permettait aux plus privilégiés (dont le narrateur) de jouir d'une vue plongeante sur le terrain. L'évocation des réjouissances liées au sport se construit en diptyque (c'est une structure récurrente dans l'écriture non fictionnelle de Gracq) selon une bipolarisation sensorielle dont la notation investit le récit, évacuant largement l'objet au profit d'un événement énonciatif qui assure à la fois la continuité entre présent et passé et la pérennisation du sujet comme instance sensorielle :

> C'étaient là des orgies d'enthousiasme solitaire qui, dans mon isolement sur mon échelle, ne pouvaient ni se décharger parmi les cris d'une foule unanime, ni trouver ensuite écho et se diluer dans les émois d'un milieu sympathisant, des séquences dépareillées, fulgurantes, que je reprojetais longtemps avant de m'endormir, ainsi que les chutes d'un film, sur la nuit du dortoir. (*FV* ; II, 855)

La seconde partie du diptyque (consacrée aux épreuves d'athlétisme, « *à l'extrémité opposée de la ville* » (*FV* ; II, 855)) reprend le même dispositif énonciateur de manière plus étouffée, l'effacement de l'événement objectif ne laissant subsister que le fil de sensations amorties qui constituent un autre pôle émotionnel, opposé au précédent par le ton : « [...] *les bruits rares, espacés, les foulées silencieuses, étouffées par la cendrée, les heures lentes* », etc.. On retrouve dans ce passage biparti l'expression d'un régime duel de la sensibilité qui traverse toute l'œuvre de Gracq, avec un pôle « quiétiste », qui domine à l'évidence dans des textes tels que *Les Eaux étroites*, « La Sieste en Flandre hollandaise » ou *Un Balcon en forêt*, et un pôle « convulsif » qui prévaut souvent dans les trois premiers romans ou dans les poèmes de *Liberté grande*.

Le prolongement de la sensation dans le présent suppose là encore que celui-ci assure la régie du déploiement narratif, comme si le texte à ce moment ne visait qu'à restituer dans leur fraîcheur toujours ravivable ces impressions qu'il s'agit pourtant d'arracher à l'en deçà du langage, et sur lesquelles s'appuie paradoxalement le procès d'émergence de la parole. Ce passage du silence de l'émotion rentrée ou de la sensation muette à l'instauration de la parole, dont le fragment consacré aux leçons de piano à Ancenis avait déjà fourni l'exemple, se fait dans le présent synthétique de l'écriture qui peut seul donner une voix à ces fêtes silencieuses de l'enfance et les désancrer de leur pure appartenance au passé. C'est aux allusions littéraires, ici convoquées selon tous les registres possibles de la modalisation, qu'il revient d'assumer le renversement désingularisant du mutisme à la communication : ainsi de la transformation des stades en « *coin des ruines d'Olympie* » (*FV* ; II, 855), qui convoque *in absentia* Pindare pour produire le passage de l'isolement en soi-même à la célébration glorieuse (notons que l'île ainsi transfigurée se nomme — comme par prédestination — l'« *île Gloriette* ») ; de l'appel (réticent) à Montherlant qui introduit le glissement, quiétiste et bucolique celui-ci, vers l'intimité du chant amébée (le narrateur indique qu'il « *avai*[*t*] *accompagné un camarade qui s'entraînait : entre l'herbe fleurie et la cendrée claire, sous l'ombrage des arbres virgiliens* » (856)) ; enfin de la citation de *Mort dans l'après-midi* de Hemingway (« *aussi vide, aussi changé et aussi triste que n'importe quelle haute émotion* » (855)) qui prend le relais du narrateur défaillant dont le texte vient d'évoquer le mutisme et l'isolement, pour lui prêter une voix extérieure, par surcroît toute bruissante de la rumeur collective de l'arène. C'est ici dans et par la distance, surexposée par la demi-ironie de références intertextuelles bien antiquisantes, que peuvent se desserrer les lèvres : distance ignorée par la parenthèse de la navigation réversible sur l'Èvre qui sait le secret des lèvres desserrées[30] et d'une respiration homogène du sujet et de l'écriture ; distance à l'inverse creusée dans ces lignes de *La Forme d'une ville* par la dissociation du monde et du corps sensoriel dont les perceptions régissent l'énoncé et commandent comme de l'extérieur le dispositif d'énonciation ; distance dont le comblement appelle des médiations à dessein défaillantes pour tisser un lien fragile entre des instances hétérogènes et instaurer — à mi-chemin d'une remémoration vivante et d'une impossible résurrection organique — l'espace de l'écriture.

Les références intertextuelles constituent à cet égard des micro-dispositifs de mise en résonance des sensations, assurément irréductibles à l'« enceinte fermée » déployée par la sédimentation romanesque des signes, mais propres à amplifier les perceptions en les arrachant à leur singularité ponctuelle, ou plutôt en dotant celle-ci d'une force d'irradiation empruntée. Une illustration majeure de ce processus est constatable avec les références à Poe (particulièrement au « Domaine d'Arnheim ») dans *Les Eaux*

30. L'homonymie de l'Èvre et des lèvres, appelée par l'image « *des deux rives qui viennent à moi s'écartent comme les lèvres d'une Mer Rouge fendue* » (*EÉ* ; II, 530), a été souvent commentée par la critique.

La problématique du passage à la parole est explicite dans *Les Eaux étroites*, mais la conjuration de l'aphasie relève de la promesse, garantie par les recours magiques des sortilèges de la Table Ronde : « *Des mots de passe, encore inutilisables, incompréhensibles et scellés, et tels que les romans de la Table Ronde en sont pleins, s'enregistraient ainsi le long de la promenade, sous la forme encore muette d'images qui pourtant voudraient parler* [...]. » (II, 536).

étroites, et de façon plus lâche avec la présence de Verne tout au long de *La Forme d'une ville*. L'amplification de la sensation n'est alors pas tant ponctuelle que filée, colorant ou modulant à l'instar d'un motif musical les résurgences propres d'une zone restreinte de la sensibilité du narrateur.

Un exemple, pris un peu au hasard tant il pourrait en être d'autres, nous est fourni par tel fragment de *Lettrines* intitulé « Venise » (*L1* ; II, 163) qui illustre la complexité d'amplifications pourtant très ponctuelles :

> Non loin de là [*des* Fondamente Nuove], le dépôt des gondoles funèbres dans un froid petit canal, glaçant et grotesque à la fois comme la flotte de Borniol à quai sur le Styx. Le *Ghetto Nuovo* — ses fenêtres comme des yeux crevés, [...] qui fait penser à la fois à Shylock et à la ville empestée de *Nosferatu* : on s'attend d'en voir sortir les rats. (*L1* ; II, 163)

Les sensations premières du froid et du noir ne sont ici guère détaillées pour elles-mêmes, mais relayées par un jeu croisé de références qui les disent tout en les mettant à distance. Ce mélange « *grotesque* » de références historiques et mythiques disproportionnées instaure un décalage entre la caractérisation et son objet, décalage qui rend inséparables pour le lecteur l'immédiateté physiologique de la sueur, du froid ou de la peur, et la disparate des médiations qui s'y superposent dans la distorsion. Les deux plans pourtant ne font qu'un dans ce double décalage : la singularité de la sensation brute se donne à lire à travers les échanges entre des références culturelles universellement partageables, tout en sauvegardant ce qui la rend unique et finalement inappropriable par le dysfonctionnement de ce jeu référentiel. L'écart des médiations est en l'occurrence ce qui confère au vécu relaté sa densité et son épaisseur, l'expérience biographique se transfigurant sans s'abolir en expérience de l'écriture (et de la lecture). Ce devenir-écriture de la sensation circonscrit le fragment, soulignant le travail de « *réparation* » (ce mot, concernant l'« *énigmatique* Casino des Spectres » embusqué derrière ses échafaudages, est le dernier du texte) par lequel l'écriture donne forme à ce qui hante le silence et l'opacité du vécu, mais soulignant également la distance qui demeure entre les deux plans expérientiels (biographique et littéraire) dont elle aménage la collusion.

Un passage de *Lettrines 2* illustre fortement le creusement de cette distance lorsqu'elle ressaisit par analogie des sensations éprouvées à des époques très différentes. Là encore Gracq passe par le truchement d'une référence littéraire, un peu usée il est vrai dès qu'il est question d'écriture de la remémoration (c'est ce que souligne l'adjectif) et quelque peu discréditée cette fois par le caractère parcimonieux de son efficacité médiatrice : par la grâce de Proust se superposent l'impression ressentie dans les rues de Chicago et celle de la « *pénombre encavée du* canyon *des rues sous le ciel éclatant* » (*L2* ; II, 370) telle que l'écrivain pouvait l'éprouver à Nantes « *à sept ou huit ans* ». Mais cette surimpression se fait mal, ou plutôt les zones où elle s'exerce deviennent de plus en plus étroites, et de plus en plus exigeant le travail de réparation ou d'ajointement dévolu à l'écriture : « *Ce qui fait, hélas !, la rareté de la fameuse expérience de la madeleine de Proust, c'est que souvent le seuil d'excitation s'élève avec l'âge : pour ressusciter la rue Crébillon de mon enfance, il ne faut à soixante ans pas moins que le* Prudential Building. ».

3. Une poétique du ponctuel.

événementiel de la fiction et événementiel du fragment

Une logique de la sensation suppose un mode d'inscription du sujet et du monde, de leurs relations, tout autre que celui qu'implique une logique de production événementielle. On sait que dans les fictions de Gracq les événements y sont poétiquement marginalisés, comme l'attestent l'ellipse des violences dans *Au château d'Argol* (à l'exception de l'exécution onirique d'Herminien par un ballet de parallèles abstraites), ou les métaphores absorbant dans le champ d'une finalité déréalisante le suicide d'Allan (« *il vit venir à lui sa dernière heure* » (*BT* ; I, 263)) — symétrique de la « *poignée de neige* » (*CA* ; I, 95) « *entre les épaules* » d'Herminien : autant de processus d'estompage que la couverture tirée par Grange sur sa tête, à la fin de *Un Balcon en forêt*, la chute de Marino dans la lagune des Syrtes (accident, suicide, ou tentative de meurtre se retournant contre son auteur ?), ou le viol de Heide hypothétiquement réitéré par Albert (voir *AB* ; I, 92) font basculer vers l'indécidable. L'événementiel s'efface devant l'autonomie d'une écriture jouant de ses ambiguïtés, disposant de plans de référence qui, étrangers à toute hétéronomie, ne relèvent que d'elle. En témoignent encore ces scènes que Gracq a en définitive écartées des projets romanesques du *Rivage des Syrtes* et de *Un Balcon en forêt* : la bataille navale où Orsenna devait s'effondrer et la messe de minuit au Falizes, la première déplacée sur le plan du symbole (il n'y a de bataille navale représentée que celle, séculaire, stylisée en abîme par le tableau de Longhone) et la seconde faisant un lieu d'absence de ce qui devait être l'épisode central et le lien au sacré du récit.

Cet effacement de l'événementiel ne doit pas leurrer. Il relève sur le plan poétique d'une linéarité diégétique fortement régie par la production de l'événement, ainsi que l'ont commenté les nombreuses études consacrées à la dynamique d'appel qui aspire l'écriture et la lecture des fictions gracquiennes jusqu'au *Rivage des Syrtes* inclus. Mais l'événement ainsi produit ne saurait être réductible à l'hétéronomie d'une représentation mimétique qui aurait à fournir ses garanties hors de la littérature. L'événementiel des romans appartient tout entier à l'ordre de l'écriture, et son caractère fictionnel tout comme les processus d'effacement qui l'absorbent, a avant tout pour rôle de signaler cette appartenance. C'est un jeu d'extériorisation et d'intériorisation de l'acte scriptural que manifeste le travail du romancier, pris entre la tension proleptique qui trace la perspective d'un «*Nord ordonnateur*» (*En* ; II, 652) et l'immédiateté de la page qui s'écrit :

> La difficulté particulière à la fiction est celle d'un compromis hasardeux, aux données sans cesse changeantes, à réaliser à chaque page entre un contenant sans projet, qui est la production spontanée de l'écriture, et un projet sans contenant qui est l'appel insistant de ce *timbre* pressenti et sans support matériel encore, auquel il s'agit de fournir un instrument, qui sera le livre. (*En* ; II, 652)

L'image déjà rencontrée du cri mesurant les dimensions de la grotte se retrouve ici sous une forme plus complexe et plus précise. L'émission vocale qui métaphorise l'écriture est à la fois l'appel (le «timbre *pressenti*») et ce qui tend à rejoindre cet appel. Le mouvement est double qui combine l'anticipation propre au projet de l'écrire ou à l'attraction du virtuel, et l'effectuation qui fige page à page l'écrire en écrit. Il constitue le schème dynamique majeur des fictions narratives — schème dont les fables, de *Au château d'Argol* à *Le Rivage des Syrtes*, configurent diversement la dualité. La grotte est déjà là, appelant la voix qui l'emplit, et elle est ce que la fait cet investissement vocal. J'ai tenté de montrer en quoi la pratique fragmentaire déplaçait les termes de la comparaison, l'écriture suscitant la cavité au dehors d'elle-même, à la lisière qu'elle dessine avec le monde selon le tracé d'une information réciproque. L'événement évoqué, qu'il soit assignable à l'autobiographique, à l'Histoire, à la littérature ou au «monde tel qu'il va», ne relève donc pas entièrement de l'écriture : le «*minimum de structure interne résistante*», impliqué par le sujet de roman (voir *En* ; II, 653) est en l'occurrence paraphrasable par le « minimum de structure *externe* résistante » qui définit l'événementiel de la pratique fragmentaire, à la jonction — plus ou moins lisse ou clivée, comme on l'a vu — de son statut factuel et de son statut scriptural.

La dynamique d'appel n'est plus, dès lors, ce qui hale l'écriture vers la promesse qu'elle suscite dès l'incipit du récit (dont Gracq a établi contre la « marquise » de Valéry (voir *En* ; II, 642-5) combien elle est déterminante, et porteuse de nécessité dès que l'arbitraire de la première phrase a été posé) et qu'elle tend à rejoindre par son déploiement : une telle dynamique, qui relève tout entière du plan d'immanence qu'elle instaure, peut faire émerger un monde autonome et plein dans la mesure où elle se définit par son propre mouvement d'expansion organique, où elle constitue en quelque sorte une totalité sans répondant autre qu'elle-même. C'est en ce sens que vont les exemples cités par *En lisant en écrivant* pour illustrer la réponse romanesque au « timbre *pressenti* » (652) : *La Chartreuse de Parme*, *Le Grand Meaulnes*, *Madame Bovary*, qui tous sont orientés par « *la matérialisation d'une musique intérieure impossible à capter autrement que dans le déploiement d'un ample récit* ».

Si le fragment pris isolément est aussi envisageable selon le modèle de la totalité organique, celle-ci est néanmoins fracturée par le caractère ponctuel, nécessairement restreint, d'une événementialité qui ne se résume pas à son seul avènement mais se voit confrontée, avec autant de désinvolture et de liberté qu'on voudra, à des répondants extérieurs. La pratique fragmentaire manifeste à cet égard une vocation du singulier qui lui est inhérente, et qui constitue le terme opposé à celui des romans magnétisés par le Nord ordonnateur qu'ils se sont fixé. Entre ces deux termes s'étend une zone flottante occupée par les œuvres où « *cette chasse au météore intérieur atteint à son rôle minimum* » (*En* ; II, 652) et dont les récits de Huysmans lui proposent les exemples les plus flagrants :

> [...] juxtaposition pure et sans progression, échantillonnage de saveurs séparées qui explosent l'une après l'autre isolément contre le palais, c'est la substance d'*À rebours*, et cet à-plat continuel de mosaïque est peut-être plus marquant encore dans les livres religieux comme *En route*, que devrait ordonner de bout en bout un sentiment tout-puissant, et qui s'émiettent — savoureusement — en dénombrements, récapitulations, inventaires coupés tout à trac de saynètes décousues. (*En* ; II, 653)

Ces récits qui ne sont pas animés par une impérieuse « *traction romanesque* », mais ne sont pas non plus des fragments dans la mesure où, pures fictions, ils n'ont pas à constituer leur clôture ou leur forme au contact du monde, ces récits qui ne sont en quelque sorte ni chair ni poisson et n'ont de toute évidence pas la faveur de Gracq — quelque plaisir qu'il puisse prendre à en faire gicler la saveur (comme avec la poésie de Saint-John Perse qu'il compare à un chewing-gum), signalent en creux ce qui justifie l'appartenance respective du romanesque et du fragmentaire aux logiques du linéaire et du ponctuel, et aux formes d'événementialité qui leur sont liées.

homogénéité poétique du fragment

La détermination d'une poétique fragmentaire chez Gracq suppose ainsi qu'il soit rendu compte des conditions d'homogénéité des fragments pris isolément. De même que dans les fictions longues certaines clés ou tonalités président à l'ensemble du projet, au point d'en exclure ce qui entre en discordance ou à l'inverse de pouvoir le réduire à l'expression d'une couleur (ainsi de la couleur grise pour *Madame Bovary*), les fragments s'ordonnent chacun selon des registres dont l'appariement ou l'opposition en constituent l'unité poétique.

L'organicité du fragment se manifeste notamment à travers son aptitude à attirer ou à repousser l'agrégation d'éléments disparates, mais aussi à constituer un dispositif de visée dont l'objet est la justesse de l'évocation — indépendante de toute vérification que pourrait exercer le lecteur. Plutôt qu'à l'autobiographie, qui supposerait la pertinence au moins théorique de telles procédures de vérification, c'est vers l'image poétique qu'il conviendrait, me semble-t-il, de se tourner pour penser la cohérence interne des fragments. Non que ceux-ci présentent une particulière densité tropologique — ils seraient au contraire plutôt pauvres à cet égard si on les compare aux fictions longues, et plus encore aux poèmes en prose. Il est évident que l'écrivain, au fil des œuvres, a tendu à alléger son écriture, à aérer la densité métaphorique qui plombait somptueusement les premiers textes. Il est licite, me semble-t-il, de penser que cet allégement est directement lié à un relatif déverrouillage de l'autonomie esthétique de l'écriture, et à une attention plus grande portée à l'immédiateté de l'expérience sensorielle. Le rapprochement avec la poésie paraît se justifier quant à ce mode de visée, ainsi que je l'ai signalé en caractérisant la référentialité externe de la pratique fragmentaire. L'image, dans le témoignage consacré à Saint-John Perse, de la percussion du caillou dans la grotte est transposable de la poésie « *depuis Baudelaire* » (II, 1157) au fragment gracquien dans la mesure où s'y désigne un même procès de mise en résonance ponctuelle et réciproque du texte et du monde — procès dont la sensation, on l'a vu, constitue l'un des nœuds les plus forts. La justesse du fragment au regard de ce qu'il évoque, tout comme la justesse de l'image poétique, est affaire non de ressemblance (le souci de la *représentation* est aux yeux de Gracq définitivement caduc « *depuis Reverdy et Breton* » (*CGC* ; II, 1077) mais de transmission sonore. On songe au texte de *Lettrines* qui définit « *toute œuvre d'art* » (*L1* ; II, 150) comme *« entrée en résonance universelle » : « [...] *un monde qui n'est pas celui de la vie, mais qui lui ressemble seulement, dans la mesure à la fois très importante et très incomplète où une cloche ressemble à un chaudron.* ».

L'économie acoustique du fragment s'assimile aussi à celle de l'image poétique dans la mesure où elle est relativement isolable dans sa singularité percussive (ce qui la rend détachable par la citation ou la convocation mémorielle). Sa brièveté lui interdit donc de passer par le système sans faille de « connexions » en lequel consiste, toujours selon le même texte, la cohésion romanesque : « *Dans un grand roman, contrairement au monde imparfaitement cohérent du réel, rien ne reste* en marge — *la juxtaposition n'a de place nulle part, la connexion s'installe partout* [...]. » (*L1* ; II, 149-50). La pratique fragmentaire qui reste, à l'instar du texte poétique bref tel que Gracq le conçoit avec Baudelaire, constamment investie par la présence de la marge multiplie au rebours les juxtapositions — sans qu'il soit question de raidir l'opposition et de nier les connexions internes au sein des fragments les plus amples ou les connexions interfragmentaires. La cohérence propre des fragments adossée au blanc qui la circonscrit, se réduit par là à quelques indications lexicales sans doute plus aisément maîtrisables, mais aussi plus contraignantes.

Un texte de *Carnets du grand chemin* analyse de façon significative « *le problème de l'image fausse* » (*CGC* ; II, 1076-7) à partir de deux citations du *Voyage en Arménie* d'Ossip Mandelstam, texte dont l'appartenance générique oscille justement entre récit, enchaînement fragmentaire et poésie. L'inauthenticité des images relevée[31] tient, selon l'écrivain, à une « *mécanisation outrageuse du vivant* » (1076) ou « *au contraire* » à « *un animisme effréné de*

31. Les deux passages commentés par Gracq sont les suivants :

Ce jour-là, je me suis réjoui de la monnaie corail de l'été septentrional. Les baies mûres, ferrugineuses, pendaient en accord de quinte, pépiaient par couvées entières à l'unisson. (*CGC* ; II, 1076)

Deux robustes tilleuls, que l'âge avait rendus sourds, levaient haut dans la cour leurs fourches sombres. Réfractaires, par la vertu d'un gigantisme casanier, à toute saisie, ils n'entendaient ni ne comprenaient rien. Le temps les avait largement nourris d'éclairs et saturés de pluie. (*ibid.*)

l'inerte (les tilleuls doués des cinq sens) ». Et Gracq de poursuivre ainsi l'analyse : « *Il pourrait donc exister pour l'image un problème non pas de justesse apparente* [...] — *mais, plus complexe, de compatibilité entre des séries verbales allergiques l'une à l'autre.* ».

La cohérence thématique et lexicale du texte bref, comme celle de la fiction romanesque (*Lettrines* évoque le « *sang romanesque* » (*L1* ; II, 150) qui doit irriguer tous les éléments du récit) doit manifester sa congruence à l'organicité de la forme. Mais elle passe dans les fictions et les fragments par des procédures différentes, entraîne des implications différentes — dont la présence ou l'absence de « *sujet* » peut constituer une pierre de touche. Ainsi, même dans l'évocation précédemment mentionnée de Venise (163) où les médiations culturelles sont pourtant dissonantes, celles-ci convergent dans la visée d'une impression sensorielle qui subsume leur théâtralité à la cohérence d'une densité organique : le froid, la sueur, la peur (qui contaminent même la référence antagoniste au « *frisson officiel du touriste* »). L'organicité de la cohérence poétique investit en l'occurrence la vacance du sujet, cet axe fédérateur du déploiement romanesque auquel des thèmes ponctuels ne sauraient évidemment se substituer. L'enchaînement des saisons (dont Gracq prétend qu'il est presque le seul sujet de ses romans), la montée du désir comme une sève, l'orchestration des signes et des sensations par une logique du pressentiment, constituent en effet des plans de continuité organique qui homogénéisent chacun des récits longs, voire soudent ces récits entre eux par-delà la diversité des fables. Ce sont là ce que l'écrivain appelle de « *vrais sujets* » (1212), ainsi qu'il le précise à Jean Roudaut : « *Un vrai sujet se reconnaît entre autres choses à ceci : qu'il s'incorpore à vous profondément, et devient pour un moment part de votre substance.* ». L'écriture rapide (dans la journée) du fragment interdit un tel transfert de substance de sujet (romanesque) à sujet (écrivain), tant du fait de l'absence de cette longue accumulation énergétique que l'écriture aura à décharger sans la gaspiller, que du fait de la fragmentation qui disperse la relation au monde dans les figures ponctuelles de son exemplarité. La définition du sujet de roman comme « *une phrase musicale, aussi chargée d'énergie qu'impossible à décomposer* » (*En* ; II, 136) va clairement dans ce double sens. Condamnés à ne pouvoir puiser leur organicité dans la cohérence fédératrice des *vrais sujets* tout en récusant le manque de justesse musicale des *images fausses*, les fragments gracquiens pallient leur infirmité énergétique et substantielle en subsumant la dispersion du narratif à l'unité du poétique, à l'unité d'une sensibilité dont les harmoniques restent largement homogènes d'un texte à l'autre. C'est alors moins la richesse de l'invention poétique qui prévaut que la richesse du devenir-écriture propre au sujet écrivant — richesse dont « Les Yeux bien ouverts » nous dit qu'elle se monnaie au mieux dans la pauvreté de la rêverie, dans le caractère presque ressassant et obsessionnel des images où se manifeste la sensibilité productrice : « *Ce sont elles* [les images], *quand* [*il*] *les pressent et les nomme, qui ravivent chez l'écrivain son timbre, son ton personnel — le ton — si important, bien plus important encore pour un écrivain que la beauté des images — le ton qu'il a pour nommer certaines choses qui vraiment lui sont* données, *à lui exclusivement.* » (I, 848).

On objectera peut-être, parmi bien des exemples possibles, aux *images fausses* de Mandelstam (pour lesquelles Gracq propose, tout comme l'avait fait Bachelard, le critère d'une surcharge de la diversité sensorielle : « *les tilleuls doués des cinq sens* » (*CGC* ; II, 1076)), tel passage de *La Forme d'une ville* où le narrateur évoque les étés de son enfance nantaise, « *la saison fatidique de la ville qu'on a appelée Nantes la Grise* » (II, 784) :

> Dès que les chandelles roses et blanches des marronniers commencent à illuminer les Cours, dès que les feuilles des magnolias du Jardin des Plantes retrouvent leur luisant neuf, ces indices à peine perceptibles de la saison élue me montent à la tête, et ce que même l'explosion orchestrale du printemps de la campagne ne pourrait me faire éprouver, le simple sentiment de la soudaine mollesse de l'air le réalise : la chaleur sensuelle d'un lit défait se répand et coule pour moi à travers les rues. (*FV* ; II, 784)

Il n'y a pas moins de sens convoqués par cette phrase de Gracq, à dire vrai, que dans celles de Mandelstam incriminées par les *Carnets du grand chemin*. Mais les registres isotopiques retenus, qui principalement opposent, de part et d'autre de « *l'explosion orchestrale* », la montée menue des lumières et l'ample écoulement de la sensualité, relèvent délibérément d'une cohérence sensorielle attendue, où prévaut moins le souci d'un dire éveillant le monde à des rapports nouveaux (comme le veut par exemple la poésie surréaliste ou celle de Mandelstam) que celui d'un dire que l'on pourrait (en hommage à Stendhal) appeler « naturel »

— c'est-à-dire rendant aussi fluide et ductile que possible la construction poétique d'une immédiateté émotionnelle dont il s'agit à la fois d'exprimer et de dépasser la dimension ponctuelle. L'évocation des signes de l'été nantais réduit ainsi les indices à quelques notations (couleurs, lumière, « *mollesse* » de l'air) ; mais la vérité de l'évocation réside plus essentiellement dans la double dynamique qui unifie la phrase.

La première consiste en une construction rhétorique très affirmée (il s'agit de la période conclusive d'un chapitre) où les indices ténus de l'été laissent communiquer, dans le face-à-face de la protase et de l'apodose de part et d'autre d'une « explosion » annulée, la sensualité de la lecture présente et l'émerveillement coloré de l'enfance : notation d'une clarté que Gracq prête à la ville malgré toutes les apparences, sorte de clé du regard pubère presque à l'orée du livre. Ce mouvement est celui d'une coïncidence ponctuelle des temps, prise dans le réseau très libre de toutes les superpositions qui font la matière de l'ouvrage.

Une autre dynamique sous-tend par ailleurs la phrase : celle d'une temporalité qui n'appartient pas au va-et-vient constant de *La Forme d'une ville* entre présent et passé, mais relève de cette sédimentation des signes dont le geste anticipateur produit l'advenir : on reconnaît là le schématisme même de l'attente et de l'événementialité dans les romans de Gracq, ici condensé en une image dans le cadre d'une économie du ponctuel. Entre la dynamique de la superposition — si significative des textes non fictionnels, et celle de l'accumulation énergétique qui emblématise les œuvres fictionnelles et signale la dimension scripturale de leurs « sujets », cette phrase de *La Forme d'une ville* apparemment si saturée d'éléments poétiques hétérogènes surcode en fait les signes de l'organicité fragmentaire comme autant de moyens de souligner la cohérence — et par là même la justesse — de sa visée : de l'indication sensorielle qui commande la cohérence locale des médiations et des registres isotopiques, elle passe par l'entrecroisement de cellules signifiantes ou de schèmes dynamiques qui migrent des œuvres fictionnelles aux autres (et réciproquement, on y reviendra). Elle supplée ainsi à l'absence de ce dont le « *sujet* » (*En* ; II, 650) de roman proposait « *le lieu et la formule* » ; elle assure la cohérence poétique de l'imagination et de la sensibilité, la justesse des images se trouvant légitimée par ce double procès d'un devenir-écriture du sujet et d'un devenir-sujet de l'écriture.

Les registres de l'écriture gracquienne — fictionnelle ou non — se caractérisent volontiers par le lien étroit qui s'y laisse lire entre les dimensions thématique et scripturale. On sait que les écrits fragmentaires reviennent souvent sur ce qui a nourri l'imaginaire des romans — *Les Eaux étroites* et *La Forme d'une ville* sont à cet égard exemplaires au point que ceux-là peuvent parfois passer pour la généalogie de ceux-ci (ce qu'ils sont effectivement, sans pouvoir assurément être réduits à cela). Citons à titre d'exemple, outre le rythme des saisons ou l'attente déjà mentionnés comme *vrais sujets*, les éléments naturels (mer et forêt), les topographies frontalières, les motifs spatiaux du haut lieu, du réduit central, de la chambre vide, etc.. Il est inutile d'allonger ici le catalogue de ce dont les études gracquiennes ont depuis longtemps dressé un inventaire exhaustif et détaillé, qui pourrait servir de cadre à une distribution thématique valant aussi bien pour les récits que pour les fragments. Plus que ce lexique m'importe ici la syntaxe qui l'organise. Or celle-ci ne saurait être identique selon qu'on a affaire à la linéarité fictionnelle ou à l'éclatement fragmentaire.

Les fictions entre-tissent les figures selon des dispositifs de conversion, de métaphorisation réciproque à travers lesquels passe l'énergétique des signes. Ainsi la forme en proue du navire de l'île de Vezzano qui, dans *Le Rivage des Syrtes*, est la dernière terre avant le Farghestan, fait partie d'un réseau de production symbolique de l'événementiel (objectivé ultérieurement par la traversée transgressive du "*Redoutable*"). La syntaxe fragmentaire se déploie quant à elle dans un espace morcelé et discontinu dont les zones sont relativement autonomisées par le thème qui les singularise, leur confère leur centre de gravité et l'ancrage référentiel par rapport auquel se définit l'homogénéité des registres. Le lexique de l'imaginaire donne comme principe de cloisonnement poétique, et régit en partie l'organisation syntaxique à laquelle il est à l'inverse partiellement soumis par la linéarité fictionnelle. C'est peut-être surtout dans le cadre de cette inversion des rôles que se laisse lire, par exemple, la reprise du schématisme énergétique des fictions par l'évocation, précédemment examinée, de l'été nantais (ce dispositif syntaxique emprunte en l'occurrence le procès du déploiement romanesque pour le mobiliser au service d'un thème précis). La généalogie de la sensibilité gracquienne s'effectue alors sur les deux plans du lexique et de la syntaxe : elle affecte le thème d'une dimension matricielle au regard des schèmes narratifs, des fictions (la montée de l'été, l'amollissement sensuel de l'air sont un prototype[32] possible) ; elle fait d'autre part de la distribution thématique un espace de production et d'organisation des signes, d'une syntaxe de la mémoire qui pourrait régir indifféremment les textes fictionnels et les autres.

L'un des fils syntaxiques les plus significatifs est ce que Gracq appelle la « sexualité littéraire », dont l'expression la plus immédiate est évidemment le rapport du masculin au féminin. En rend par exemple compte dans les trois premiers récits toute une variation thématique autour du viol (de Heide par Herminien puis, peut-être, par Albert dans *Au château d'Argol* ; d'Hoyerswerda, « *citadelle inviolée* » (*BT* ; I, 182), traînant « *derrière ses syllabes rauques le goût d'une femme qu'on n'a jamais eue, qu'on n'aura jamais* » ; d'Orsenna livrée au Farghestan dans l'acte d'une possession sexuelle aussi violente que fatale). Dans ces trois romans (auxquels on aurait pu ajouter « La Route »), le pôle féminin figure une altérité qu'il s'agit de s'approprier, mais que l'appropriation risque de détruire. Il y a là l'indication d'une problématique de la connaissance dont l'enjeu est l'aptitude de la littérature à produire sur le long cours une fable du sens. La pratique fragmentaire n'assume pas un tel enjeu, progressivement évacué depuis *Un Balcon en forêt*. S'il ne s'agit plus, toutefois, de faire de l'œuvre le dispositif complexe de la quête d'un sens qui soit à la fois, comme il l'était pour les Surréalistes, celui de la vie et celui de l'art, le souci demeure pour l'écriture de dire sa relation à cet autre fascinant et énigmatique qu'est la réalité extérieure du monde. La valeur emblématique des figures féminines s'en trouve décalée, passant d'une inscription essentiellement syntaxique (les femmes dans les romans sont des médiatrices privilégiées de la quête) à une inscription d'ordre scriptural — peut-être plus inquiétante en ce qu'elle met plus radicalement en question les pouvoirs de l'écriture. L'évocation du carnaval dans

32. J'entends « *prototype* » au sens où l'utilise M. Murat pour définir (en opposition avec l'archétype) une image intime à valeur matricielle (celle du mont Glonne de Saint-Florent pour tous les hauts lieux de l'œuvre de Gracq, par exemple) (MURAT, *op. cit.*[2], p. 33).

La Forme d'une ville est significative de cette mise à distance de la féminité comme pure altérité, dans la mesure où l'interdit (effrayant et désirable, bien entendu) s'offre dans une théâtralité qui est la forme même de la distance et du refus, mise en scène anonyme de l'innommable (« *l'appel des initiés à quelque mystère dont je ne savais rien* » (*FV* ; II, 852) ; « *un appel auquel je ne savais donner encore aucun nom* ») ; dans la mesure aussi où l'altérité du féminin se redouble d'une altérité sociale dont Gracq avoue se soucier assez peu mais qui relève, l'intensité en moins, du même processus. L'archéologie du désir érotique se transcende ici en emblème de cette reconnaissance par l'écriture de ses bords mystérieux, de cette frontière où vient battre l'étrangeté du monde. En témoignent la convocation d'un hapax emprunté à Klossowski (« *le mot* déjupée »), médiation précieuse par son intransitivité même et son aptitude à préserver dans la langue le mystère singulier d'une « *charge érotique insidieuse* », ou encore cet aveu qui prolonge l'émoi dans le présent du discours et soudain laisse tomber l'écran d'une platitude introspective aussi délibérée que peu compromettante : « *Il m'en est resté quelque marque : une certaine vulgarité hardie dans la provocation chez la femme, un rien de canaillerie dans l'expression du désir, ne m'ont, depuis, jamais laissé tout à fait insensible.* » (852-3).

4. VIGNETTES.

temporalité de la vignette

La logique ponctuelle de l'écriture fragmentaire passe, on l'a vu, par des dispositifs de superposition qui ajointent les différents plans temporels de la sensation, ou par des procédures de juxtaposition à travers lesquelles les médiations culturelles désignent — en deçà ou au-delà d'elles — l'immédiateté sensorielle qui les suscite et qu'elles mettent en scène. La dynamique textuelle, abandonnant les séductions de la « traction romanesque » que seul peut conférer dans sa linéarité le développement fictionnel d'un *vrai sujet*, semble donc caractérisée par un double mouvement (qui peut à l'occasion n'en faire qu'un) : d'une part, une visée par l'écriture de cet hétérogène qui en fonde le geste et qu'elle tend à rejoindre, non pour en rendre compte mimétiquement mais pour l'objectiver dans son espace propre et le faire accéder à une parole féconde (l'image de l'afflux du « *sang romanesque* » (*L1* ; II, 50) est ici ressaisie dans un fonctionnement qui n'est plus tant celui de la circulation interne d'un réseau que la remontée locale de l'intérieur vers la surface, au contact de l'extérieur) ; d'autre part, une dynamique involutive par laquelle le texte se centre sur lui-même dans l'équilibre des registres poétiques et la clôture relative de l'évocation — selon le modèle d'organicité précédemment signalé par l'image du fragment-hérisson. À cette double dynamique correspondent pour l'écriture du passé deux implications temporelles contradictoires entre elles. La relation de l'écriture à son dehors inscrit la superposition entre le présent de l'évocation et le passé évoqué dans le jeu d'un creusement de l'écart et d'une résorption presque concomitante de cet écart.

Les deux premiers fragments de la section intitulée « Distances », dans *Lettrines 2*, développent l'un après l'autre — à la manière d'un portique emblématique — les trajets contraires de cette sorte d'accordéon de la remémoration : « *La surimpression envahissante de ce qui a été sur ce qui est constitue le don mélancolique et pulpeux du vieillissement, qui est, autant qu'une décrépitude physiologique, un décryptement fantomatique du palimpseste que devient avec l'âge le monde familier.* » (*L2* ; II,

335). La surimpression prend acte de l'écart dont témoigne le « *décryptement* [...] *du palimpseste* », multipliant les médiations de la lecture ; mais le mouvement dominant est celui du reflux du passé sur le présent et de leur relative solubilité. À l'inverse le fragment suivant souligne les effets d'éloignement produits par le vieillissement, les témoins du passé prenant place sur des orbites de plus en plus lointaines : « *On se sent devenu le centre veuf et déserté d'un menu cosmos en expansion, dont les étoiles et les planètes dans toutes les directions, à une vitesse croissante, s'éloignent de vous en s'isolant de plus en plus dans la distance.* » (336). Le passé ne se rapproche que dans l'accroissement de la distance, cette contradiction phénoménologique régissant le va-et-vient propre à l'écriture du passé.

La dynamique involutive de centrement sur soi du texte fragmentaire tend à arrêter ce jeu temporel contradictoire, à le figer en une figure textuelle qui s'intemporalise. Un fragment de *Lettrines 2* (appartenant toujours à cette section « Distances » (II, 336)) pousse à sa limite ce procès d'immobilisation des mouvements générés par l'écart temporel. L'écrivain y confronte l'aspect hostile et endeuillé des Mauges telles qu'il les percevait dans son enfance, et l'impression d'ouverture riante qu'au rebours elles produisent aujourd'hui. L'aller et retour de cette comparaison contradictoire est assuré par l'opposition presque terme à terme des isotopies descriptives (« *emmurées* », « *hostiles* », « *soupçonneuses* », « *remparées* » d'un côté, et de l'autre déroulant « *un tapis vert* », déhoussées, déshabillées) qui ouvrent et ferment le fragment. Or au centre se déploie une « vignette » dont la suggestion appartient au présent de l'évocation, mais vient aussitôt s'annexer le passé en le reconfigurant fictivement, substituant au constat de l'antagonisme la clôture d'une parenthèse protégée du flux et du reflux de la temporalité :

> Cette campagne déclose et maintenant timidement souriante vient ranimer en moi une image, très ancienne, qui flottait jusqu'ici dans un irréel pur : celle des vignettes des livres d'enfance où devant la chaumière enrubannée de lierre dont le toit fumait bucoliquement, on voyait une fillette en secouant ses tresses sauter à la corde ou courir après son ballon, pendant que l'enthousiaste chien *Fidèle* devant sa niche l'accompagnait de la voix.
> (*L2* ; II, 140)

En passant de la dynamique contradictoire de la surimpression au suspens immobile de la vignette, la perception semble se fixer dans une sorte d'idéalité qui abolit les distinctions de temps (« *maintenant* » et « *une image très ancienne* » sont sur le même plan) et de modalité (l'« *irréel pur* » de l'image enfantine devient la réalité présente de la campagne). Il est significatif que ce passage à une figure idéale d'un temps purgé du devenir se fasse par le truchement d'une image délibérément stéréotypée et relevant par surcroît d'une conception stylistique très datée (les indices du « bucolique » « 1900 » sont ici ironiquement surexposés). L'artifice de la « vignette » l'isole comme telle ; mais il est en même temps ce qui permet à la perception présente ou passée d'accéder fugacement à la vérité immanente de la fiction : non certes intemporelle, mais dont la temporalité est sans concurrence, et par là même échappe au travail dissolvant de la confrontation ou de la superposition.

La clôture spatiale du paysage-vignette se redouble d'une clôture temporelle qui homogénéise le vécu et la fiction, les dynamiques d'échanges et les conflits frontaliers s'égalisant au profit d'une sorte d'entre-deux statique et parfaitement circonscrit. Ainsi les indications précises du moment (de la saison, de la journée), qui figent le lieu dans la figure exemplaire de son identité, ont-elles en un premier temps pour fonction de conférer à la sensation évoquée un double ancrage temporel, susceptible de la rendre aussi précise, aussi peu évanescente que possible : elles renvoient l'inscription au face-à-face d'un présent de l'énonciation (parfois signalé sans vergogne par un recours à des tics d'époque) devenant pure et simple rampe de lancement pour l'évocation du passé, et d'une circonscription de l'objet évoqué dans le *hic et nunc* d'un lieu et d'une date. On se rappellera à cet égard la simulation diariste dans *Un Beau ténébreux* (le « Journal de Gérard »), où s'enregistrent au jour le jour, en même temps que les progrès de la dramaturgie instaurée par Allan, le glissement de l'été aux « *longs jours alcyoniens* » (*BT* ; I, 164) vers les séductions plus intenses et plus alertées de l'arrière-saison.

L'écriture fragmentaire dont l'écrivain efface pour la publication les dates scandant le recopiage manuscrit sur les cahiers, transpose l'indication de l'heure et du jour à ce qui la rattache le plus intimement au geste de l'écriture. Citons, au hasard des *Carnets du grand chemin* (les *Lettrines* eussent aussi bien convenu), tel embrayeur d'une « marine » à Sion : « *Le matin, quand je m'éveille au soleil déjà levé et que la marée est haute*

[...]. » (*CGC*; II, 1007) ; ou encore : « *Sion, onze heures du matin* [...]. » (1010) ; « *Brusquement le souvenir m'est revenu de l'après-midi du début d'octobre 1939 où* [...]. » (1018) ; « *Avant de prendre la plume,* [...] *je divisais en cinq parts égales le pain noir du matin* [...]. » (1037) ; etc.. Il est inutile de poursuivre une recension qui serait trop longue, et surtout infondée dans son principe même (l'ancrage spatio-temporel d'une écriture est toujours beaucoup plus complexe et subtil que ce que peut proposer un relevé). Compte moins, dans ces quelques exemples, le justificatif purement biographique de la date que la saisie d'une couleur — purement subjective mais nullement arbitraire — qui est autant celle d'un lieu révélé à lui-même à tel moment que celle de l'écriture qui s'efforce d'accueillir l'éclat de cette coïncidence.

L'ancrage temporel de certains lieux fait ainsi accéder ceux-ci à une sorte d'essentialité dont il appartient à la vignette de circonscrire l'espace et la figure, et dont on peut trouver un équivalent dans la manière dont le capitaine Marino revoit toujours une tête familière « *collée sur le même fond de ciel où* [*il*] *l'a aperçue la première fois, et aussi les ombres, les nuages, le vent, la chaleur* » (*RS*; I, 589). Cette essentialité toutefois n'est pas comparable à celle qui, dans *À la recherche du temps perdu*, fixe également l'identité des lieux et des objets à l'heure idéale de la mémoire. La notation s'inscrit chez Proust dans un processus de manifestation plus ample au sein duquel elle prend sens en prenant sa place — processus constructeur et réflexif dont la visée est ultérieurement définie comme un accomplissement esthétique du monde, de l'œuvre et du sujet. L'inscription spatio-temporelle exemplarisée chez Gracq par la vignette est moins ambitieuse dans la mesure où elle se borne à isoler le point où se touchent l'immanence de la mémoire et celle de la littérature. La vignette ne désigne en fait aucune essence autre que celle d'une singularité émotionnelle qui instaure le temps de quelques lignes, le temps d'un moment privilégié, une circulation autonome libérée du devenir ; elle constitue à cet égard, aux antipodes des implications du projet proustien, une sorte de figure idéale d'un nominalisme de l'écriture. L'évocation du manoir de La Guérinière, dans *Les Eaux étroites*, est exemplaire des enjeux de cette clôture immobilisante de l'espace et du temps par laquelle un paysage ou un lieu devient vignette : « *Un nouveau coude de l'Èvre ouvre enfin une vue oblique,* en profil perdu, *sur le manoir : il est encore, il est toujours, à l'heure fixe de ma mémoire, aux environs de quatre heures de l'après-midi.* » (*EÉ* ; II, 533). La médiation de la « Fantaisie » de Nerval qui suit immédiatement ces lignes souligne l'isolement dans son cadre de l'image que les vers « *viennent cerner et border à la manière d'un phylactère* » (534).

La vignette réalise donc dans l'écriture le rêve de Faust : elle arrête le temps, moins selon la chronologie privée du sujet que selon une époque idéale où l'organicité de telle ou telle configuration spatio-temporelle trouve une sorte de perfection de son équilibre vital et esthétique. Le fragment « Chemins » dans les *Carnets du grand chemin* évoque ainsi le point d'équilibre à partir duquel le paysage révélé par les routes d'Europe ne pouvait que dégénérer, s'arrachant à l'idéal fragile d'un équilibre organique pour tomber sous la loi (non moins organique) du devenir :

> [...] jamais la terre — j'entends celle d'Europe — ne fut plus belle que vers la fin du quinzième et le début du seizième siècle. Avec encore ses villes de livres d'heures — leurs flèches, leurs tours, leurs beffrois, leurs puits, leurs colombages, leurs pignons — serrées dans leurs murailles comme le bouquet d'une taille de femme prise dans son corset, avec ses forêts noires, ses campagnes encore presque partout vineuses, et déjà pourtant cet éveil qui la jetait au devant des années et la faisait vivre toute, comme si les glaces d'un hiver séculaire venaient de se rompre d'un seul coup. (*CGC* ; II, 1041-2)

Et l'auteur de se transporter en imagination sur les routes de l'Italie en compagnie des peintres du temps de Dürer. On mesure ici l'un des aspects de la déception éprouvée par Gracq devant la campagne italienne (Toscane, Ombrie, Latium), déception à laquelle *Autour des sept collines* a donné un écho qui a choqué bien des lecteurs : l'Italie actuelle trahissait en quelque sorte à froid (rien dans le passé de l'écrivain ne faisant par ailleurs vivre ce paysage) un idéal dont elle avait porté les couleurs sur les tableaux des peintres de la première Renaissance.

La référence à Dürer, on s'en doute, n'est pas innocente : l'artiste qui a su si merveilleusement capter l'instant d'éternité où le paysage européen a accédé à sa figure idéale est aussi l'auteur de *Les Rois mages* (qui annoncent les Temps nouveaux) et de la *Mélancolie* (qui annonce la fin des Temps), deux gravures ici significativement mentionnées. Si la beauté de la vignette (qui n'est plus celle, surannée, des livres enfantins mais celle, éclatante, des livres d'heures) réside dans son pouvoir de fixer le temps dans la figure qui l'éternise, elle s'accroît encore de la présence-absence du devenir qui vient battre à ses marges et menace sa clôture. De Dürer, Gracq ajoute pour achever ce fragment : « [...] *il a saisi la parure de la terre telle qu'elle a été parachevée de main d'homme, dans son heure d'accomplissement ultime, et, à l'instant doré où elle allait commencer de périr, il a dit avant Goethe : "Arrête-toi, tu es si beau."* » (*GCG* ; II, 1042).

vignettes heureuses

Les vignettes se prêtent ainsi particulièrement, parmi d'autres fonctions, à l'expression du bonheur tel qu'un moment l'a fixé et tel qu'il n'est livré par l'écriture que dans le suspens tout provisoire du geste de sa perte imminente. Un exemple possible en est l'évocation de la lessive à Saint-Florent. L'opération, « *espèce d'États Généraux domestiques* » (*L2* ; II, 345), est rapportée dans son déroulement chronologique comme un témoignage « *du fond de* [*l'*]*enfance* » dont l'intérêt est autant autobiographique qu'ethnographique. Or l'achèvement du fragment rattache finalement ce souvenir de l'avant-guerre à la figure d'une spatialisation immobilisante du temps, qui gagne métonymiquement toutes les activités de la vie domestique et les réintègre à un ordre exempt de toute déchéance chronologique : « *Avec la lessive, les confitures, les nettoyages de la Toussaint, le rangement du grenier, la mise en bouteille, la salaison du porc,* [...] *un rythme organique, toujours vaguement tributaire des saisons,* [...] *ragaillardissait les Pénates et les dieux Lares* [...]. » (346). Ce glissement d'un constat de l'écoulement irrémédiable du temps (le comparant est absent de ce fragment, mais est longuement développé dans le précédent, consacré aux transformations de l'univers acoustique à Saint-Florent) à la forme pérenne d'une circularité temporelle et d'une stratification figée de l'espace, s'accomplit par le truchement d'une « *petite chanson* » (345) : « *Roulons-le, le père Mathurin / Roulons-le dans une brouette* ». La médiation, lointainement nervalienne, peut être lue comme une vignette intertextuelle où la figure idéale et protégée de la ronde enfantine projette l'ombre portée d'un bonheur à la fois dicible et perdu.

De cette tentation de l'écriture du passé de se fixer dans la forme close des vignettes heureuses témoigne par défaut un fragment de *Lettrines* où se développe un portrait sarcastique de Robinson Crusoé en héros d'un « *Éden tropical* » (II, 226) truffé de « *bons sauvages* ». La vignette joue ici, ironiquement, au second degré dans la mesure où elle reprend une iconographie devenue conventionnelle redoublant elle-même le portrait emblématique de Robinson ; elle est déconstruite par sa propre stéréotypie, surexposée par le texte de Gracq reprenant « *le portrait du solitaire par lui-même* » :

> [...] la peau de bouc et la casquette, le parasol, la hotte au dos et le perroquet sur l'épaule — Père Noël d'un Éden bonasse où tout s'arrange, où les cannibales mêmes ne font pas très peur, et où le Joseph Prudhomme de la Thébaïde les foudroie sans peine des rayons d'une grâce qui semble pleuvoir des livres de Mme de Ségur. (*L1* ; II, 226)

L'entassement des références culturelles les plus éculées vire ici au grotesque et détruit par saturation la vignette d'un bonheur que discrédite son artifice. C'est alors la figure de Swift qui surgit — pour le coup portée au crédit de Defoe.

Dans cet espace fragmenté, étoilé, tout entier livré à la circulation de l'intertextualité et au jeu des attractions temporelles et référentielles que constitue l'écriture non fictionnelle de Gracq, les vignettes proposent ainsi de loin en loin les figures d'une temporalité idéalement figée en éternité — immobilisation, certes consciente de sa fragilité, et qui en appelle parfois, comme à un rite conjuratoire, à l'intemporalisation du geste de l'écriture : celle de l'inscription gravée, de la monumentalisation de la vignette devenue stèle par la grâce de la dédicace. Le commentaire de la photographie d'enfance dédiée aux chiens « *Black et Follette* » (*CGC* ; II, 1032-3) en est un exemple. L'évocation dans *La Forme d'une ville* du domaine de la Colinière, où les internes du lycée Clemenceau allaient parfois le dimanche à l'approche des grandes vacances, en est un autre — qui répond à celle du manoir de La Guérinière dans *Les Eaux étroites*. De l'un à l'autre « La Vivetière » des *Chouans* de Balzac assure une liaison intertextuelle par laquelle les lieux réels se remonétisent en investissant réciproquement le lieu romanesque de leur densité propre. Cette migration intertextuelle et interfragmentaire, toutefois, ne renvoie pas tant au mouvement d'un échange (où les figures s'altéreraient réciproquement) qu'à la vicariance d'une image apte, comme le château de la « Fantaisie » de Nerval, à se déplacer d'un lieu textuel à un autre sans disperser ni galvauder pour autant son intégrité poétique. La Colinière figure ainsi un instantané paradoxal : celui de certains poèmes du « Cahier de Douai », où l'explosion de sève de l'adolescence prend la forme d'un suspens (Gracq évoque « *ce printemps rimbaldien qui crevait sur nous comme un orage* » (811)) — « *station intermédiaire* » ou « *palier de décompression* » immobilisé dans sa clarté de matin entre deux plages rythmiques mieux définies (l'année scolaire et les grandes vacances, l'enfance et la jeunesse). La dédicace finale excepte le souvenir de toute superposition ou confrontation : celui-ci est bien une de ces stèles intérieures où l'immédiateté trace ses figures secrètes : « *Les images surannées que j'en garde restent dédiées secrètement en moi au dieu Pan, et à une certaine qualité d'ivresse où la fermentation propre à la puberté se mêle en aveugle à celle de la terre.* » (812).

vignette et légende

Ceinte, virtuellement ou non, de son « phylactère », la vignette des livres d'enfance est le plus souvent légendée. Il en va de même de celles que propose l'écriture gracquienne. Ainsi de l'inscription qui dédie les stèles, dont j'ai proposé quelques exemples — inscription achevant certains fragments comme par des *post-scriptum* en forme d'épitaphes (*FV*; II, 812 ; *CGC* ; II, 1033). Ainsi encore des médiations intertextuelles par lesquelles tel lieu, tel objet, s'émancipent de l'exploration rétrograde à laquelle se livre l'écriture de la mémoire, et laissent le discours s'investir des propriétés temporelles de la fiction. La Colinière, La Guérinière appellent *Les Chouans*, mais s'annexent également (à moins que l'annexion ne s'opère en sens inverse) — on l'a vu — la « Fantaisie » de Nerval, les premiers poèmes de Rimbaud, voire plus discrètement Valéry (la « roche d'air pur ») qui greffe les lectures de l'âge adulte sur celles de la jeunesse. C'est ainsi encore que la Roche qui Boit des *Les Eaux étroites* est inséparable d'un bout de phrase des *Chouans* qui vient la légender :

> « Au milieu des dangereux escarpements des roches de Saint-Sulpice [...]. » Brusquement ce paysage inquiétant que vient de contourner l'Èvre me ramène à la vignette ainsi légendée d'une livraison à bon marché des *Chouans* de Balzac, dans laquelle j'ai découvert autrefois ce livre surtendu et hagard [...]. (*EÉ ;* II, 538)

La citation de Balzac est ici réduite à un bout de phrase illustratif, comme tel inexpressif mais animé par le recadrage et la recontextualisation idéalement exacts dont elle peut, ainsi bricolée, faire l'objet. Elle est emblématique de la pratique citationnelle dans les vignettes qui, contrairement à l'usage gracquien, ne va guère dans le sens d'une exogamie, mais plutôt d'un isolement atrophiant des références : les textes sont tronqués, réduits au noyau phrastique par lequel ils deviennent solubles dans l'imaginaire, aussi anonymes et par là même aussi parfaitement appropriables que les légendes des illustrations naïves dans les livres pour enfants[33]. Un tel traitement les affranchit de l'enchaînement narratif ou poétique où les inscrit le texte-source, les dote d'une insularité analogue à celle des lieux-vignettes détachés par l'évocation autobiographique. Ils deviennent alors, en un renversement paradoxal dont *Les Eaux étroites* offre l'exemple le plus développé, la rampe de lancement d'un déploiement narratif autonome : la fable des *Chouans* est intimement réappropriée et réécrite à partir de l'épisode où Mlle de Verneuil escalade les escarpements de Saint-Sulpice en quête du marquis de Montauran (39-40).

Les lieux de l'Histoire offrent plus exemplairement encore, peut-être, que ceux de la remémoration autobiographique le modèle de cette temporalité paradoxale de la « vignette » — même si le mot, cette fois, n'y est guère employé. Le lieu historique fait en effet d'emblée l'objet d'une perception contradictoire, et renvoie l'évocation à une dualité constitutive. D'une part, il n'offre qu'une présence indicielle de l'Histoire dont il a été le théâtre — en quoi les textes notent volontiers un contraste entre le lieu et l'événement noté (on songe à Grange évoquant « *le théâtre de la guerre* » (*BF* ; II, 101)). L'événementiel de l'Histoire déserte les vestiges autant qu'il les investit : il est une légende qui les fait accéder à leur identité singulière et les excepte de l'égalisation géographique (qui pense les paysages par masses et par séries) ; mais aussi l'événementiel n'a — bien souvent — plus de traces que dans l'imaginaire, telle cette équipée

33. L'exemple limite de ce type de réduction est celui que fait subir à l'*Assia* de Tourgueniev la surimpression d'une image littéraire reconstruite et d'un paysage rhénan réellement vu (et reélaboré) : « *Cette image est tout ce que j'ai retenu — ou peut-être réinventé aux trois quarts — d'une nouvelle de Tourgueniev* [...] *— et c'est pour moi peut-être le cas limite du livre-vignette, où l'imagination n'a choisi, dans tout le cours d'une durée peuplée — et pour le développer parfois au-delà de toute mesure — qu'un seul instantané.* » (*L2* ; II, 348).

hypothétique de l'empereur Constance Chlore venant à Langres (où une rue porte étrangement son nom) et « *chevauchant sans étriers par les ruelles abruptes de l'oppidum lingon, pour endiguer un des sempiternels assauts barbares qui venaient battre le* limes, *ou pour réprimer quelque révolte des Bagaudes* » (*CGC* ; II, 1000). L'événement historique est paradoxalement ressaisi dans une dualité de l'écriture : cité comme témoin du devenir universel où il s'inscrit légitimement, il est en même temps isolé comme la légende un peu artificielle et anecdotique d'un lieu qu'il vient auréoler sans toujours parvenir à l'investir de sa présence. Ainsi de cette bourgade de Langres dont, en dehors de la référence énigmatique et amusée à l'empereur romain, Gracq souligne le statut paradoxal de « *cité marquée de façon si éclatante pour l'Histoire, et que l'Histoire a dédaignée* ». L'évocation de Langres ne constitue une vignette que dans la mesure où l'événementiel n'a pas été au rendez-vous d'un lieu qui le convoquait exemplairement, d'un lieu devenu par là même l'emblème d'une Histoire possible (et comme telle transformable en récit) que l'Histoire réelle a laissée à l'écart de son devenir — un emblème isolé par le suspens définitif de sa légende : « *Il y a là les glacis, les bastions et les chemins couverts et aussi le dépouillement, la netteté, l'austérité de lignes d'une forteresse centrale naturelle, d'un Verdun qui n'aurait pas rencontré son destin.* » (999). Langres comme une Amirauté que la guerre aurait décidément oubliée et laissée comme un signe vide sur le rivage des Syrtes.

La résistance des vignettes historiques à l'emportement universel du devenir apparaît en définitive comme un effet de signature, par lequel un lieu (ou un objet) appelle le discours à se figer en figure singularisante, à produire un signe unique et reconnaissable — à l'instar de ce « *profil perdu* » (*EÉ* ; II, 533) du manoir de « *La Guérinière* » tel que le révélait soudain un coude de l'Èvre, ou du profil de médaille par lequel se laissent identifier dans *Le Rivage des Syrtes* certains personnages plus exemplairement porteurs d'une polarisation historique retrouvée (l'envoyé farghien, Danielo). La cohérence propre de la vignette pousse à l'extrême l'homogénéité poétique dont l'écriture dote chaque fragment. Le devenir-signe du lieu charge les vestiges d'une discursivité virtuelle tout entière régie par le noyau symbolique dont elle procède et dont elle est réduite à faire irradier le foyer unique.

Un exemple significatif en est le fragment de *Lettrines* consacré à la confrontation de ces deux pôles, antagonistes au regard de la relation entre l'Histoire et le discours qu'elle suscite, que sont Venise et Jérusalem. Ce dont Venise est le signe, ce qui constitue sa signature inimitable dans l'Histoire, est la convergence vers un néant silencieux de tout ce qui avait fait jusque-là sa grandeur et son originalité :

[...] merveilleuse époque, unique peut-être dans l'Histoire, où tout s'exténue ensemble jusqu'à la dernière fibre : palais, galères, doge, couvents, sénateurs et beaux masques, gondoliers et pêcheurs, et si légèrement, si joyeusement, si *gentiment*, exprimant une à une le suc des minutes dorées, sans terreurs vaines, sans grossesse historique nerveuse, sans rêves mystiques, sans sottise — sans *prosopopée de Fabricius*. (*L1* ; II, 229)

La singularité de Venise au regard du discours de l'Histoire consiste en ce qu'elle a laissé derrière elle un signe silencieux, exempt de la boursouflure rhétorique qui commente les aléas du devenir sur le ton de la tragédie. La vignette vénitienne est marquée par les figures de l'allégement, du glissement fluide ou de la volatilisation, qui toutes convergent vers l'évidement de l'emblème. L'image n'est glosée que par le constat de l'absence de glose, qui forme ici sa légende paradoxale : « *Et puis, il n'y a eu plus rien : à Venise seulement, le reste a été silence.* » (229-230). Jérusalem en figure dans le même fragment « *l'autre pôle* » (230) ou encore la vignette inversée : celle d'un signe figeant la saturation explosive du discours sur l'Histoire, qui prend virtuellement une dimension de discours *de* l'Histoire (« *l'inventeur de la Cause historique inextinguible* »). Le discours en l'occurrence ne colle pas à un événementiel quelconque qui réduirait la légende à une portée locale : il s'identifie à tout le possible de l'Histoire. En quoi il ne se déploie pas linéairement mais se résume synthétiquement en sa forme inarticulée — signe d'une pure profération assignant le passé et l'avenir à se consumer dans son inépuisable actualité : « [...] *ville-Pythie, ville épileptique, hoquetant sans trêve de la transe de l'avenir,* [...] *invoquant, dénonçant, maudissant, prophétisant, envenimant le monde de sa mort comme aucune* [...]. » (216). Jérusalem comme Venise constituent les deux pôles poétiques possibles de la singularité historique : à la figure de la non-figure, qui ne fait signe que dans le retrait du sens et de la parole et tire de cette absence sa séduction (« *Comme cela me plaît, cet état qui meurt intestat !* »), s'oppose la figure de l'Histoire acharnée à la plénitude du signe et à la volonté de constituer, justement, une figure signifiante. Les deux vignettes posent ici les balises extrêmes, figées dans la paix du silence ou l'hystérie du cri, entre lesquelles le devenir peut déployer l'espace des événements et des commentaires. *Le Rivage des Syrtes*, dans une certaine mesure, est la fable du passage de l'une à l'autre de ces figures — sans qu'il soit rétrospectivement possible d'affecter d'une quelconque positivité un tel passage vers le sens, le tragique et l'événementiel.

C'est peut-être dans *Un Balcon en forêt* que se dessine la vignette la plus exemplaire de l'œuvre de Gracq, joignant le plan de l'autobiographique et celui de l'Histoire. Une parenthèse dans le récit (Grange est en permission) suspend l'attente des signes de la guerre et ouvre une évocation fantasmagorique de Chinon arrêtée à l'époque idéale de Dürer. Le narrateur y imagine un réordonnancement virtuel des figures emblématiques de l'Histoire et de la légende :

> La ville ne lui pesait pas : elle lui semblait décrochée du temps, rafraîchie par une image d'Épinal fabuleuse. Une lumière étrange, jamais vue, hésite un instant sur un coin du quinzième siècle. La herse du château de Chinon se relève : au son des trompettes, en grand cortège, on voit sortir des voûtes, comme la séquence médusante d'un jeu de tarots, le Prince d'Aquitaine à la tour abolie, flanqué de la Pucelle et de Barbe Bleue. Le monde s'est desserré à quelques-uns de ses joints essentiels ; soudain le cœur bondit, la *possibilité* explose : les grandes routes, un instant, s'ouvrent aux « *grands indésirables* ». (*BF* ; II, 77)

Le décrochement temporel et la datation idéale, la théâtralisation de la sensation organique par l'artifice le plus naïf, les médiations chimériques de Nerval, de Perrault, de Breton (et celles plus hypothétiques d'Aloysius Bertrand, voire de Rimbaud à travers l'« *image d'Épinal fabuleuse* ») — autant d'indications qui désancrent ce paragraphe des axes sur lesquels se déploient le temps et la référence dans le récit, pour que s'accomplisse « *un instant* » une parfaite coïncidence du moment et du lieu — c'est-à-dire une figure de l'idéal, soudainement révélé à lui-même par l'accès de sa singularité poétique à son immanence plénière. La parenthèse tire ici du côté des poèmes en prose de *Liberté grande*, avec certains desquels elle n'est pas sans affinités (je songe par exemple à « Written in water » ou « Le Grand jeu »), et ce qu'elle désigne n'est pas étranger à cette quête du « point sublime » qui devait selon Breton guider la poésie. Son incidence poétique ne constitue pas toutefois une pure et simple solution de la continuité narrative : la dernière phrase manifeste en effet cette dualité — caractéristique, me semble-t-il, de la temporalité de la vignette — selon laquelle la chronologie suspendue et figée rassemble synthétiquement la figure du virtuel, les possibles d'une expansion qui réside moins dans la perspective d'un enchaînement événementiel que dans la déliaison ouverte de tout enchaînement. La vignette insinue ainsi de manière significative, dans la linéarité romanesque dont elle partage sur un plan autonome la dimension fictionnelle, ce dispositif d'un rayonnement focal multiplié que libérera l'écriture fragmentaire. Mais elle s'inscrit aussi parfaitement dans l'enchaînement somnambulique, aussi desserré que possible, qui est celui de *Un Balcon en forêt* — comme si se marquait là en abîme la singularité poétique de ce roman. Comme si s'illustrait, le temps d'une parenthèse emblématique, l'analogie par laquelle Allan, dans *Un Beau ténébreux*, étendait conjointement à « *l'expérience courante* » (*BT* ; I, 145) et à la littérature — « *palimpseste* » (fictionnelle ou non, comme on le sait rétrospectivement) — les règles des échecs — « *ce jeu si isolé, si protégé par des règles arbitraires, baroques même* » : « *On peut* ressentir, *il me semble, le monde comme ce carré d'hiéroglyphes d'un problème d'échecs* [...] *où un certain foyer découvert bouleverse pour l'esprit la puissance des pièces, la perspective des cases, comme un coup donné à un kaléidoscope.* ».

III

L'ESPACE DE LA MÉMOIRE

1. La dynamique spatiale du temps.

la mer et la route

Le schème référentiel auquel se rapporte la dynamique de la mémoire n'est pas celui de la remontée à la source : le parcours de l'Èvre, on le sait, ne connaît ni origine ni embouchure déterminables, et le retour vers le point de départ, à l'instar de la «*journée close*» (*EÉ*; II, 550) qu'il accomplit, ne dessine que la figure de la circularité. L'évocation du passé vécu échappe à la relative linéarité supposée par le procès de la remémoration, et qui fonde en légitimité le projet autobiographique. La mémoire apparaît comme un espace dont les effets de profondeur se déplaceraient de l'axe vertical de l'anamnèse vers le plan horizontal de l'actualité. Non que les temps s'égalisent dans le seul présent de l'écriture — c'est le privilège de la fiction, et ponctuellement celui de la vignette, de pouvoir procéder ainsi, mais la distance qui les sépare dans l'Histoire comme dans le souvenir ne se parcourt pas selon une démarche rétrograde : elle relève d'une poétique de l'écart où le présent et le passé se définissent l'un l'autre comme des lieux plus ou moins éloignés dans l'espace mémoriel qu'ils polarisent selon la différenciation de l'identité et de l'altérité, de la présence et de l'absence, — indépendamment ou presque de toute mesure chronologique de cette distance. La manière dont les vestiges de la Rome antique ou les chemins au-delà de trois siècles (*CGC*; II, 1041) parlent ou non dépend en effet de leur aptitude ou non à dynamiser le procès d'actualisation qui définit la mémoire. Celle-ci retrouve volontiers chez Gracq l'homogénéité de l'élémental, qui justement échappe au devenir, et dont les métaphores privilégiées sont la terre telle qu'elle est figurée dans le mythe d'Antée (dont l'écrivain précise qu'il lui est cher) ou plus significativement encore la mer.

La mer, en tant que figure temporelle, est ambivalente : elle renvoie à la fois à la surface du temps qui ne se laisse saisir qu'au présent (on sait que le souvenir n'a d'existence que dans le présent de la remémoration qui l'anime et lui confère sa perspective), et à la profondeur du temps dont elle définit symboliquement l'espace originel : originel sans origine, espace sans bord, profondeur sans mesure. C'est ainsi qu'un fragment de *Lettrines 2* confère à la mer une primauté qui n'est pas celle de la source première mais bien plutôt celle d'un espace respiratoire fondateur dans lequel viennent se loger les sensations mêmes de la remémoration : « [...] l'eau-mère *de nouveau directement nous irrigue : plus native que tous les souvenirs d'enfance, plus pénétrante que tous les flacons de Baudelaire, la fraîcheur, la succulence ténébreuse et iodée que libère une coquille ouverte explose sur la narine comme une humide et profonde patrie.* » (*L2* ; II, 361). La mer représente à cet égard une figure de l'antériorité absolue qui n'accueille la distance du passé au présent que pour l'annuler dans la confrontation immédiate à ce qui est là depuis toujours. L'originel est alors cela même qui confère à l'immédiateté sa fraîcheur et sa respiration : « *La mer seule balaie en nous cette stratification figée : à son spectacle les années se désaccumulent ; c'est moins sa fraîcheur régénératrice que son refus de cautionner le souvenir qui fait la justesse du vers de Valéry :* “Courons à l'onde en rejaillir vivant”. » (335). La poétique valéryenne du présent intemporel rejoint en l'occurrence (une fois n'est pas coutume) le superbe constat par lequel Chateaubriand met à distance l'événementiel de l'Histoire : « *Tout a changé en Bretagne, hormis les vagues qui changent toujours.* »[34].

L'ambivalence de la mémoire apparaît liée à deux espaces contradictoires mais également assignateurs pour l'écriture du passé, à deux attitudes antagonistes de la lecture du passé. L'une mesure l'écart temporel et s'efforce de déchiffrer la sédimentation qui fait du monde présent l'entassement complexe de tous les présents enregistrés par l'Histoire, par la sensation et par

34. François-René DE CHATEAUBRIAND, *Vie de Rancé*, in *Œuvres romanesques et voyages* (Paris, Gallimard, « Bibl. de la Pléiade », 1969), t. I, p. 1046. Cité in *Préférences* (I, 920).

la mémoire ; c'est exemplairement celle que donne à lire Rome — avec une exclusivité dont témoigne la gêne éprouvée par l'écrivain dans cette ville. L'autre attitude de lecture abolit à l'inverse la sédimentation par laquelle chaque strate du temps se définit dans sa différence, c'est-à-dire laisse lire sa singularité chronologique. Le devenir-écriture de la mémoire se déploie ainsi selon un projet contradictoire qui tout à la fois suppose et exclut l'origine, qui simultanément inscrit la distance temporelle dans la superposition mesurable et dénombrable de ses strates et abolit cet écart par la disponibilité toujours renouvelée du temps à se donner dans l'immédiat. Cette duplicité cultivée par l'écriture gracquienne du passé peut se placer sous l'autorité de deux figures tutélaires, parfaitement contradictoires quant à leur implication de la temporalité, mais dont les œuvres, constamment relues et commentées par l'écrivain, apparaissent comme des références décisives : il s'agit de Chateaubriand et de Rimbaud qu'un des fragments précédemment cités de *Lettrines 2* réunit pour les opposer — sans qu'il soit question pour Gracq de prendre position autrement qu'en les assumant l'un et l'autre :

La surimpression de ce qui a été sur ce qui est constitue le don mélancolique et pulpeux du vieillissement, qui est, autant qu'une décrépitude physiologique, un décryptement fantomatique du palimpseste que devient avec l'âge le monde familier. Chateaubriand l'a senti venir et s'y est complu plus vite qu'un autre : à partir de quarante ans toutes ses descriptions sont des *repeints* transparents au premier dessin. Rimbaud l'a rejeté de toutes ses forces dès qu'il a senti son approche (« *Départ dans l'affection et le bruit neuf* »), toute sa poétique est une rature radicale du sédiment, éidétique ou affectif. (*L2* ; II, 335)

Si la mer peut apparaître comme un emblème de l'écriture, c'est en tant qu'elle attire symboliquement du côté de l'égalisation des temps et de la dissolution de toute linéarité. La route ou le chemin pourraient en constituer l'emblème adverse, qui multiplie les repères (spatiaux et temporels, les uns étant la projection des autres) et a toujours, à l'instar d'Orsenna selon le vieux Danielo, le souci de sa « *destination* » (*RS* ; I, 839). Les deux emblèmes commandent, comme l'on voit, différents modes de l'écriture gracquienne dont on peut relever des exemples dans l'œuvre fictionnelle comme dans l'œuvre fragmentaire. Mais il est plus intéressant peut-être de noter en quoi ils constituent aussi les pôles aimantés d'une économie d'échange où l'écriture opère des jeux de bascule entre linéaire et non linéaire, révélant ainsi à travers ses propres bifurcations et ambiguïtés les ambiguïtés et les bifurcations de la mémoire. Ainsi la mer dans *Le Rivage des Syrtes* devient route avec la traversée du "*Redoutable*" (« [...] *une route royale s'ouvrait sur la mer pavée de rayons comme un tapis de sacre* [...]. » (736)). De même, symétriquement, telle évocation d'une promenade en voiture dans le Massif central convertit l'espace vectorisé et linéaire de la route en celui, sans bords ni direction, d'une pure mémoire, dont la métaphore marine manifeste l'intemporalité :

> La première fois que je pris la route de Bort à Neussargues, au déclin de l'après-midi, [...] une gaie ferblanterie de sonnailles faisait la haie tout le long de la route et aiguisait cette odeur de foin coupé qui enivre et semble faire chavirer en nous une mémoire très ancienne : comme si l'homme se souvenait encore, par-delà le long sevrage de l'espèce, d'un temps où elle broyait à même la terre la verte écume native. (*CGC* ; II, 972)

Les premières pages de « La Route » portent à un degré extrême cette labilité du dispositif de conversion entre les spatialisations linéaire et non linéaire du temps : de cette « *dernière ligne de vie* » (II, 405), de ce « *grand chemin* » qu'est la route, le narrateur écrit dès la deuxième phrase qu'il « *creu*[*se*] *encore sa trace dans* [*sa*] *mémoire comme un rai de diamant sur une vitre* ». Mais c'est pour faire suivre aussitôt cette cristallisation rectiligne d'une « *direction* » (407) dans le temps par les images contraires d'une réversibilité des âges qui s'annonce selon l'emblème de la mer : « *On s'engageait dans celui-là comme on s'embarque sur la mer* » (405) ; « *on eût dit soudain que la route ensauvagée* [...] *mêlait les temps plutôt qu'elle ne traversait les pays, et que peut-être elle allait déboucher dans le clair-obscur de hallier qui sentait le poil mouillé et l'herbe fraîche, sur une de ces clairières où les bêtes parlaient aux hommes* » (407). La voiture qui emmène Aldo vers l'Amirauté, au premier chapitre de *Le Rivage des Syrtes*, connaît de ces traversées où la rectitude de la route et la linéarité de l'événementiel (de la diégèse) se dissocient dans l'indétermination spatiale et dans la libre communication entre les figures du présent et ce qui est au-delà de toute mémoire. Et les sentiers suivis par Grange dans *Un Balcon en forêt* débouchent de même sur de telles clairières immémoriales. La mer, les prairies indécises, les clairières, la boucle enchantée de *Les Eaux étroites* forment à cet égard une constellation thématique à travers laquelle l'écriture figure, en tension conflictuelle ou au contraire résolutoire avec les frayages humains (routes, chemins, sentiers), sa propre immersion dans l'épaisseur globale d'un temps rebelle à toute stratification.

Si la tension peut être résolue, comme le montrent les exemples qui viennent d'être évoqués, elle ne doit toutefois pas faire l'objet d'un lissage abusif : sans doute cette configuration thématique migre-t-elle dans différents types de textes (fictions romanesques, poèmes en prose, fragments), mais son statut varie selon les modes de son inscription, et avec eux la manière dont elle assigne le temps. Les récits de fiction n'accèdent à cette expérience d'une épaisseur du temps et aux sortilèges de sa réversibilité qu'au prix de la quête des personnages, quête dont le caractère initiatique a maintes fois été signalé par les critiques. La parenthèse du rêve (surtout dans les deux premiers romans), le suspens de la rêverie (qui à partir de *Le Rivage des Syrtes* l'emporte sur le rêve) font alors bifurquer le fil de la narration vers un autre plan de la temporalité où le virtuel excède le présent et l'investit d'une dimension prophétique qui fait, immédiatement ou plus lointainement, retour sur le temps de la narration. Les indications apportées par Gracq, dans ses fragments ou dans les entretiens qu'il a accordés, quant à son propre travail de romancier laissent mesurer combien cette dualité temporelle de l'actuel et du virtuel préside à la création littéraire autant qu'à la dynamique de la lecture :

> La difficulté particulière à la fiction est celle d'un compromis hasardeux, aux données sans cesse changeantes, à réaliser à chaque page entre un contenant sans projet, qui est la production spontanée de l'écriture, et un projet sans contenant qui est l'appel insistant de ce *timbre* pressenti et sans support matériel encore, auquel il s'agit de trouver et de fournir un instrument, qui sera le livre. (*En* ; II, 652)

Le « timbre *pressenti* » fait ici écho au cri destiné à mesurer l'ampleur de la caverne (656), et par lequel nous avons vu que l'écrivain caractérisait sa première période de production. Mais cette mesure n'est possible, dans les fictions, qu'au fil d'un parcours accompli par l'écrivain de livre en livre, et par les personnages de signe en signe au long d'un cheminement initiatique qui n'enseigne, on le sait, rien d'autre que lui-même. L'écriture des fragments, en revanche, se produit après que la caverne a été mesurée. Si la linéarité du fil narratif n'est plus requise, c'est qu'elle est déjà donnée par les fictions qui précèdent dans le temps les recueils fragmentaires et qui, selon le mot de Michel Murat, « *confèrent à l'écriture sa légitime autorité* »[35].

Chez Gracq comme chez Stendhal, « *le moindre fragment* [...] *accourt de lui-même faire bloc, indissociablement, avec la masse pourtant singulièrement réduite de ses œuvres maîtresses* » (*En* ; II, 576). Autrement dit la caisse de résonance que constitue l'œuvre déjà écrite permet qu'à chaque fragment la position de l'instance discursive soit donnée immédiatement et sans repentir, le jeu d'échanges entre l'actuel et le virtuel se définissant à chaque coup de manière singulière et peu évolutive. Les recueils de fragments apparaissent par là même, sous cet angle, plus complexes que les fictions dans la mesure où les transitions d'un fragment à un autre sont extrêmement souples et variées (et non contraintes par quelque linéarité thématique ou à plus forte raison diégétique), dans la mesure aussi où deux fragments éloignés peuvent librement s'ajointer là où deux passages de récit ne sont superposables par la lecture que ressaisis selon leurs positions respectives dans la trame narrative. Ce qui revient encore à dire que la sédimentation de la mémoire n'est pas produite par celle des signes qui dans les fictions sont donnés à déchiffrer aux personnages, mais qu'elle constitue la profondeur d'un déjà-donné dans lequel le présent de l'écriture comme le présent de la lecture s'immergent immédiatement pour en reconnaître l'espace sans bords ni centre. Le repérage des strates temporelles, effectué par exemple dans *La Forme d'une ville* ou dans *Autour des sept collines*, n'a de sens que depuis cette profondeur — comme si le travail de la différenciation mémorielle présupposait cette indifférenciation temporelle qui joue librement des figures du passé et du présent, de l'actuel et du virtuel.

On retrouve ici la polarisation marine, dont le régime temporel serait de manière privilégiée celui du fragment et au regard duquel le chemin est second, réduit qu'il est le plus souvent à une fonction d'embrayeur ou de greffe. L'évocation de la déambulation dans la Nantes à demi rêvée de *La Forme d'une ville* commence significativement selon les augures de deux images significatives et connexes : celle du labyrinthe qui impose d'emblée la complexité d'un « *lacis* » (II, 771) ou d'un « *réseau* » (772) ; celle de la mer dont le « *souffle* » (773) et le « *courant* » investit

35. MURAT, *op. cit.*[2], p. 8.

pour l'écrivain seul (dit-il) une ville en réalité « *enfoncée dans les terres qui l'épaulent fortement de part et d'autre au fond de son estuaire étranglé* » — la mer dont la rumeur investit tout à la fois le pressentiment passé d'une vie encore à venir, le présent de la remémoration (c'est-à-dire de l'écriture), et celui des lectures de l'homme âgé. L'espace de la mer et celui de la ville se superposent comme la forme première d'une mémoire qui parcourt librement ses frayages, dont elle ne procède pas mais qui bien plutôt procèdent d'elle. Cette précession de la mer sur la route — ou plutôt du non linéaire sur le linéaire — se retrouve, en un paradoxe apparent, jusque dans la page liminaire des *Carnets du grand chemin*. Les chemins n'y sont que les trajets qui relient des espaces autonomes et pré-existants : ceux de la terre, ceux de la mémoire individuelle et collective, ceux de l'écriture aussi dont l'auteur précise qu'ils sont des « *notes essentiellement disparates* » (*CGC* ; II, 939) que le recueil réordonne pour la lecture — dans lesquels il fraie après coup des voies de traverse.

Le basculement dans l'écriture gracquienne de l'antériorité du chemin à l'antériorité de la mer, si significatif à mon sens quant au trajet de lecture des dispositifs temporels, ne s'est pas produit brutalement, et certains textes portent à cet égard la trace d'une hésitation. En témoigne « La Presqu'île » qui lie l'arrachement à la contrainte durative (marquée par l'heure d'arrivée du train d'Irmgard en gare de Brévenay) aux lacets à la fois erratiques et précisément situés d'un parcours tour à tour frôlant la mer et s'en éloignant : la fable du récit consiste en l'occurrence en cet équilibre entre le linéaire et le cartographique, entre la surimpression flottante des possibles et la fixité de l'échéance — équilibre dont *Un Balcon en forêt* constitue peut-être, dans l'ordre de la fiction, la plus remarquable réussite. En témoigne encore, cette fois au titre d'un échec cruellement ressenti par l'écrivain, l'avortement de ce roman commencé peu après *Le Rivage des Syrtes* et dont il ne reste qu'un magnifique pseudo-fragment : « La Route ». J'ai tendance à penser qu'il n'a pu se déployer parce que justement il n'a pas su choisir, d'emblée, entre la précession du linéaire (fortement imposée par un sujet qui en quelque sorte l'emblématise) et la subordination de celui-ci à un autre ordre de temporalité, à une autre logique de la représentation.

L'actualité du passé, l'actualité du présent, peuvent apparaître comme des éclairages manifestant sans aucune contrainte de filiation tel ou tel lieu d'un procès global d'actualisation, dont la mémoire et l'écriture constituent les instances, distinctes mais homogènes entre elles et comme telles susceptibles de se rencontrer à travers une forme. La représentation du temps dans les œuvres fragmentaires est essentiellement tabulaire, c'est-à-dire donnée comme un ensemble et comme une simultanéité. *Les Eaux étroites* même, dont le texte s'organise selon le fil de l'eau et « *à la vitesse huilée* [...] *de ces toiles de diorama qui s'enroulaient et se déroulaient, et défilaient devant le passager de Luna-Park* » (*EÉ* ; II, 529), n'envisage « *les lignes de force* [...] *de notre vie encore à vivre* » que dans l'espace englobant de cette « *grille en nous, plus ancienne que nous* » qui les « *déchiffre au hasard* » (527). Dans *La Forme d'une ville*, la forme de la ville est dès l'abord donnée par les figures du « *canevas* » (*FV* ; II, 771-772), du « *pelotonnement* », du « *réseau* », du « *labyrinthe* » ou de la « *rose des vents* » — figures que reprend sur la couverture de l'édition Corti la reproduction d'un plan tracé à la main dont Michel Murat a proposé un commentaire aigu[36].

À l'image de cet artefact qu'est la « *grille lacunaire et comme trouée* » (*EÉ* ; II, 527) se joint celle, naturelle, du rhizome[37] dont les poussées traversent anarchiquement, sans points de départ ou

36. Murat, *op. cit.*[2], p. 243. La réversibilité ainsi affirmée est d'emblée située, dans *La Forme d'une ville*, contre celle d'*À la recherche du temps perdu*, l'œuvre de Proust étant en quelque sorte prise par Gracq, non sans ironie ni sans désinvolture, comme un contre-modèle allusif : la nouvelle d'un retour à Nantes des tramways confirme en effet l'écrivain dans l'idée « *d'un temps réversible* [...] *où les pavés inégaux qui étaient alors ceux des rues ne cautionnent pas, n'étayent pas* l'édifice immense du souvenir, *mais où ces années d'anticipation exaltée entretiennent avec celles de demain et d'aujourd'hui un dialogue libre* » (*FV* ; II, 781).

37. La temporalité fragmentaire dans l'œuvre de Gracq, la projection spatiale dont elle fait l'objet, la redéfinition qui leur est connexe d'un sujet plutôt envisagé comme pluralité d'inscriptions que comme individualité psychique ou pratique, sont à maints égards en affinité avec les analyses développées par Gilles Deleuze et Félix Guattari dans *Mille plateaux, Capitalisme et schizophrénie*, t. II (Paris, Minuit, 1980). S'il est évidemment exclu d'y voir une influence (dans un sens ou dans l'autre), les rapprochements qui peuvent être faits tendraient à désigner, me semble-t-il, la cohérence d'une pensée et d'une poétique — toute « post-moderne » (au sens où l'entend Jean-François Lyotard) — du fragmentaire, qui est à en croire Gracq lui-même, le sens vers lequel penche notre époque.

d'arrivée définissables, les strates du temps, et qui figure exemplairement cette dynamique — si propre à l'écriture fragmentaire — d'une linéarité suscitée par le plan ou d'une origine émanant d'un espace foncièrement dépourvu d'origine. Le rhizome s'oppose directement, dans le discours de Gracq, à la construction mémorielle de Proust dont il suit la mention : « [...] *ce qu'il restait d'inaccompli dans une vie à demi cloîtrée continue à l'arrière-plan de ma vie son cheminement souterrain à la manière de ces rhizomes qui crèvent de loin en loin le terreau du jaillissement inattendu d'une pousse verte.* » (*FV* ; II, 781). Sans doute n'est-il pas impertinent d'évoquer une telle prolifération rhizomatique dans les œuvres fictionnelles : les bifurcations qui y dévient ou dévoient le fil de la diégèse ouvrent bien de telles superpositions temporelles où les signes et les époques peuvent librement s'échanger. Mais outre que ces échappées restent indissociables du procès diégétique qui les inscrit et qu'elles dynamisent en retour, leurs relations au centre et leurs modalités de décentrement ne sont pas celles que proposent les recueils de fragments.

Une brève « note » des *Carnets du grand chemin* met l'accent sur « *la critique de Frédéric Schlegel selon laquelle la poésie de Goethe "n'a pas de point central"* » (*CGC* ; II, 1095-6). Et l'auteur de souligner l'importance de cette prise en considération, inédite jusqu'au Romantisme allemand, du « *centre de gravité émotionnel et imaginatif* [*des écrivains*], *et de son plus ou moins de congruence avec la structure de leur œuvre* ». S'il inscrit le souvenir dans l'espace d'actualisation qui est le sien, le rhizome en définit aussi la forme, c'est-à-dire le mode d'ajointement entre passé et présent, les figures de son émergence ou de sa résurgence, celles de sa résorption — et la définit comme un procès indéfiniment réitéré de décentrement. L'absence de noyau central, qui vaut pour la poésie de Goethe comme pour les fragments de Schlegel, de Novalis ou de Gracq lui-même, est à opposer à la « *cohésion nucléaire essentielle à tout grand roman* » (*L1* ; II, 177). Il est significatif à cet égard que Gracq tire l'exemple des *Faux-monnayeurs*, auquel manquerait justement cette cohésion nucléaire, vers les fragments (tout y devient pour le lecteur « *des* anas *d'André Gide* ») — en un processus inverse de celui observé à propos de Stendhal. Le roman se trouverait ainsi affaibli de fonctionner sur le mode du recueil en multipliant indéfiniment ses points de centrement. Le centre de gravité des romans tel que l'appréhende le discours métacritique de Gracq se définit en fait comme jeu d'aimantation et de désorientation qui tout à la fois soude entre elles les composantes internes du récit (personnages, lieux, etc.) et peut « *attirer dans* [*son*] *orbite des astres errants de moindre calibre* » : jeu relevant autant de la lecture que de l'écriture, donc, et dont la clef est la puissance de traction qui hale le récit selon cette économie déjà évoquée du présent ponctuel du récit et de la masse du virtuel que tend à rejoindre ce présent.

On retrouve dans l'écriture fragmentaire, de même, le processus paradoxal d'un centrement défini par le décentrement. Mais les termes et la dynamique n'en sont pas les mêmes, pas plus que n'y sont identiques les cheminements des rhizomes. Si la masse réduite du fragment lui interdit de créer un « *champ d'attraction* » (*L1* ; II, 177), il peut en revanche immédiatement cerner les zones d'aimantation de la sensibilité et de l'imagination. Sa clôture poétique s'identifie même avec la circonscription de telles zones, dans la mesure où celles-ci constituent justement son objet ponctuel et les coordonnées de sa cohérence interne. La discontinuité des fragments les dispense, d'autre part, de la tension — qui compte tant dans la fascination exercée par les romans de Gracq — entre la linéarité du procès diégétique et les bifurcations qui ouvrent à la réversibilité des signes et des temps ; ils accèdent d'emblée aux points de désorientation qui jalonnent l'attente mise en scène par les récits — le prix à payer étant une perte évidente de souffle et de théâtralité. C'est exemplairement dans l'évocation des paysages et dans la surimpression temporelle que se produit la rencontre de ces zones qui désorientent la boussole et suscitent par là l'écriture destinée à enregistrer cette désorientation, à en fixer le tremblement en lui donnant forme : « *Un trouble, dont rien d'abord ne dégage le sens, marque plus d'une fois la rencontre avec ce qui doit compter pour vous ; mais l'aiguille aimantée un long moment oscille et s'affole avant de désigner la masse métallique qui l'a perturbée.* » (*FV* ; II, 782). L'événement qui a ici aimanté la mémoire, donné forme et couleur à la remémoration, est un autre souvenir, l'arrivée en train « *dans un faubourg de l'agglomération lilloise* » pendant la guerre de 1940, ressuscitant les traversées ferroviaires de l'enfance où « *la ville* [...] *s'ouvrait en deux brusquement devant le voyageur, surpris de couper par le milieu une fourmilière tranchée par la bêche* ». Le trajet du rhizome se fait ici explicitement jour, qui plus que la superposition événementielle désigne pour centre matriciel l'intensité même de la désorientation, une « *nuance de malaise et de vertige* » devant « *l'agitation désorbitée* » d'une foule. Le décentrement propre à la résurgence rhizomatique ne se produit pas en référence à quelque densité interne à l'œuvre (les recueils fragmentaires ne sont que la multiplication indéfinie de centres ponctuels qui se relient thématiquement entre eux plus qu'ils ne s'aimantent véritablement), mais désigne à travers l'intensité de ce qui « déboussole » un point de contact privilégié entre l'écriture et ce qui l'aiguille au dehors d'elle, vers l'épaisseur énigmatique d'un vécu (réel ou imaginaire, il n'importe) qui appelle sa mise en forme : centre excentré en l'occurrence, ou plutôt centre qui ne devient tel que dans l'expérience mémorielle et scripturale d'un excentrement.

Le centre de gravité suscite dans les fictions des emblèmes de clôture et de densité spatiale. Ainsi la chapelle des abîmes de *Au château d'Argol*, la chambre d'Allan à l'hôtel des Vagues, la chambre des cartes de l'Amirauté des Syrtes ou la cabine du capitaine Marino à bord du *"Redoutable"* — voire, quoique la figure ne s'inscrive plus dans la même logique, la casemate fortifiée de *Un Balcon en forêt*. Image obsessionnelle par excellence du monde romanesque gracquien, le « réduit central » doit sa force d'irradiation dans la diégèse et sa densité figurale intrinsèque à ce qu'il concentre et théâtralise les signes déposés au fil du récit. Cette puissance est évidemment exclue par l'écriture fragmentaire qui déserte de tels noyaux emblématiques, fondamentalement liés à la linéarité des fictions longues, au profit d'un décentrement poétique et d'un excentrement référentiel. Les centres magnétiques sont comme incidemment rencontrés par l'écriture et non pas suscités par elle ; ils peuvent être allusivement investis, par recoupement avec le massif fictionnel, d'une charge emblématique, mais celle-ci n'est que prêtée : le fragment s'en leste pour s'agréger aux fictions qui l'attirent, mais il s'en ébroue tout aussitôt pour s'émanciper de cette existence intertextuelle ; le centre est alors surtout laissé à sa dimension expériencielle dont l'écriture note à la fois l'extériorité et l'évidement symbolique.

En témoigne la régression des signes avertisseurs, déjà nettement amorcée avec *Un Balcon en forêt* et « La Presqu'île » mais aussi, significativement, la représentation des espaces centraux eux-mêmes. Ainsi les centres des villes tels que les évoquent les œuvres fragmentaires (ceux de Nantes et de Rome au premier chef) sont-ils, à l'inverse de la ville haute d'Orsenna, démonumentalisés : le goût de l'écrivain pour Nantes tient en partie à ce que cette ville « *ne présente que des beautés de second ordre* » ; le célèbre « *passage Pommeraye* » (*FV* ; II, 818) n'a guère laissé de traces « *dans l'équilibre du paysage imaginaire, à demi rêvé, à demi habité,* [...] *de la ville* » ; telle église n'est évoquée que pour la laideur de son « *dôme en forme de côtes de melon, ventru et affaissé* » (826) (qui disqualifie dès l'enfance les architectures de la Renaissance et de l'âge baroque) ; du château, clou des circuits touristiques locaux, l'auteur de *La Forme d'une ville* avoue ne l'avoir visité que très tardivement ; à Rome même, ville monumentale s'il en est, la promenade évite les hauts lieux touristiques et préfère les espaces où le centre se fait rural ou provincial : le « *modeste mamelon du capitole* » (*SC* ; II, 900) par exemple, « *si peu martial avec ses chats errants, avec les amoureux timides de ses bosquets plus délaissés qu'un square de sous-préfecture* ». Si dans les œuvres fragmentaires le centre est encore souvent signalé par le caractère désertique qui était le sien dans les romans (on reconnaît là une constante de la sensibilité gracquienne), toute théâtralité disparaît, ou alors devient factice et inessentielle, comme à Rome ; sa force d'attraction s'est affaiblie au profit d'une économie d'échange avec les sollicitations de la marge, signalant par là que sa valeur topographique n'est plus tant d'ordre thématique ou symbolique que d'ordre expérienciel — et en cela qu'elle relève plus fondamentalement, par-delà les projections spatiales qui l'inscrivent, d'une dimension temporelle.

Les pages finales de *La Forme d'une ville*, où l'auteur tente de ressaisir dans sa globalité *« l'idée » (*FV* ; II, 874) qu'a laissée Nantes dans son souvenir, creusent un écart décisif quant à un changement de spatialité qui tient bien moins d'un déplacement des motifs privilégiés que d'une logique autre de la représentation et d'une autre poétique temporelle : une ville où

> [...] rien, dans le moutonnement confus, démocratique, de ses édifices, ne rappelle le front de ville crénelé, si hiérarchisé, si ascétique — l'église, la caserne, le couvent, la citadelle, l'hôpital, la prison — que dressent au-devant du visiteur, toutes activités claustrales réunies, Lerida comme Pampelune ou Ségovie [...]. Un agrégat de pure société civile, une prolifération vivace, sans ordre et sans plan, née des incitations de sa seule vivacité spontanée [...]. Une ville qui s'est inventée, qui continue de

s'inventer elle-même au jour le jour, sans grand ancrage dans son passé, sans fixation excessive à ses souvenirs. (*FV*; II, 874)

Le paradoxe apparent, vite dépassé, est évidemment que cette ville si oublieuse du passé soit pour Gracq l'emblème même de la mémoire, au même titre — mais dans une perspective diamétralement opposée — que Rome dont l'évocation apparaît complémentaire. C'est qu'à un espace défini par son inscription temporelle répond corrélativement une représentation tabulaire de la mémoire. La cartographie décentrée de la ville, que le texte caractérise comme une « *rose des vents* » (773) dont « *chacun des rhumbs qui* [*l'*]*étoilaient* [...] *fleurissait naturellement, indéfiniment, pour l'imagination* », est celle d'un milieu conducteur sans bords ni centre autres que ceux qu'y dessinent ponctuellement les rhizomes traversant les strates temporelles et l'épaisseur expériencielle. Logique d'interpénétration, dont « *le souffle de la mer qui dilatait les rues* » pour le narrateur seul indique assez le caractère non linéaire.

La forme de la ville, la forme de la mémoire, qui l'une et l'autre ne font sens que dans la mesure où elles manifestent le procès d'actualité projective de la vie, ont donc pour répondant la forme même de l'œuvre qui les évoque : celle d'un recueil de fragments tout entier traversé par les sollicitations contradictoires de la cohésion qui seule peut rendre compte du foisonnement du virtuel et du « *pelotonnement* » (*FV*; II, 772) complexe d'une mémoire qu'il ne saurait être question de simplement dévider. Les hésitations de Gracq entre les différentes formules à trouver pour rassembler les « notes » de ses cahiers — du pur éparpillement de *Lettrines* aux regroupements thématiques de *Lettrines 2* ou de *En lisant en écrivant* — trouvent ici à la fois une mise en perspective signifiante et une forme littéraire résolutoire, adéquate, dans sa souplesse comme dans sa tenue (l'image du tissu s'impose ici à bien des égards), aux formes de la mémoire et de la ville.

La contradiction entre l'attraction du centre et la distension ou l'effilochage vers cet autre pôle d'aimantation que sont les marges est explicitée à la fin de *La Forme d'une ville*, lorsque le narrateur tente de cerner l'image globale de la ville à travers la différence polarisante de la ville et de la campagne :

> Ce qui fait de la ville un milieu sous tension, ce n'est pas tellement la concentration de l'habitat, l'état de friction latente et continuelle qui électrise les rapports, [...] c'est pour moi bien davantage l'antagonisme qui y règne entre un système de *pentes* naturellement centrifuges, qui toutes mènent le noyau urbain vers son émiettement périphérique, et, en regard, la puissante astreinte centrale qui les contrebalance, et qui maintient la cohésion de la cité. (II, 871)

Les espaces de la ville, de la mémoire et de l'œuvre sont alors figurables selon l'étoilement de la toile d'araignée, construite à partir du centre selon les axes multipliés des « *radiales* » où la « *double attraction* » (centrifuge et centripète) « *s'exerce à nu* », puis étageant entre ceux-ci « *les barreaux parallèles des échelons latéraux, qui viennent souder et homogénéiser l'ensemble* ».

Le centre cependant, comme on l'a vu, est lui-même mouvant, moins constitué par la réalité objective d'un centre-ville obstinément déserté et mis à distance par le texte que par l'émergence démultipliée de ces « précipités *adhésifs* » (*EÉ* ; II, 535) où s'actualise la mémoire du sujet. Le centre défini par la temporalité ne se superpose pas en l'occurrence à celui qui peut organiser un espace fixe ; bien plutôt il institue ici une spatialité qu'il subsume et dont il définit les polarités, détermine les profondeurs. Situé par les résurgences du rhizome mémoriel, le centre est caractérisable comme l'intersection ou l'espace de réponses réciproques qui se forme entre un matériau filtré qui ne laisse advenir au présent de l'écriture que ce qui est en charge d'avenir, et une actualité de l'écriture qui se réfléchit exemplairement dans les jeux de proximité et de distance d'une mémoire dont elle ne construit la réflexivité que pour s'y mirer et s'y rendre lisible. C'est une quête semblable d'une forme de la mémoire que désignent les évocations de souvenirs des autres recueils de fragments, mais l'on peut penser que *La Forme d'une ville*, en ordonnant selon une projection spatiale cohérente la ville et la vie, le temps et le texte, leur a fourni le modèle exemplaire de leur accomplissement scriptural.

Nombre de fragments tirés des autres recueils, pourtant, peuvent éclairer en retour ce double processus centrifuge et centripète qui organise, à partir de l'instance temporelle, l'évocation topographique de Nantes. C'est singulièrement le cas de certains textes, un peu plus massifs que d'ordinaire, de la section « Distances » de *Lettrines 2*. Ainsi celui intitulé « Mon père », déjà commenté sous un autre angle, propose-t-il un va-et-vient serré entre le temps où M. Poirier, voyageur de commerce, faisait ses « tournées » dans les Mauges et celui de l'écriture. Le fragment tout entier consiste en la tresse de plusieurs fils discursifs dont chacun institue l'évocation dans la distance qui lui est propre : au fil principal qui est celui des actions du père — auxquelles le narrateur n'a pu avoir accès que par la complémentation des souvenirs personnels et du ouï-dire, s'adjoignent ceux de la description, du commentaire explicatif, et des considérations glosant de manière plus personnelle la proximité ou l'éloignement entre l'époque évoquée et celle de l'évocation. Un tel texte est, pour l'essentiel, de ceux qui partent en quête de la couleur, des rythmes d'un passé que l'écriture tend à rendre à la vie, à restituer à son organicité propre. C'est en ce sens que vont certains détails précis, tels ceux qui décrivent le cabriolet paré pour le voyage : « [...] *il les faisait* [les tournées] *avec la jument* Volante *dans une sorte de cabriolet à deux places, à capote et tablier de cuir — derrière, dans un coffre de bois noir, il mettait les valises aux échantillons, lourdes cantines noires et rigides à courroies et cornières jaunes ; il en transportait bien, je pense, quatre ou cinq.* » (*L2* ; II, 349). De telles informations ne visent bien entendu à aucun « effet de réel », mais appellent le témoignage d'éléments concrets pour attirer un passé lointain dans un champ de visibilité et de représentation dont les coordonnées sont celles du présent ; il en va de même, paradoxalement, des commentaires sur l'écart entre les époques et entre les personnes dans la mesure où les uns et les autres se mettent réciproquement en perspective et se rendent en quelque sorte plus lisibles à se confronter. Entre archéologie et résurrection, explicitement reconstruite et prudemment modalisée, l'évocation du passé relève ici d'une postulation centripète : celle d'un *infectum* qui permet à l'écriture d'éprouver la fécondité de ses pouvoirs en se retournant sur ce qui justement la féconde ; et qui confère parallèlement à l'expérience présente le privilège de rebroussements temporels :

> Quand je passe par le bourg de Saint-Rémy en Mauges, et que je descends, à la sortie vers Montrevault, le raidillon de la vallée étroite à mi-pente duquel s'accroche le clocher, je sais, j'ai compris à demi mot que là, un soir, prenant le frais après dîner par la plus belle nuit d'été, et entendant à travers les vitraux un chœur d'enfants qui répétait dans l'église, pendant quelques minutes il a été dans le ravissement, et je me sens brusquement tout proche de lui, si différent de moi. (*L2* ; II, 352)

La fin du texte pourtant éloigne les images dont nous avions suivi la résurrection ou l'exhumation archéologique ; c'est bien sur une seconde mise au tombeau du passé (et du père ?) que se clôt ce fragment rendu si vivant par l'organicité intemporelle de ses notations, comme si la remémoration rencontrait là non plus la fascination d'une distance réversible mais bien un « cul de sac », le fourvoiement de l'écriture dans une zone morte — porteuse peut-être d'un autre ordre de fascination :

> Tout cela se passait dans [...] des boutiques moisissantes et sans fenêtres, au carrelage spongieux, où des femmes, sans âge, endeuillées, empesées, encoiffées, ensachées jusqu'aux pieds dans une penderie informe, vendaient des bâtons de réglisse, des talonnettes à pivot, des hameçons, des bougies, des guimpes, des tire-boutons, des *cache-corset.* (*L2* ; II, 353)

Les énumérations s'acharnent ici sur le caractère irréversiblement révolu d'un passé centrifuge, d'un passé qui se soustrait de manière définitive aux pouvoirs d'actualisation de la mémoire et de l'écriture, et dont rend fortement compte la fin d'un autre fragment de cette même section « Distances » — consacré celui-ci à la comparaison des bruits enfantins du Saint-Florent de jadis et de celui d'aujourd'hui :

> Les années referment derrière nous des portes : avec le monde de nos commencements, qui se recrée derrière nous, sans nous, non seulement toute communication est interdite, mais la perception même nous en est retirée : le mécanisme par lequel l'enfance détecte l'enfance et la rejoint n'est guère moins secret et mystérieux que celui qui rassemble pour les noces les espèces rares de papillons. (*L2* ; II, 344-5)

L'évidement ne tient plus ici, comme il le fait dans *La Forme d'une ville*, à cette raréfaction des signes et des sensations qui laisse libre cours à l'afflux du virtuel ; il résulte du retrait de toute relation sensible à ce que l'écriture ramène dans ses filets, à une perte d'organicité qui expulse l'objet — on l'a vu — hors du champ du représentable. L'accumulation des détails produit l'effet inverse de celui observé à propos de la voiture de M. Poirier père : elle rencoigne l'évocation du passé au lieu de la mettre en circulation ; elle souligne le caractère inappropriable d'un bric-à-brac.

On retrouve là l'opposition, déjà mentionnée, entre le *germen* qui dit la transmutation littéraire possible de l'expérience, et le *soma* qui en est le laissé pour compte. Il n'en demeure pas moins que Gracq note ce dernier, qu'il clôt sur lui, comme on vient de lire, plusieurs de ses fragments (et non des moindres) — comme pour signaler, concurremment à l'ouverture qui illimite les textes dans le blanc et multiplie entre eux les relations possibles, combien les coups de sonde lancés dans le passé définissent un espace exigu et borné, menacé par une prégnance finalement envahissante de la distance. On conçoit bien que de telles impasses figurent plutôt dans des recueils éclatés tels que les deux volumes de *Lettrines* ou *Les Carnets du grand chemin*, qu'elles n'aient que peu droit de cité dans *La Forme d'une ville* et pas du tout dans *Les Eaux étroites*. Les souvenirs centrifuges sont en effet indissociables d'une discontinuité qui fracture brutalement la relation entre présent et passé et n'assigne celui-ci que pour une fin de non-recevoir. Gracq leur a néanmoins consacré un volume, *Autour des sept collines*, et l'impression de malaise laissée par ce livre à nombre de ses lecteurs (et même à des critiques gracquiens aussi avertis que les éditeurs de la « Pléiade ») est sans doute largement due à ce que se révélait là, loin de toute euphorie de la réversibilité et de toute promesse d'un advenir, une forme non pas inédite mais jusqu'alors largement résiduelle du passé et de son institution dans l'écriture. Que cette forme puisse paraître plus ingrate regarde chacun. Mais elle manifeste bien, dans la sensibilité gracquienne du temps et dans les projections spatiales à travers lesquelles elle se rend représentable, une zone essentielle où justement la représentation s'attache et s'irrite à ce qui lui résiste, où le dehors de l'écriture se laisse éprouver plus à nu — une zone qui à certains égards n'est pas moins fascinante pour l'écrivain et pour l'écriture que ne l'est celle dont elle est le revers. Une note de *Lettrines* signale cette attention de l'écrivain à ce qui autorise la superposition de l'actualité temporelle et de l'actualité de l'écriture, mais aussi à ce qui s'y refuse. Il s'agit de « *[d]eux passages de Shakespeare* » (*L1* ; II, 196) (extraits de *Macbeth* et de *Hamlet*) qui « *émeuvent toujours très particulièrement* [*l'auteur*], *et pourtant dans des scènes très secondaires* » : « *Pourquoi ces deux passages ? L'un, je pense, parce qu'il pressent, l'autre, parce qu'il ne pressent pas. Rien d'autre ne m'a jamais intéressé au théâtre, ou presque.* ».

réseau et points de rupture
une topographie de l'intensité

La projection tabulaire du temps, inhérente à l'écriture fragmentaire, apparaît dans *La Forme d'une ville* fréquemment sollicitée selon deux dynamiques antagonistes et complémentaires de l'organisation spatiale. La fusion entre le discours commentatif et les notations sensorielles, réalisée à un haut degré dans *Les Eaux étroites*, s'y fait en effet bien moins. Se produisent des effets de tension sémantique entre ce qui relève de la pure intensité et ce qui déploie dans sa continuité le réseau de la toile d'araignée (*FV* ; II, 872) tissé par le texte — réseau qui constitue son mode d'organisation (le principe d'élaboration de ce que l'on peut appeler, en un sens plus cartographique que rhétorique, son « plan ») et l'espace selon lequel, dans cet ouvrage, la remémoration peut faire sens. Un exemple parmi bien d'autres possibles est fourni par un souvenir illustrant les « *changements progressifs* » (862) par lesquels se signale pour l'écrivain « *l'approche d'une ville* » :

> Quand j'arrivais chaque été à Pornichet pour les vacances, ce qui m'avertissait de loin de son approche, au cœur de la campagne intérieure si morne, c'était d'abord les premières cimes des pins pointant isolément par-dessus les haies vives, puis quelques barrières ripolinées de neuf, puis trois ou quatre villas soudain claironnantes de blancheur contre les arbres, comme des gourbis dans une palmeraie [...]. (*FV* ; II, 862-3)

Entre le propos et son illustration la congruence est parfaite ; mais le souvenir, isolé par sa propre cohérence isotopique (l'opposition du morne à l'éclatant, de l'indistinction à la précision ponctuelle) tend à s'excepter de son plan d'incidence et à déplacer la fonction de l'évocation : celle-ci, soudain, n'évoque plus rien — sinon sa propre singularité émancipée de l'intention illustrative qui l'avait suscitée. Encore n'est-il noté que des intensités sensorielles ponctuelles, inaptes à faire paysage, dont l'émergence fulgurante se substitue un instant à la cartographie du réseau qui l'inscrit. L'économie discursive de la vignette est opposée à celle de ces points de rupture qui jettent au fil de la remémoration l'éclat fugace de leur singularité perceptive. Les vignettes rompent avec la linéarité narrative pour instaurer l'espace clos d'une réversibilité temporelle et d'une plénitude poétique — idéalement proche, comme on l'a vu, du stéréotype qu'elles se gardent toutefois de rejoindre tout à fait. En ce sens elles proposent des figures de coïncidence à soi et de plénitude sémantique. À l'inverse, les points de rupture émiettent le discours, l'attirent incidemment vers le particulier ; le plan vers lequel ils basculent est celui de la «*juxtaposition pure*» (*SC* ; II, 933), de la mosaïque.

Entre le plan où s'étend avec ses radiales la toile d'araignée et celui, dépourvu de lignes de fuite prolongées, de la mosaïque se multiplient de fugaces jeux de bascule qui tout à la fois alimentent les superpositions mémorielles et interrompent la transmission d'un sens par le discours. L'émiettement juxtapositif est en effet volontiers associé par Gracq à une perte de lisibilité. Les descriptions de la campagne italienne dans *Autour des sept collines* sont éloquentes, qui en soulignent l'absence de lignes organisatrices (« *une juxtaposition de bosses et d'alvéoles que rien n'innerve* » (*SC* ; II, 888)) comme l'absence de perspective temporelle (« *C'est le lieu sans horizons de toute une histoire émiettée, d'intérêt communal* [...]. » (887)). Les *puncta* (au sens barthien du terme) qui multiplient sur la trame de la remémoration leurs points d'ignition, à la fois foyers d'intensité poétique et notations sensorielles dé-sémantisées, réorientent cependant — en un paradoxe qui authentifie l'écriture fragmentaire de Gracq — le déploiement discursif et sémantique de cette trame : les points de décrochement d'un plan à un autre deviennent volontiers les bifurcations du frayage de la remémoration, et les micro-effondrements du sens le lieu d'un recentrage du sens.

Tel est le cas pour l'évocation «*dans le Nantes d'aujourd'hui d'une ligne de fracture*» (*FV* ; II, 827), d'une «*cicatrice mal refermée*» causée par le comblement des deux bras de la Loire «*de part et d'autre de l'ancienne île Feydeau*». Ce passage est le seul de l'ouvrage où le procès actualisant de l'écriture rencontre une impasse, analogue à ces souvenirs centrifuges dont *Lettrines 2* fournissait l'exemple. Or plutôt que de succomber aux regrets ou à la nostalgie d'un paysage urbain perdu, le discours dévie alors vers des notations parallèles sur le thème des « *déchirures que crée momentanément en plein centre d'une ville l'arasement d'un quartier vétuste* » — notations décrochées en vérité, où les expériences topographiques de l'écrivain sur le plateau Beaubourg ou sur le mont Palatin s'actualisent sur un plan autre : celui d'une construction onirique ou mythique qui substitue sa topographie réconciliatrice à celle, éventrée, de la ville en chantier : « [...] *c'était le seul point de Paris sur lequel on voyait tomber en nappe unie le clair de lune, comme sur une clairière de forêt.* » ; « [...] *c'étaient les friches, les pâtis de chèvre semés de chicots rocheux sur le mont Palatin* [...] *où le vent inclinait les herbes sauvages en plein cœur de la ville* [...]. » : les lieux de l'immémorial (la nature sauvage) recousent fugacement, avant que le discours ne reprenne ce thème de la déchirure, ces blessures de la mémoire dont l'espace nantais exhibe la projection ; les sensations ici évoquées — respiration retrouvée, air salubre de liberté — ne font pas sens en elles-mêmes (aucune notation sensorielle ne le fait), mais le menu réseau qu'elles constituent désigne souterrainement un plan où l'écriture de la remémoration conjure l'impossible actualisation d'un secteur de la mémoire et de la ville.

Les glissements qui se produisent entre le plan dominant du discours et les *puncta* ne se font pas sans craquements ni coutures, et c'est là un des traits stylistiques caractérisants de *La Forme d'une ville*, que ne connaît pas *Les Eaux étroites* (où l'écriture nous immerge dans le continuum de la réversibilité temporelle), et que connaît à un moindre degré *Autour des sept collines* (où l'implication sensorielle du narrateur est à la fois moins vive et plus négative). En témoignent les transitions par lesquelles s'opère la jonction entre les plans — transitions maladroites, trop délibérément scolaires (me semble-t-il) pour n'être pas l'indice d'une tension[38], ou encore l'absence de transition,

38. Citons, à titre d'exemple de ces phrases chevilles (dont on trouverait aussi des exemples, non moins laborieux, chez Chateaubriand ou Balzac) : « *Plus attirantes, plus riches d'images que ces promenades sans âme qui nous conduisaient au débouché des routes de grande communication* [...] *étaient pour moi celles qui finissaient en impasse* [...]. » (*FV* ; II, 801). Ou encore, pour assurer le passage de l'évocation de la vie (plutôt exsangue) des rues à celle (plus vivante) des stades : « *Cependant, il y a des lieux où, même plié, et plus étroitement qu'ailleurs, à la loi d'une collectivité, l'élément humain m'est apparu de bonne heure en gloire : ces lieux prestigieux sont les stades, et c'est Nantes qui me les a fait découvrir.* » (853).

qui ajointe à vif les dés de la mosaïque et met à profit les effets de coq à l'âne propres à l'écriture fragmentaire. La juxtaposition, nette ou jointoyée, laisse du jeu ou du flottement entre les pièces de l'appareil qu'elle assemble. Il appartiendra à *Autour des sept collines* d'explorer les effets d'une spatialisation figée du temps.

2. Nommer et voir : les topographies du sens.

noms et réseaux discursifs

Le double processus de dé-sémantisation ponctuelle survenant dans le réseau discursif et de re-sémantisation, sur un autre plan, à partir de ces *puncta*, se retrouve exemplairement dans l'onomastique — à laquelle *La Forme d'une ville* confère une importance plus remarquable encore que les autres œuvres. Les noms propres, comme l'on sait, n'ont pas de signification ; plus encore que les notations sensorielles qui doivent le traverser pour dire l'expérience concrète, ils font l'économie du signifié. En cela justement réside leur pouvoir d'actualisation, qui n'est pas le centrement discursif de la superposition temporelle mais plutôt ce qui permet, de manière privilégiée, à ce centrement de s'accomplir dans l'immédiat. Le rapport aux noms propres est relation directe à la présence même des êtres et des choses, à cette singularité qui ne peut dire leur essence qu'en termes nominalistes[39]. La « *vieille photographie* » (*CGC* ; II, 1032) de famille prise à Saint-Florent en 1913 ou 1914 et retrouvée dans « *un album oublié* » révèle plus que tout ce pouvoir qu'ont les noms propres, comme dans la préface écrite par Henry James pour *L'Autel des morts*[40], de devenir les seules réalités vivantes d'un monde qui a entièrement sombré dans le révolu, basculé audelà de toute distance réversible entre le présent et le passé. « *Les*

39. L'entretien accordé par Gracq à Jean Roudaut précise clairement l'absence de signification des noms propres dans l'œuvre de l'écrivain : « *Les noms propres, dans un roman que j'écris, ont pour moi beaucoup d'importance. Mais leur tri est de nature purement vocale. Pas de signification symbolique — du moins pour moi car le lecteur en trouve parfois une.* » (II, 1211).

40. Henry James, préface de *L'Autel des morts* ; repris in *La Création littéraire. À la recherche du Proust américain* (Paris, Denoël, « Médiations », 1980)

deux chiens Black et Follette » (1033) en sont l'exemple le plus sensible, qui

> [...] paraissent brusquement les plus mortes de toutes les existences qui fleurissent ici côte à côte si naïvement : comme si le cycle de vie plus bref de ces bêtes menues [...] doublait ou triplait leur éloignement dans le temps, dans un passé que leur petite existence falote, ainsi amarrée à la nôtre, semble rendre plus révolu encore. (*CGC* ; II, 1033)

Nommer les morts permet là encore de conjurer l'entropie centrifuge du passé et de conférer à l'écriture les puissances de la résurrection — une résurrection en l'occurrence sans prolongements et qui se suffit à elle-même : « *Je sauve ici leurs noms, tout comme celui de notre chien* Caillou, *de l'anonymat si humble et si mélancolique des générations canines.* ».

La *nekuya* ainsi accomplie par la dénomination n'a pas chez Gracq, contrairement à ce qui se produit chez Proust, le pouvoir de tirer avec elle « l'édifice du souvenir ». Elle agit par contiguïté, éveillant avec la présence du nom propre le contexte immédiat de celle-ci, ne laissant bien souvent accès à quelque lisibilité dans la mémoire que lorsque les noms forment une constellation[41]. Cette figure stellaire, qui emblématise dans l'espace la discontinuité des réseaux de l'écriture fragmentaire, se superpose à celle, précédemment commentée, formée par la dynamique du centre et du rhizome. Les « *constellations verbales* » (*FV* ; II, 873) que forment pour l'écrivain les noms des lieux-dits du pays nantais ou les rues de certains quartiers de la ville n'ont de motivation que personnelle et affective : elles n'objectivent pas essentiellement des trajets qui leur correspondraient, mais constituent en elles-mêmes une essence secrète où se concentre dans la mémoire et se redistribue dans l'écriture la réalité vivante et singulière d'une expérience urbaine : « *C'est la toponymie, ordonnée comme une litanie, ce sont les enchaînements sonores auxquels procède à partir d'elle la mémoire, qui dessinent sans doute le plus expressivement sur notre écran inté-*

41. Voir *La Forme d'une ville* :

> Les noms vraiment évocateurs de Nantes, chacun à leur manière, sont des noms qui ont rompu avec leur origine historique ou anecdotique pour venir former en moi une pure constellation verbale, où la figure de la ville se trouve emprisonnée et exaltée, comme dans ces anciennes cartes du ciel qui surimposaient au canevas formé par les étoiles les contours matériels du Chien, de l'Ourse, ou du chasseur Orion [...]. (II, 873)

rieur l'idée *que nous nous faisons, loin d'elle, d'une ville.* » (874). Les superpositions qui s'effectuent entre les réseaux de la mémoire, ceux de la topographie et ceux de l'écriture, trouvent une de leurs clefs les plus opératoires : la toponymie est à la croisée de ces trois plans qu'elle fait immédiatement communiquer entre eux — en quoi, plus exemplairement encore que les sensations ponctuelles dont l'accès à la langue n'est pas donné d'emblée, elle constitue comme telle à la fois un espace de réversibilité et un espace de manifestation.

La relation entre les réseaux topographiques et discursifs et ces *puncta* que sont, au même titre et davantage encore que les notations sensorielles, les noms propres, semble à cet égard pouvoir être lue en deux sens. Ceux-là inscrivent ceux-ci, garantissent leur expansion textuelle par le commentaire et l'entrelacs des figures, sémantisent et contextualisent les noms qui n'ont sans eux aucune consistance aux yeux du lecteur, actualisent les virtualités dont ils sont secrètement porteurs. Dans la toile d'araignée — espace organisateur premier — viennent se prendre les toponymes :

> Dans cette toile viennent s'engluer en désordre des noms de lieux, qui colorent autour d'eux et tirent de l'ombre, comme une source lumineuse, tout un lambeau de la ville, des itinéraires trop souvent empruntés que le pas n'a pu oublier, des instantanés qui ne se recoupent pas et qui projettent sur la cité, plutôt qu'ils ne la recomposent, un canevas troué dans les interstices duquel flottent des zones opaques, pareilles à celles d'un cliché mal développé qui ne se révélerait que par taches discontinues. (*FV* ; II, 872)

D'autre part, les réseaux de la toile d'araignée apparaissent à leur tour suspendus aux toponymes, tout comme le monde familial regroupé sur la photographie ne peut s'actualiser que halé par les noms propres qui lui confèrent soudain une consistance mémorielle et le rendent soluble dans l'écriture. De ce second sens de lecture témoignent certains noms particulièrement gonflés de substance, susceptibles de susciter une expansion narrative ou discursive. Le nom sécrète alors un pan du réseau, dont il se fait la matrice et le centre. L'exemple le plus flagrant dans *La Forme d'une ville* en est le nom même de Nantes, dont l'écrivain précise qu'il n'a livré sa singularité que dans la distance favorable au souvenir. Le nom toutefois — chez Gracq comme chez Nerval — ne saurait conserver son magnétisme qu'en éludant finalement la glose qui tente de le circonscrire : « *Ville difficile à cerner, emmitouflée dans son nom capitonné comme dans une défense élastique. Ni tout à fait terrienne, ni tout à fait maritime : ni chair, ni poisson — juste ce qu'il faut pour faire une sirène.* » (872). La pirouette finale qui restitue le nom à sa densité mystérieuse signale ce qui distingue un tel commentaire de ceux que suscitent par exemple, chez Proust, Guermantes ou Balbec : l'expansion du réseau autour du toponyme, délibérément, se veut lacunaire et flottante.

Deux fragments presque consécutifs des *Carnets du grand chemin* résument bien, dans leur opposition, les polarisations possibles de la relation entre le nom propre et l'expansion textuelle. Le premier évoque les souvenirs d'une semaine estivale sur la «*plage de* l'Ariadne» (*CGC*; II, 946), à Ajaccio, évocation vouée au soleil et la mer mais dont la dominante sensorielle apparaît inséparable des refrains de chansons à la gloire de Napoléon repassant inlassablement sur le «*pick-up*» du «*petit bar de la plage*». Le rythme de *L'Ajaccienne* de Tino Rossi, dont les vers s'entrelacent aux activités de plage, crée à travers ce bref récit un effet de cristallisation verbale par lequel le souvenir peut prendre corps — processus dansant qui aboutit, au terme du fragment, à sa pure figure synthétique sous les espèces d'un mot : « [...] *ce fut une semaine tout entière, une semaine glorieuse de* Napoleonwetter » (947). Le texte devient après coup l'expansion narrative anticipée d'un nom qui l'absorbe et l'emblématise — non sans quelque distance ironique dans la forgerie de l'hapax et dans la note de Gracq qu'elle appelle en bas de page ; il devient aussi, conjointement, l'image d'une logique narrative et d'une logique onomastique en quête l'une de l'autre et finissant, au prix toutefois de cette nouvelle pirouette, par coïncider.

C'est à l'inverse l'insolubilité de ces deux logiques que met en œuvre le texte consacré à l'évocation du Vallespir. Le fragment débute par le nom, comme prononcé dans le souffle par l'italique inaugurale, et par la glose du vocable (« *Vallée des soupirs, mais non pas au sens de "vallée de larmes" ; vallée plutôt du souvenir amoureux* » (*CGC* ; II, 948)). Or l'expansion que constitue le commentaire onomastique se trouve contestée par cette autre expansion qu'est la description de paysage à laquelle le nom donne lieu par ailleurs, et qui présente au rebours la vallée comme « *une rocaille ingrate* », une «*fissure isolée qui ne mène nulle part*», une «*petite écharde de vie coincée dans le roc* ». La suite du texte oscille entre ces deux logiques verbales, l'enchaînement dense des noms propres suscitant en alternance les évocations arides (Arles-sur-Tech, la sierra de Gredos, la vallée des Hurdes) et les évocations fraîches (Prats-de-Mollo, Montlouis, Gavarnie) qui prolongent l'une et l'autre de ces logiques sans parvenir à les faire coïncider, à résoudre le conflit ici manifeste du nom et du récit.

logique verbale et logique visuelle

Il est toutefois dans les *Carnets du grand chemin* un fragment qui développe une rêverie onomastique comparable à celles suscitées par Nantes ou plus modestement par le Vallespir, mais où le conflit entre les logiques verbales semble idéalement résolu. Il s'agit de la page amoureusement dévolue à la «*pavée*» (*CGC*; II, 1021), c'est-à-dire «*à Saint-Florent, exclusivement, le tapis compact de pétales effeuillés dont on recouvrait les carrefours et les reposoirs le jour de la Fête-Dieu*». L'évocation de la «pavée», trop réflexive pour faire une vignette, manifeste l'extrême limite des puissances conférées par Gracq au langage : l'aptitude d'un mot à susciter par sa plénitude même la présence plénière d'un monde révolu. À l'inverse de la réserve qui suspend *in fine* l'exploration onomastique de Nantes, le fragment entend ici exprimer tout le suc du mot, à l'instar du geste qui laissait jadis entièrement défleuris les jardins de Saint-Florent — geste qui ferme le texte sur une image d'épuisement. Le mot pourtant conserve après l'évocation toute sa puissance suggestive : sa prononciation, contrairement aux effets décroissant produits chez Proust par la dégustation réitérée de la madeleine (c'est plutôt vers la magie des «*flacons de Baudelaire*» que se tourne l'écrivain), éveille à chaque fois les «*parfums tournoyants de jardins suspendus*» (1022) et la vision progressivement panoramique de la bourgade. L'intensité renouvelée du souvenir tient en l'occurrence à la verbalité première de sa substance, dont le fragment offre à la fois une expansion consonante se repaissant de sa richesse connotative, et un répondant. L'assèchement, noté par Gracq à propos de ses romans, des sources vives de l'imaginaire et de la mémoire par l'écriture ne se produit pas ici : le processus en effet n'est pas celui des vases communicants qui vident la présence du vécu au profit de celle de la littérature; il est plutôt l'institution simultanée du mot dans la double épaisseur du langage et du réel — ces deux épaisseurs superposant parfaitement leurs singularités sans substitution ni transposition de l'une à l'autre (l'évocation de la « pavée » n'est en rien une *ekphrasis*). L'exemple est ici celui d'une coïncidence idéale entre le nom et le réseau, la circularité du souvenir et celle de l'écriture s'épousant sans reste dans l'espace clos et suffisant du fragment.

Notons au passage que la même coïncidence relevée à propos des espaces qu'institue l'Histoire (en l'occurrence les « *champs de bataille de Verdun* » (*L1* ; II, 238)) produit non pas une plénitude euphorique analogue à celle du souvenir de la « pavée », mais au contraire un effet dysphorique d'« inquiétante étrangeté » : celui d'une implacable et énigmatique ironie qui voue un lieu à la fatalité d'un nom. Des collines basses de Verdun, « *d'une précision magnifique, presque instrumentale* », « *telle de celles-là, de toute éternité on dirait, était faite pour s'appeler la cote 304* ». La coïncidence parfaite surexpose dans l'Histoire la distance qu'elle abolit dans le souvenir.

La dénomination permet de reconduire le langage à ses puissances créatrices. *Nantes, la pavée, la cote 304* — autant de noms qui par le dire instituent l'être[42] ; qui désignent moins des réalités qu'ils ne les assimilent à leur substance verbale indéfiniment disponible dans l'intemporalité de la langue comme dans le présent de l'énonciation. Entre le nommer et le voir se maintient une différence de logique temporelle dont les textes ne résolvent que rarement la tension, et que l'écriture de la remémoration, en devant presque toujours jouer sur les deux plans, permet de manifester avec une singulière acuité. « *Les instantanés qui se succèdent sur l'écran intérieur quand on essaie d'y projeter les tableaux d'une ville familière* » (*FV* ; II, 876) sont, écrit l'auteur de *La Forme d'une ville*, « *moins suggestifs que l'entrelac des noms emblématiques qui vient se suspendre à une ville, et véritablement l'évoque* ». C'est que l'espace visuel de la remémoration, pour aussi richement feuilleté qu'il soit, reste essentiellement figé, « mettant à plat *la masse, le volume émouvant et*

42. Gracq se soucie peu d'ontologie et si ses rares références à Heidegger sont marquées par l'indifférence, c'est que la question de l'être n'a pour lui que peu à voir avec la littérature (voir II, 1227). Ce qui lui importe, en revanche, c'est l'aptitude du mot à rejoindre l'épaisseur d'une sensation ou d'une expérience, la vérité d'un coup d'œil. L'écriture alors ne se relève pas de « *ce mode de présence-absence qu'est la fiction* » mais, de manière plus ponctuelle, d'une quête de la coïncidence qui est au cœur des textes fragmentaires.

indivisible qu'est d'abord, pour le sentiment que nous en avons, une ville». La diminution d'être inhérente au souvenir visuel tient à ce qu'il substitue la surface à la profondeur, l'ostentation immobile du simulacre à la sourde animation de la vie. *La Forme d'une ville* autant que *Autour des sept collines*, qui en est ici encore l'envers, manifeste cette opposition à travers celle des rues (qui seules retiennent l'attention de l'écrivain, ou du moins orientent sa perception du visible), et des monuments — discrédités, délibérément ignorés, relégués au magasin des cartes postales pour touristes. «*Clichés intimes*», «*jeu de cartes postales*», les «vues *intérieures*» substituent en fait aux «*vrais souvenirs*» des «*documents d'archives intimes, classées et répertoriées*». La part visuelle de la mémoire parasite cette dynamique du centre et du rhizome, du réseau et des points de rupture, qui conditionne ces procès conjoints d'actualisation que sont la mémoire et l'écriture de la remémoration. Ce parasitage bloque autant l'aptitude du passé à se faire promesse et à exister dans l'ultérieur que celle de l'écriture à instituer la réversibilité : «*Il est curieux que pour moi ces* vues *intérieures que je garde de Nantes vont jusqu'à revêtir un caractère résolument passéiste.*»[43].

Le discrédit du visuel apparaît dans ces pages avec une violence qui peut surprendre chez un paysagiste aussi puissant que l'est Gracq, et dans un ouvrage qui sollicite continuellement cet ordre de sensations. Il convient à cet égard de distinguer du pur visuel le voir selon l'usage privilégié qu'en fait l'écriture gracquienne — voir qui n'a de sens que produit par l'économie verbale (dans les œuvres fictionnelles), ou ressaisi par celle-ci en un jeu plus ou moins conflictuel qui définit plus proprement l'écriture fragmentaire (*Autour des sept collines* et *Les Eaux étroites* en constituent de ce point de vue les pôles extrêmes). Le visuel pur est chez Gracq hypnotique et en cela même fascinant ; mais c'est une fascination pour les choses mortes, une «*radiographie insidieuse de la mémoire visuelle, où le squelette seul transparaît derrière l'élision du tissu conjonctif*» (*FV*; II, 877). Et l'écrivain de proposer plusieurs de ces «*images neutres que la vie*

43. On relève à l'inverse, dans *Lettrines 2*, une remarque sur la transformation des coordonnées sensorielles survenue dans les campagnes entre jadis (avant la dernière guerre) et aujourd'hui : «*La vue partout supplante l'ouïe, si longtemps ici aux aguets des bruits cachés : d'une ferme à l'autre un signe de main traverse une distance que franchissait seulement le chant du coq.*» (*L2* ; II, 347).

évacue » (876), fruits d'une mémoire reproductrice et non productrice, qui viennent rejoindre la « minéralité » spectrale du « *Rêve parisien* » de Baudelaire. Le pur visuel est en conséquence à peu près exclu de l'écriture fictionnelle de Gracq (il y serait un élément hétérogène, une greffe *a priori* impossible pour l'écrivain), alors que la dynamique d'actualisation du voir constitue en quelque sorte la fable — éminemment réflexive — du *Rivage des Syrtes* : l'observateur qu'est Aldo (il est « *les yeux d'Orsenna* » (I, 557)) réveille le virtuel d'une inscription événementielle assoupie depuis des siècles ; le visible change en l'espèce de statut, qui n'est plus ce qui se tient immédiatement sous le regard (et dont le capitaine Marino s'entend à fixer le cliché, circonscrit d'une auréole — en l'occurrence celle de la lampe électrique), mais au contraire ce qui appelle son objectivation par le récit et tend à rejoindre les prescriptions de la parole (parmi d'autres celle du prédicateur de Saint-Damase, celle de la chronique, ou celle que font circuler ces « *bruits* » (*RS* ; II, 631) — qui inquiètent tant le policier Belsenza).

Le Rivage des Syrtes institue donc l'espace fictionnel du voir, ou est l'histoire de cette institution dont rendent également compte, *a contrario*, les critiques formulées par Gracq à l'encontre du cinéma. Rappelons que l'infériorité du cinéma par rapport au roman tiendrait, aux yeux de Gracq, à « *la part de remplissage neutre, inactif et insignifiant* » (*En* ; II, 719) qui encombre l'image filmique de toutes sortes d'éléments parasites, étrangers à l'action comme à la volonté du réalisateur et « *qui sont seulement là, capturés en état de totale non-participation par la pellicule sensible* ». D'où la juxtaposition en chaque image de deux séries hétérogènes « *qui n'entrent pas plus en combinaison que l'eau et l'huile* » (720) : « *celle de la contingence naturelle et celle de la cohésion impliquée par l'art* ». Le cinéma se caractériserait donc ici par l'« *émulsion* » instable, à laquelle le condamnerait la caméra, du visuel pur (inerte et sans emploi) et d'un voir construit. Il n'importe guère pour notre propos que ce voir — précisément objectivé par la présence de ce qui est filmé — soit sans grand rapport avec celui qui agit dans les romans, entièrement absenté et absorbé par les plans de la dynamique verbale (l'auteur de *En lisant en écrivant* en fait la démonstration à partir d'adaptations cinématographiques célèbres de *Le Rouge et le noir* et de *La Chartreuse de Parme* (722)) ; mais la part de la « *contingence naturelle* », par définition absente de la fiction, fait bel et bien retour dans la mémoire où elle impose la longévité des impressions rétiniennes, et comme telle elle introduit dans l'écriture de la remémoration une zone de litige non négligeable : la frange du pur visuel signale ce qui résiste à la transmutation littéraire et au parcours lent et ramifié (rhizomatique) à travers lequel le monde fait signe à l'écrivain. C'est non seulement le dehors de l'écriture fragmentaire, toujours repoussé et par là même définitoire, qui se trouve impliqué, mais aussi toute une part de la sensibilité gracquienne où l'Histoire se trouve sans doute plus spécifiquement assignée que le souvenir, et dont *Autour des sept collines* se propose l'exploration tardive et réticente.

Il se pourrait donc bien, en définitive, que l'exemple du cinéma tel que l'analyse *En lisant en écrivant* puisse fournir, non pas certes un modèle, mais un comparant susceptible d'éclairer les relations entre le voir et le dire dans l'écriture fragmentaire. Les « *deux séries* » (*En* ; II, 720) de la « *contingence naturelle* » et de la « *cohésion impliquée par l'art* », évoquées à propos du cinéma, se retrouvent en effet thématisées dans de nombreux textes fragmentaires. Sans doute ceux-ci ignorent-ils largement les intrusions incontrôlées d'éléments parasites (la plume trie ce qu'elle note, et ne peut en tout état de cause que noter l'absentement du réel dans les signes) ; sans doute encore les fragments, écrits à distance de leur objet, sacrifient-ils fort peu — même dans les descriptions les plus précises — à l'apparente gratuité de ces « effets de réel » auxquels Roland Barthes a consacré un article célèbre[44] (on peut en trouver des exemples, d'ailleurs aussi discutables que ceux de Barthes, sur lesquels il est inutile d'insister). Mais la disparate des pures notations sensorielles et des réseaux narratifs ou discursifs auxquelles elles sont « suspendues », dont j'ai tenté plus haut de préciser le dynamisme producteur, instaure dans certains fragments un écart esthétique qui tient à l'incidence d'un vécu expérienciel sur le plan du déploiement littéraire. Le souci n'est pas alors d'homogénéiser des séries hétérogènes, mais de manifester leur différence dans la mesure où elle est comme telle génératrice de sens.

Une telle remarque vaut exemplairement pour *Autour des sept collines*, ouvrage tout entier bâti sur le constat de la disjonction

44. Roland BARTHES, *Littérature et réalité* (Paris, Seuil, « Points », 1982), pp. 81–90 : « L'effet du réel ».

entre le signe visuel et son interprétation, ou encore entre ce qui fait signe et ce qui s'y dérobe. Ainsi l'évocation de la baie de Naples se développe-t-elle sur un double registre : celui du regard, faussement comblé par une « *veduta* » (*SC* ; II, 891) où « *tout est beau, tout est bleu exactement de la manière qu'on attendait* », et celui des références littéraires dont le souvenir « *poursuivait* » (892) l'écrivain : *Graziella* de Lamartine et *Les Chimères* de Nerval. Or les résonances de ces œuvres sur le paysage contemplé sont révélatrices, dans leur opposition même, des modalités du litige entre le dire et le voir, entre un voir qui prend sens de s'absorber dans le dire qui l'inscrit et un voir qui résiste à une telle absorption. La confrontation du souvenir de *Graziella* au paysage laisse l'un et l'autre inertes : « [...] *la flasque et tiède nouvelle de Lamartine ne se réchauffe plus au panorama de Naples* [...]. ». Ce qui reste du texte dans l'esprit de Gracq (dont le paragraphe précédent donne un exemple allusif) est essentiellement d'ordre visuel, et entre comme tel en concurrence avec ce que le paysage donne à voir sans produire autre chose qu'un constat de discordance qui engloutit et annule aussi bien la référence que son support. *Les Chimères* à l'inverse constituent un souvenir magique dont la littérarité est assez forte pour transcender le visuel pur que *Graziella* avait laissé à lui-même, pour sauver par la splendeur du dire un voir en soi inapte à faire signe :

> [...] les deux sonnets [...] « *Myrtho* » et « *Delfica* » [...] non seulement continuent à blasonner le golfe de leurs vers énigmatiques, mais encore se substituent à lui plus qu'à moitié, en réajustent et en modulent le souvenir qu'ils nettoient de toutes ses scories, ramènent à une pureté, à une netteté de lignes emblématique. (*SC* ; II, 892-3)

Le voir contingent se trouve rédîmé de son insuffisante solubilité dans la littérature, et la fin du passage manifeste ironiquement à quel point cette transfiguration efface en définitive son caractère visuel : « [... *les vers de Nerval*] *rabattent les brumes du matin comme un manteau sur les laideurs du Pausilippe "urbanisé",* [...] *restituent au Vésuve sa fumée et à Cumes sa Sybille. Suis-je vraiment allé à Naples ? En tout cas, cela m'a à peine gêné.* » (893).

IV

TEMPORALITÉ DU SOUVENIR

1. Un « passé ultérieur ».

le « déjà-lu » et le « déjà-écrit »

Les pages terminales de *La Forme d'une ville* soulignent l'impuissance de l'écriture de la remémoration à rendre compte de son objet essentiellement fuyant : cette puissance germinative qui fait que le passé pousse ses prolongements dans un présent qu'il informe (telle est sa dimension archéologique ou généalogique), qui fait que le présent du souvenir et le présent de l'écriture prennent eux-mêmes forme de cette relation dont ils procèdent et qu'ils inventent indissociablement : « *Mais la vérité est que, ni par le sortilège de ces noms, ni par les instantanés qu'elle a gravés dans la mémoire, la ville ne se laisse tout à fait ressaisir.* » (*FV* ; II, 877). La « *poussée aveugle* » qui forçait l'enfant à s'extraire du cocon incubateur qui l'avait formé est doublement perdue ; elle ne peut constituer en fait qu'un énoncé disjoint de son énonciation, mettant celle-ci en crise et se dissolvant par là même. Le passé évoqué par *La Forme d'une ville* comme par *Les Eaux étroites* n'a en effet de sens et d'intérêt que dans la mesure où il est porteur d'avenir (« *tout n'y prend vie qu'autant qu'il exige d'être* développé »). En cela, il ne peut jamais être fixé sous la forme d'un moment autosuffisant dont l'évocation se justifierait en soi, mais apparaît comme ce que la « *poussée aveugle* » a dépassé et laissé pour compte : une chose morte, une ancienne mue, un vestige. D'autre part, la « *poussée aveugle* », qui est toute « *signe, pressentiment* », par définition ignorante de ce qui l'anime et de sa destination, est un objet impossible pour un présent de l'écriture situé du côté de l'advenu et du révolu, condamné à figer ce qui ne saurait l'être, à se saisir au travers de la réflexivité lucide de l'œuvre d'une germination sourde et aussi peu réflexive que possible.

L'un des paradoxes de toute écriture de la remémoration — paradoxe que les textes non fictionnels de Gracq manifestent avec une singulière acuité — consiste justement en ce que la littérature entend s'emparer d'états de la sensibilité où la littérature n'a point pris de part et qui lui restent donc essentiellement hétérogènes. L'on sait combien ce constat fondateur a pu susciter de tentatives pour contourner les formes et les schémas de cette littérarité qui s'interposait fâcheusement ; Gracq, tout comme Chateaubriand, Nerval ou Proust avec lesquels son écriture autobiographique entretient — à distance — un dialogue privilégié, se dispense à l'évidence de telles stratégies d'élusion (ou d'illusion) : toute son œuvre non fictionnelle fait au contraire de l'immersion dans la littérature le lieu même d'un accès — à la fois impossible et conditionnel — à cet hétérogène (au moins partiel) de l'écriture. Il apparaît donc nécessaire de penser de manière connexe, pour l'objet qui nous intéresse ici, le paradoxe temporel de la remémoration et celui de son lien — constamment affirmé, mais au prix de négociations variées et subtiles — avec la littérature.

Cette double postulation paradoxale appartient en fait à la réflexivité de l'écriture et de la lecture telle que la définit le discours métacritique de Gracq. L'écriture est en effet volontiers figurée par l'écrivain à travers la métaphore de la gestation et de l'expulsion, qui rend compte aussi bien de l'organicité de l'œuvre (fictionnelle ou non) que du caractère pénible en même temps que libérateur de son achèvement (cette remarque, comme on le sait à lire *En lisant en écrivant*, vaut à peu près exclusivement pour les romans) : « *Écrire un livre, c'est, d'une certaine manière, se débarrasser de lui, faire place nette d'une gestation à la longue oppressante pour revenir à cette liberté de l'esprit vacant qui, plus d'une fois, dans les derniers mois de travail d'un ouvrage trop longtemps porté, m'a paru par contraste si désirable.* » (*CGC* ; II, 1085). Mais si l'expulsion du livre se produit assurément comme la mise au monde d'une forme organisatrice (« *une prise de gage contre la labilité informe de la "vie intérieure", une cristallisation sensible* »), il n'est, d'autre part, de prise de forme que sous l'espèce d'un résidu qui expulse à son tour l'écrivain : ce que Gracq appelle « *le rapport de l'écrivain vivant avec le figé de ses œuvres achevées, qui sont aussi des œuvres mortes* ».

Le « déjà-lu *d'un roman en cours de lecture* » (*CGC* ; II, 1084) se laisse définir en opposition avec ce « déjà-écrit » de l'écrivain : en effet, la masse des signes déjà engrangés par le lecteur, et aussi bien tous les livres déjà lus dont toute lecture est peu ou prou convocation, « *ne se sédimente pas à mesure dans l'esprit du lecteur en un dépôt inerte, mais se transforme tout entière en aiguillon imaginatif. Ou pour user des termes de la mécanique,* [...] *cette masse inerte tout entière se transmue et se mobilise en poussée* ». On retrouve ici la « poussée aveugle » de *La Forme d'une ville*, formule congruente aussi bien à la dynamisation des signes par la lecture qu'à la mobilisation par un présent en plein devenir de tous les éléments matriciels qui l'entourent — et dont les textes voués à la remémoration s'efforceront d'exprimer le mouvement. L'évocation du passé s'apparente structurellement à ces deux relations contradictoires que sont celle de l'écrivain aux œuvres qui se sont détachées de lui et celle du lecteur en exercice aux signes ou aux livres déjà lus : le passé fait sens comme procès actualisant — en quoi la mémoire peut apparaître elle-même comme un espace d'actualisation ; mais la remémoration pétrifie quant à elle cette actualité en tentant d'en épouser le mouvement, obligeant l'écrivain à multiplier — en toute lucidité — les stratégies qui lui permettront à la fois d'identifier et de déjouer cette entropie inhérente à l'écriture : stratégies d'immersion dans l'acte de lecture, seul susceptible de construire les dispositifs par lesquels l'écrit pourra manifester la vie de l'écrire.

L'enjeu des œuvres fragmentaires est, dans cette logique, considérable : il s'agit en quelque manière de déplacer le processus de vases communicants qui, selon un entretien de l'écrivain avec J.-L. de Rambures, caractérise les échanges entre un livre écrit et les pans de la vie et de l'imaginaire dans lesquels a puisé ce livre : « [...] *il y a toute une région de souvenirs, d'émotions, d'images, que le livre — manqué, ou mené à bien — a asséchée d'un coup : c'est fini* [...]. *En écrivant des romans, on s'appauvrit.* » (II, 1190)[45]. Les œuvres fragmentaires puisent dans les mêmes régions intérieures, mais à la différence des fic-

45. Il y a quelque chose de balzacien dans cette image énergétique d'une création vampirisant son créateur : c'est, on le sait, tout le sujet de *La Peau de chagrin*.

tions, elles les prennent moins pour aliment que comme ce qui permet à l'écriture de les explorer en se retournant sur elle-même. Processus réflexif menacé par le regard qu'il suppose (« *comme dans certaines observations sur la structure de l'atome,* [...] *l'agression du regard suffit à elle seul à dénaturer le phénomène* » (*CGC* ; II, 1084)) ; mais processus qui évite le pur et simple transvasement d'un ordre de substance à un autre, ou du moins qui fait de ce transvasement même l'objet qu'il se propose de construire. Ainsi peut-être, et l'on comprend qu'il s'agisse là d'une préoccupation plus prégnante sur la pente déclinante de la vie, ce « *voyageur avec bagages* » (1085) qu'est l'écrivain pourra inverser — au moins virtuellement — l'encombrante dépossession de soi infligée par sa propre production romanesque :

> Voyageur avec bagages, bagages scabreux à déclarer parce qu'en chacun d'eux, il transporte un squelette, un pimpant squelette habillé, maquillé et fleuri comme ceux des reliquaires romains : ce squelette, c'est lui-même, ce sont autant de doubles de lui-même, arrêtés, conservés et momifiés aux différents âges de sa vie. (*CGC* ; II, 1085-6)

On conçoit que l'attention à la forme doive en l'occurrence être extrême — aux antipodes de l'autobiographique informe qu'accable Gracq dans *André Breton* à travers le *Journal* d'André Gide (« *tissu de pauvretés* » (*AB* ; I, 449), « *borborygme d'une digestion laborieuse* »). Que « la forme d'une ville » soit changeante n'autorise pas l'écrivain à desserrer sa quête de cette forme, mais l'oblige à en restituer aussi précisément que possible la labilité et la singularité. Un tel pari ne passe pas, comme on peut le supposer de l'auteur de « Pourquoi la littérature respire mal », par des préoccupations d'ordre technique : ce serait tenter de conjurer le squelette par un autre squelette, substituer à la distance problématique (et comme telle féconde) qui sépare la vie passée de la vie de l'œuvre une autre distance — artificielle celle-ci et porteuse des figures d'un figement mortifère. L'interrogation sur les signes, et sur l'histoire complexe d'une relation aux signes, est inséparable d'un refus de s'en faire accroire par eux.

En témoigne de manière constante, dans *Autour des sept collines*, l'hostilité de l'écrivain envers les formes esthétiques de l'Antiquité romaine qu'il juge anecdotiques et ostentatoires dans leur fausse symétrie, stéréotypées et répétitives : « *Ô Forums* à l'instar, *de Pompéi ou d'Ostie, théâtres en demi-lune, frontons en triangles, boutiquettes de brique, sempiternelles Vénus ombrageant du même geste vos toisons pubiennes* [...], *comme vous m'ennuyez, comme vous m'êtes indifférents !* » (*SC* ; II, 898-9). Ces « *sujets de pendule admirables* » (899) dont la « *monotonie* » gâte aux yeux de l'écrivain tout l'art du « *Grand Siècle, où triomphe en toutes choses le goût de la copie ou du postiche, du pseudo-antique à la* petite oie, *de la colonnade similigrecque à la perruque* » (*CGC* ; II, 1042), figurent l'envers négatif et le repoussoir des « *images dépareillées et parfois dérisoires* » (*FV* ; II, 878) que *La Forme d'une ville* propose comme « *images emblématiques* », et à travers lesquelles se cherchent conjointement les formes de la ville, de la vie et du livre. Ces images ne valent en effet que par leur dimension inchoative, qui les rend antérieures à tout modèle, et leur libre vagabondage au travers de références éparses et dépourvues de toute mise en perspective hiérarchique : images dont « *la clef* [...] *est tout entière dans le tri exercé souverainement, sur le chaos du donné, par une sensibilité encore sans guide et sans modèle, qui suivait sa seule pente, et à laquelle rien n'en imposait* ». Les vignettes mêmes, dont j'ai signalé la relation avec le stéréotype, témoignent de cette quête d'une singularité définie par la promesse : elles sont des figures de recommencement, non au sens néo-romain de la répétition mais au sens du rebroussement possible vers un état natif ; pièces parmi d'autres de ce dispositif contradictoire et mouvant par quoi seule la « poussée aveugle » peut tenter de passer dans l'écrire — loin de toute assignation à un lieu stable qui ne saurait être en l'espèce qu'un « mauvais lieu ». Alors seulement l'écriture pourra essayer de conjurer sa fatalité pétrifiante et de rejoindre les figures vivantes, « *brûlant fantôme — cyclone si tendre* » (*EÉ* ; II, 539), que la lecture sait faire vivre dans une proximité familière (« *à une portée de fusil* » !).

durée et événement

Le temps privilégié de la remémoration pourrait être le « passé ultérieur » — analogue propre à l'écriture fragmentaire de ce « *futur ultérieur* » (*En* ; II, 644) par lequel Gracq caractérise le régime temporel de ses fictions. L'inscription du souvenir est toujours celle de son happement (effectif ou refusé) par le futur, de sa distraction de la continuité durative qui était la sienne dans le temps référentiel : « [...] *le sentiment d'une référence décrochée de la durée projette vers l'avant et amalgame au présent les images du passé au lieu de les tirer en arrière.* » (*FV* ; II, 775). D'où une représentation du présent de l'énoncé essentiellement distendue et élastique, qui ne cerne presque jamais par lui-même le singulatif du passé mais en désigne l'épaisseur durative ou itérative : épaisseur globalisante d'un vécu épuré et ramené à ce qu'il y a de plus synthétique dans son immédiateté. C'est en ce sens que va un commentaire de Gracq, dans son entretien avec J.-L. de Rambures, à propos de son rapport à l'observation directe : « *Un lieu, un paysage, une promenade, j'en garde toujours plutôt une impression synthétique très unifiée : rien qu'un climat, un espace, un éclairage, une espèce de note musicale très précise : c'est cela que j'essaie de retrouver ou de rendre, si j'écris.* » (II, 1191-2).

L'effet produit par cette relation synthétique et distanciée à l'objet, caractéristique de la remémoration gracquienne, peut s'analyser selon deux polarisations aspectuelles. D'une part, se superposent ou s'ajointent deux zones temporelles passablement indécises : le passé évoqué qui laisse principalement affleurer ce que la répétition événementielle et sensorielle a laissé remonter dans la mémoire et qui ne vaut que pour autant qu'il pousse ses prolongements dans l'ultérieur ; le présent de l'évocation, lui-même entendu comme durée décantée par ce tri généalogique plutôt que comme moment précis de l'énonciation. D'autre part, sur ces zones flottantes que constituent les présents duratifs de l'énoncé et de l'énonciation, se manifestent ponctuellement les incidences d'une parole plus précisément localisée, propre à accrocher la présence immédiate de la sensation ou le détour d'une référence intertextuelle, la distance d'un commentaire ou une hésitation de la remémoration en train de s'écrire — toutes manifestations dont il conviendra d'examiner de plus près l'efficace au sein des dispositifs d'évocation du passé.

La durée n'est donc que rarement l'objet de la pratique fragmentaire, même lorsque celle-ci s'attache à caractériser une période un peu longue comme, par exemple, « *le laps de ces quatre années (1942-46)* » (*CGC* ; II, 1026) que l'écrivain a passées à Caen lorsqu'il était assistant à la faculté de géographie : les années, dans ce fragment, constituent un bloc homogénéisé par sa dilution, comme si l'écoulement somnolent des jours répandait son uniformité en dehors des signes pourtant régulièrement consignés de l'Occupation et de la guerre. Rien là qui puisse évoquer l'attente si prégnante dans les romans, et impliquer par là même la sensation de la durée. On rencontre ici une des pierres de touche de la séparation entre écriture fictionnelle (en particulier dans les trois premiers récits) et écriture fragmentaire : la durée dans celle-là est la temporalité de l'événement ; elle est inhérente au projet d'écriture et impose sa dimension à la plupart des réseaux thématiques. Ainsi par exemple, dans *Le Rivage des Syrtes*, des thèmes tels que la mer, le sable ou la nuit peuvent se distribuer selon les deux ordres de durée qui s'affrontent dans le roman : celui de la pérennisation du même (dont Orsenna est la figure et Marino le gardien) et celui d'une fermentation guerrière dont l'attente et le pressentiment — expression cette fois d'une durée tensive — occupent le plus clair du déploiement narratif. La durée propre de l'écriture fragmentaire ne réside au contraire, on l'a vu, ni dans un projet dont le morcellement ne peut que l'évacuer, ni dans un quelconque déploiement thématique puisque disparaissent les supports diégétique et scriptural qui pourraient le légitimer. Elle est plutôt l'espace homogénéisant, par là même dédramatisé, dont les événements textuels travaillent diversement — voire contradictoirement — l'épaisseur et la distance afin d'en manifester en chaque fragment ou ensemble fragmentaire la dimension processive. En ce sens la durée fragmentaire défait sa caractérisation comme objet pour devenir milieu conducteur et germinatif : milieu d'une événementialité qui consiste tout entière en un advenir sans téléologie ; milieu porteur d'une classe d'objets que les fictions ne pouvaient rencontrer que dans les déraillements du narratif.

Rappelons d'autre part ici cet autre critère, évidemment lié à la durée, qu'est la relation des écritures fictionnelle et fragmentaire à l'événementiel, ou plutôt la manière dont elles en définissent le statut. Cela apparaît d'abord, de manière commune à ces deux modes de l'écriture, dans l'existence ou non de l'événement comme tel[46]. L'événementiel de la fiction se propose dans les romans de Gracq sous les espèces d'une cristallisation finale, qui permet à la narration de s'achever en libérant brusquement la tension accumulée. À l'inverse, l'événementiel de la pratique fragmentaire est un pré-texte initial dont s'empare

46. Voir *supra* (« Continuité et discontinuité de la remémoration », pp. 39-40), l'analyse des *Carnets du grand chemin* (*CGC* ; II, 1018).

l'écriture pour tenter d'en déployer la textualité latente : ce qui lui conférera sens et existence dans l'ordre littéraire, et fondera par là même en retour la légitimité de l'entreprise d'inscription. L'événement n'est ainsi élu que pour autant qu'il pourra trouver dans le fragment non seulement un répondant susceptible de lui donner forme et signification, mais aussi son accomplissement événementiel dans un autre ordre : celui de la littérature.

D'où la différence de tons que l'on peut noter bien souvent entre l'attaque du fragment, généralement neutre et posant l'objet de l'évocation dans son extériorité, et un achèvement en forme de frappe clausulaire. Quelques exemples pris un peu au hasard dans les *Carnets du grand chemin* suffisent à en proposer un échantillonnage. Ainsi le rapprochement opéré par l'écrivain entre « *la vue plongeante qu'*[*il a*] *de* [*sa*] *fenêtre* » (*CGC* ; II, 1062) et *La Moisson* de Van Gogh trouve sa forme en aboutissant, après un bref détour paysagiste par la Provence intérieure, à un vers à la fois naïf et définitif de *Sagesse* (VERLAINE) où le tableau trouve enfin son équivalent le plus juste : « *la vie est là, simple et tranquille* ». Le fragment intitulé « Jardins potagers », qui le suit de peu, se termine sur une longue phrase détachée consacrée, à la manière de ces poèmes de Ponge que Gracq apprécie, à l'exaltation « *sur la langue et sur le palais* » (1064) du « *beau mot de* légumes ». Le texte suivant commence par un constat d'ordre historique à propos du « *côté incroyablement compliqué des dogmes de la religion chrétienne* », et achève sa réflexion comparative sur cette singularité du christianisme par le mot *drame* qui en donne à la fois la formule et la forme. Nombreux sont les fragments que closent une citation, une simple allusion littéraire, une brève sentence à caractère gnomique, une italique ou un trait d'esprit. Il y a là tout un art de la pointe qui n'est pas sans rappeler les adeptes de la forme brève aux XVIIe et XVIIIe siècles, de La Rochefoucauld à Lichtenberg, et auquel la pratique baudelairienne du poème en prose a fourni à sa manière — au-delà des recueils de fragments du Romantisme alle mand — un prolongement et une médiation.

La clausule finale, dans les fragments qui font ainsi sonner leur achèvement, n'est toutefois pas (ou pas essentiellement) ce qui clôt un texte sur la réussite ou l'autosuffisance du geste d'écriture. Elle est plutôt comparable à l'usage que fait Breton, selon l'écrivain, de la syntaxe de chacune des phrases : « [...] *un moyen de reconnaissance et de conquête, tout entier hameçons et cro-*

chets, tout entier tourné comme une antenne exploratrice vers l'extérieur [...]. » (*AB* ; I, 487). Il s'agit d'achever le fragment tout à la fois sur un point d'orgue qui l'accomplit formellement, et sur une note de résonance qui permette d'en prolonger le retentissement au-delà de lui-même. C'est également à cette dernière fonction (au détriment de la première) que renvoient les nombreux textes qui à l'inverse se refusent à la frappe clausulaire et se terminent en s'indéterminant, sur un mode mineur — voire en queue de poisson (ainsi le fragment consacré à Péguy (*CGC* ; II, 1072) finit-il par la notation entre parenthèses d'une réflexion adjacente). L'une et l'autre de ces manières de (ne pas) conclure désignent — à l'instar de ces boussoles dont l'orientation intéresse si fortement Gracq — la proximité d'une aimantation événementielle qui incite le texte à se faire à son tour, depuis l'espace littéraire qu'il fait sien, aimant et événement.

Peut-être convient-il de se souvenir, chemin faisant, que la relation de la littérature aux événements extérieurs a été mise au cœur des débats poétiques de ce siècle par les différentes sensibilités qui constituaient, pendant que Gracq écrivait, le paysage littéraire français : Surréalisme, existentialisme, « Nouveau Roman » — sans oublier la littérature chrétienne militante, peu présente dans l'œuvre critique de l'auteur mais dont il n'ignorait certes pas les textes. Définir l'événementiel de l'écriture revient nécessairement, dans ces circonstances, à prendre position pour un écrivain dont on sait que l'entrée en littérature a coïncidé pour lui avec l'abandon de l'engagement politique (communiste en l'occurrence). Prendre ses distances avec les déterminations objectives de l'Histoire (celles qu'elle est censée imposer comme celles qu'on lui impose) n'est pas donner congé à la question, mais plutôt, déplaçant les enjeux plus que les annulant, en redéfinir l'inscription dans l'espace propre de la littérature.

La magnétisation réciproque de l'événement extérieur (vécu, historique, sociologique, etc.) et du texte littéraire entendu comme devenir-événement, n'est pas sans faire songer en outre au mouvement dialectique défini par Hegel dans sa *Phénoménologie de l'esprit* — en quoi l'influence du philosophe allemand pourrait se faire sentir de manière plus effective et plus prolongée que ne laisseraient supposer les références, passablement carnavalesques, qu'y fait *Au château d'Argol*. L'accomplissement réflexif du factuel par la conscience qui lui donne son sens et sa réalité plénière, n'est pas ici une référence indifférente ou aléatoire. Il convient certes d'être prudent quant à l'influence de tel ou tel système philosophique sur un écrivain qui s'est toujours défié de la mise en tutelle du littéraire. Il me paraît toutefois que la médiation — plus poétique que conceptuelle — de Breton et plus incidemment celle de certains membres du Collège de sociologie[47] a pu servir de courroie de transmission, moins négligeable qu'on ne l'a dit, d'une influence hégelienne véhiculée à travers le cours d'Alexandre Kojève : lecture fortement politique, mais aussi et surtout lecture axant le processus dialectique sur la dynamique d'ouverture et d'actualisation du virtuel plus que sur les formes de l'objectivation.

le figé et le bougé de l'écriture

La proximité magnétisante de l'événement extérieur se mesure volontiers chez Gracq, de fait, au sillage qu'elle laisse dans les œuvres — à la manière dont les textes, tout comme les citations contraires de *Macbeth* et de *Hamlet* (*L1* ; II, 195-6), accueillent eux-mêmes ou au contraire refusent la présence vibrante de ce sillage. Sont du coup disqualifiés à cette aune, aux yeux de l'écrivain, ceux qui ont privilégié la massivité de l'événement, importé l'extériorité (historique ou sociale en particulier) de celui-ci dans l'espace de l'œuvre : Zola, Sartre, Malraux sont à plusieurs reprises cités comme exemples de ce rapport maladroit à l'hétérogène de l'événement, qui ne sait pas manifester la présence-absence fascinante de l'attraction. Les orateurs de la Restauration illustrent en revanche avec éclat, dans un fragment des *Carnets du grand chemin*, cette vibration prolongée de l'événement dans les discours où, sur les sujets les plus anodins en apparence, « *Valmy, Austerlitz et Waterloo, restent présents en filigrane* » (*CGC* ; II, 1057). Vibration qui anime « *l'atmosphère* » de cette époque d'une « *tension aiguë* » (1056) plus passionnante pour l'écrivain que les mises en scène orageuses déployées avec fracas par la grande génération romantique. *Le Centaure* de Maurice de Guérin, de même, est tout entier imprégné de ce « tremblé *romantique* » (1083), de ce « *trouble panique* » que l'on retrouve chez les plus grands écrivains de la Contre-Révolution et dont

47. Je songe en particulier à Jules Monnerot, ami de Gracq dont l'étude *La Poésie moderne et le sacré*, consacrée à la socialité du Surréalisme, a influencé l'essai *André Breton*.

« les boussoles [...] se sont mises à désigner le nouveau pôle magnétique avec le maximum de précision ».

La fascination exercée par ces écritures ou ces paroles irradiées tient à ce que l'événement n'en constitue pas l'objet mais bien, dans son absence même, l'horizon projectif situé à la fois en amont et en aval : simultanément aspiration et poussée. On conçoit alors en effet que la manifestation la plus exemplaire aux yeux de Gracq en soit ces deux révolutions fondamentales dans l'ordre de la sensibilité qu'ont été le Romantisme (allemand surtout, mais la part du Romantisme français dans les commentaires critiques de Gracq est bien plus considérable) et le Surréalisme. L'un et l'autre ne sont guère séparables des grandes fractures de l'Histoire (Révolution et épopée napoléonienne, Première Guerre mondiale) dans lesquelles ils se sont engouffrés ; l'un et l'autre sont animés par une attraction aussi irrépressible qu'euphorique vers ce que Tieck appelait les « *horizons bleus* »[48] ou vers la promesse d'un monde soluble dans la poésie ; l'un et l'autre, bordés par le gouffre, se définissent comme des moments de pur commencement, comme tels hantés par l'absolu et l'explosion de tous les possibles. De cette triple conjonction, Gracq se veut l'héritier et est souvent le commentateur, laissant de côté les prolongements politiques qui ont accompagné les deux mouvements (*Au château d'Argol*, écrit pendant la période communiste de l'écrivain, n'en porte aucune trace) au profit d'une poétique du pur pressentiment.

L'événement ne peut donc être dit dans sa dimension processive que s'il est préservé des objectivations dont il est porteur ; l'écriture fragmentaire de Gracq — plus que son œuvre fictionnelle qui ne peut thématiser l'événementiel sans ces objectivations (et fait réflexivement de ce procès, comme je l'ai rappelé, sa fable même) — est exemplairement représentative de cette précaution conditionnelle qui seule peut reconduire l'entropie pétrifiante de l'écrit au pur mouvement de l'écrire. En cela elle trouve une nouvelle forme de fidélité au Romantisme et au Surréalisme — fidélité moins hantée sans doute par certains motifs (politiques, philosophiques, ésotériques, etc.) privilégiés par ces mouvements, et qui se définit désormais en visant au cœur même du procès scriptural. Déjà la première page de l'essai consacré

48. Ludwig TIECK, *Le Vieux livre et le voyage aux horizons bleus* (1835), cité in *Préférences* (I, 996).

par Gracq à Breton commençait par une mise en garde contre la pétrification où menace de se prendre tout écrivain que piège « *sa propre effigie* » (*AB* ; I, 399) — pétrification que Breton a, dit Gracq, toujours su déjouer et permis à ses lecteurs de déjouer à leur tour : « *Mais pour nous, le coureur en dût-il se désunir disgracieusement, nous mettons une joie angoissée à suivre ces zigzags de bête forcée, obstinée encore à donner le change, à brouiller les pistes* [...]. ». L'analyse des fins de phrase chez Breton va dans ce même sens d'un refus du figement, d'une ouverture à l'éventuel maintenue comme la forme même d'une possibilité de capture réciproque entre l'écriture et le monde :

> Insoucieuse de tout ce qui ressemble à la somnolence d'une route, fuyant comme la mort tout ce qui pourrait la coaguler trop vite, dénouée, déliée, et n'aimant rien tant de se laisser soulever de bout en bout au passage des grands trains d'onde qui viennent d'on ne sait quel *ailleurs*, chacune de ces phrases aux souples et prenants mouvements d'algues se jette à l'eau comme aucune autre. (*AB* ; I, 486)

Que de telles remarques soient emblématiques de l'écriture gracquienne elle-même, et du souci qui est le sien de l'« *élation vers l'éventuel* » (*En* ; I, 621), cela a souvent été remarqué et versé au compte d'un rattachement de l'écrivain à la mouvance surréaliste. On peut cependant y entendre une mise en garde où Gracq signale sa juste place. L'allégeance à Breton, inséparable d'une indépendance jalousement préservée, est ici reconnaissance d'une écriture certes illuminée par l'entreprise collective qu'elle a su entraîner, mais qui reste avant tout la relation inimitable d'un individu avec la singularité de son dire — condition pour que soit évité le risque du figement (là réside peut-être essentiellement la réticence de Gracq envers l'écriture automatique). C'est ce qu'indique assez tel bref fragment des *Carnets du grand chemin* où la pétrification du Surréalisme, de manière indirecte mais fort claire, se trouve visée :

> Le souvenir illuminé de la brève période du « groupe en fusion » se paie ensuite d'un insurmontable figement mental. « Le lieu et la formule » sont sacralisés pour longtemps : ce qui *est*, et qui change, a perdu toute prise sur l'esprit prévenu de ceux qui ont vu s'écrire dans le buisson de feu les Tables de la loi nouvelle [...]. (*CGC* ; II, 1058)

Tout se passe en l'occurrence comme si Gracq reconnaissait dans l'écriture de Breton, et au plus haut degré, le « signe ascendant » conféré par l'aventure révolutionnaire dont il fut un des héros (« *un des* héros de notre temps », dit l'essai qui lui est consacré (*AB* ; I, 515)), mais en même temps se méfiait de ce que comporte de risque cette dynamique orageuse du « "*groupe en fusion*" » (*CGC* ; II, 1058)[49], comme s'il ne retenait en fait que la couleur et la menace de l'orage, non les conditions objectives qui ont pu le préparer ou les formes trop visiblement déclarées de son éclatement. Le même commentaire, on l'a vu, pourrait concerner aussi bien le Romantisme, dont Gracq préfère la « tension aiguë » ou le « *trouble panique* » (1083) des premiers temps au « *fracas* » hugolien qui, lui succédant, a figé la révolution en son institution.

où les murailles de Jéricho ne tombent pas

La présence-absence tremblante du sillage événementiel détermine dans la narration fictionnelle les figures d'un amont et d'un aval — figures emblématiquement évacuées, comme on l'a vu, de la représentation de l'Èvre dans *Les Eaux étroites*. Dans l'écriture des trois premiers romans surtout (les autres fictions ne reprennent ce dispositif que pour le désamorcer ou pour le déconstruire), on observe le dédoublement du présent comme épaisseur durative et comme intensité de l'instant, celle-ci amenant celle-là à un point de fusion qui est le seuil de l'actualisation violente. L'image de la double vitesse de l'hélice produisant simultanément les impressions du mouvement et de l'immobilité, rend bien compte de cette dualité, constituante de la dynamique narrative, où se superposent la propulsion et le suspens d'une imminence laminée entre l'avant et l'après. C'est ce qui fascine Gracq en certains tableaux de Chirico, comme la « *Tour rose* » (*CGC* ; II, 1102) dont « *l'immobilité irréelle* » est « *un battement de porte entre deux mondes* », ou comme ceux qui multipliaient dans la première période du peintre les places bordées d'arcades et habitées par les seules statues : « *Chirico place* l'instantané *de ses tableaux entre la seconde où le signe magique vient d'être fait, le mot fatal proféré, et celle où les murailles de Jéricho*

49. Ce déplacement d'accent est illustré de manière cinglante par une « *remarque irrespectueuse* » de *Lettrines* (*L1* ; II, 195) où Gracq constate que le roman « *a perdu corps et biens ce qui précipitait le lecteur sur son coupe-papier et lui faisait dévorer les pages, ce qui faisait de naissance son venin et sa vertu, sa force agitante, et même sa seule vraie possibilité révolutionnaire, et qui s'appelait* provocation au désir — *à tous les désirs* ».

s'écroulent, où se flétrit le jardin des filles-fleurs. » (*L1* ; II, 221). Cette caractérisation idéale concentre à la dimension de l'instant un procès temporel que les trois premiers romans déploient dans la durée, et dont seules rendent pleinement compte certaines descriptions en abîme. Ainsi dans *Le Rivage des Syrtes* le tableau de Longhone, suspendu dans l'extase de la catastrophe imminente que symbolise le « *gantelet de guerre* » (*RS* ; I, 646) de Piero Aldobrandi écrasant « *la rose rouge emblématique d'Orsenna* » (647). Ainsi encore, dans *Au château d'Argol*, la gravure où « *Parsifal touchait de la lance mystique le flanc du roi déchu, et* [*où*] *les visages des chevaliers ensevelis dans leurs longues robes s'illuminaient au seuil même du miracle d'une surnaturelle exaltation* » (*CA* ; I, 84). Comme dans les tableaux de Chirico, l'intensité du sens et la densité du présent tiennent à cet effet de seuil d'un événement situé hors de l'espace de la représentation qu'il régit, à ce suspens qui est à la fois l'œil du cyclone et la promesse du bouleversement.

L'écriture de la remémoration, dans les œuvres fragmentaires, déplace cette caractérisation temporelle de l'événement dans l'ordre de durée qui est le sien, c'est-à-dire en le vidant largement de sa dimension dramatique. Si l'instantané des tableaux de Chirico demeure une figure pertinente, il change de signe et de sens en se situant dans le lointain : il ne figure plus l'imminence du gouffre ou l'accalmie qui précède la catastrophe, mais devient le pivot mobile où s'ajointent un passé dont l'écrivain sait, avec le recul de l'âge, quelles en étaient les promesses, et un futur qui appartient à l'advenu (passé ou irréel du passé) et peut par là même procéder à ce qui a été sa généalogie : tous les prolongements du devenir, toutes les perspectives de l'advenir, sont envisagés depuis le présent de l'énonciation fragmentaire comme des processus désormais épuisés, des horizons qui ont tout entiers basculé en arrière. Le point de vue adopté par Gracq dans l'œuvre non fictionnelle, cela a déjà été signalé par Bernard Vouilloux[50], est celui du tombeau (l'affinité si grande de l'écrivain avec Chateaubriand réside en partie là, me semble-t-il). Mais si le présent de l'écriture, en aval de toutes les entreprises romanesques, est marqué par l'épuisement ou l'exténuation temporelle, le présent-passé dont il convoque la charge d'ultériorité en est la conjuration — relance réitérée d'œuvre en œuvre et au sein

50. Voir Vouilloux, chap. VI, pp. 53-8[1].

de chaque œuvre de la tension projective de l'écrire (dont le modèle est la lecture) contre les menaces de la paralysie : danger finalement tenu à distance à la fin de *La Forme d'une ville*, mais qui s'abat sur la vie et sur l'écriture (qu'il interrompt) à la dernière phrase des *Les Eaux étroites* : « [...] *aucune de ces images aujourd'hui ne m'assignerait plus nulle part, et tous les rendez-vous que pourrait me donner encore l'Èvre, il n'est plus de temps maintenant pour moi pour les tenir.* » (*EÉ* ; II, 551).

La dédramatisation de l'« instantané » résulte encore de son déplacement d'une dimension oraculaire de la parole, manifeste dans les trois premiers récits, vers une dimension plus intime et plus indécise. Ce qui intéresse le plus Gracq en Breton, on le sait, est la sensibilité des « antennes » plus que ce qu'elles sont censées détecter. *Le Roi pêcheur*, qui de toutes les œuvres de l'écrivain qu'il connaissait était celle que préférait Breton, constitue à cet égard un exemple éclairant. S'y retrouve thématisée par l'hésitation de Perceval et le piège d'Amfortas la distance entre le devoir-retentir — dans toutes ses valeurs modales et aspectuelles — d'une parole performative (ici celle qui, posant les bonnes questions sur le service du Graal, permettrait de faire refleurir la « terre gaste » et de refermer la blessure d'Amfortas) et le retentissement effectif de celle-ci. Or le miracle, justement, ne s'accomplit pas, les murailles de Jéricho ne s'effondrent pas : la parole fatidique est indéfiniment différée, relançant la quête et laissant ouverts les possibles qu'aurait fermés son retentissement. Seul demeure l'espace béant de la blessure — espace de l'œuvre et de l'intériorité opposé à celui de la révélation et de l'objectivation. La réorientation de l'écriture gracquienne se décide là, me semble-t-il, en 1943, plus nettement encore que dans l'essai consacré à Breton et dès avant l'écriture de *Le Rivage des Syrtes* ou l'échec de « La Route ».

La reconduction de l'écriture à son pur procès d'émergence est revendiquée à plusieurs reprises par Gracq comme devant commander l'attitude du lecteur — et en particulier des critiques littéraires. À ceux-ci il conseille de se pencher sur

> [...] les fantômes de livres successifs que l'imagination de l'auteur projetait à chaque moment en avant de sa plume, et qui changeaient, avec le gauchissement inévitable que le travail d'écrire imprime à chaque chapitre, tout comme une route sinueuse projette devant le voyageur, au sein d'un paysage d'un caractère donné, une série de perspectives différentes, parfois très inattendues. (*L1* ; II, 151)

Le conseil, on peut s'en douter, vire volontiers à l'ironie, comme l'indique la recommandation en forme de gageure qui suit un peu plus loin dans le même fragment :

> Cherchez, messieurs les critiques, — cherchez mieux — ayez le souci mallarméen de suivre la trace de ces livres vains, abolis, inanes, qui ont poussé la navette pendant que se tissait le livre réel — soyez les Dupins infiniment subtils qui exploreront et baliseront cet itinéraire mental tant jalonné d'impasses inattendues, tant gauchi par l'influx de champs magnétiques à mesure déchargés. (*L1* ; II, 152)

Ce programme, difficile mais finalement fécond (il anime en partie la génétique textuelle), ne laisse pas toutefois d'être paradoxal, dans la mesure où il situe le sens de l'œuvre dans ses « *limbes* » (*L1* ; II, 151), et assigne à l'interprétation un objet qui n'existe pas mais *aurait pu* exister. Cet objet serait repérable, selon l'écrivain, « *non seulement dans ceci de superficiel qu'est son intrigue, mais aussi dans ceci de fondamental qu'est son registre, son timbre, sa tonalité* ». De tels indices, de fait, semblent repérables dans les romans, où le buissonnement des orientations possibles de l'écriture se laisse percevoir à travers la pluralité des voix entrecroisées. Mais il s'agit en fait de signes substitutifs, qui ne prennent pas tant la place laissée vacante par les projets abandonnés à mesure qu'ils ne désignent, derrière ou sous le texte manifeste, un ou plusieurs autres textes possibles. Ainsi l'écriture de *Au château d'Argol* oscille entre plusieurs accomplissements dont le récit assume les registres sans s'identifier aux références qu'ils sous-tendent : celui, par exemple, que propose la réécriture du roman noir illustré par Lewis, Radcliffe ou Maturin ; ou encore « *une version* démoniaque — *et par là parfaitement autorisée* » (*CA* ; I, 4) du *Parsifal* de Wagner (selon des perspectives que l'on pourrait respectivement qualifier de surréaliste ou de symboliste et qui assignent le texte à des horizons d'écriture — et partant de lecture — différents). De même, dans *Le Rivage des Syrtes*, les bribes de mots inarticulées émises par les « *missionnés* » (*RS* ; I, 689), cette « *voix naufragée qui semblait venir de plus bas qu'une autre* », manifestent tout comme l'éclatant sermon de Noël dont ils sont l'envers le possible d'une parole prophétique, dont Ruth Amossy a montré qu'elle constitue le modèle trahi du livre[51].

La figure emblématique de cette écriture souterraine est le « palimpseste » évoqué par Allan dans *Un Beau ténébreux* et déjà commenté selon une autre perspective (voir *supra*, pp.31sq.). Ce « *texte en filigrane, ce texte aimanté et invisible qui guide inconsciemment le poète à travers le clair-obscur si hasardeux du langage écrit* » (*BT* ; I, 146), interpose toutefois entre la « littérature des limbes » et le livre effectif un autre modèle qui fait signifier l'œuvre depuis son amont et son aval : le modèle de la révélation (« *alors* [dit Allan] *je sentirais* changer *ces pages dont le secret enseveli me bouleverse, et commencer le voyage sans retour de la révélation* »). Ce modèle sous-jacent suppose une écriture antérieure à celle du livre, écriture imaginaire puisque l'œuvre ne parvient pas à la rejoindre, mais qui ne saurait tenir lieu des livres possibles laissés par l'écriture : ceux-ci ne relèvent pas, en effet de l'écrit (qu'il soit lisible ou non importe peu en l'occurrence) mais bien d'un écrire dont le sens même — à l'inverse du texte par essence arrêté et définitif de la révélation — réside dans son inachèvement et sa virtualité. Le palimpseste propose assurément une des figures les plus significatives de l'autoreprésentation scripturale des fictions, dans la mesure notamment où il révèle une projection circulaire de leur dimension événementielle : la durée tend à objectiver finalement ce qui l'assigne depuis l'origine (depuis le texte-souche), à l'instar de cette force inconnue et irrépressible qui guide la main d'Albert, dans *Au château d'Argol*, et le contraint à graver le nom de Heide sur une pierre tombale (voir *CA* ; I, 26-7). En ce sens le

51. Voir Ruth AMOSSY, *Parcours symbolique chez Julien Gracq* (Paris, S.É.D.E.S., 1982).

palimpseste signale que l'écrire de l'œuvre relève plus fondamentalement d'une figure de l'écrit — écrit originel et occulté qui situe l'actualité de l'écriture à la fois en amont et en aval des virtualités déployées par le récit.

Il me semble légitime de supposer que la pratique fragmentaire est plus proche de cette « *littérature des limbes* » (*L1* ; II, 151) dont Gracq signalait malicieusement la piste dans *Lettrines*, et qui caractérisait pourtant principalement les œuvres romanesques. De même que l'instantané fixé par Chirico, cristallisation d'une imminence dans les fictions, perd cette dimension dès lors que l'œuvre fragmentaire le situe dans la perspective rétrospective du tombeau, de même le modèle du palimpseste — lié à l'instantané qu'il magnétise depuis un dehors imaginaire — perd sa pertinence en dehors des trois premiers romans. Son schématisme superpose en effet la circularité de l'actualisation événementielle et la linéarité de l'accomplissement narratif — superposition dont la temporalité est d'ordre prophétique (ou apocalyptique) et qui comme telle postule une transcendance de l'écriture. La pratique fragmentaire reconduit à l'inverse le texte lisible (l'écrit) à l'immanence de l'écrire : à l'antériorité d'un virtuel qui n'est plus laissé en route comme ces projets possibles et abandonnés évoqués dans *Lettrines*, mais qui devient le parcours même du déploiement textuel. À la figure du palimpseste on peut alors opposer celle du labyrinthe, dont le lacis n'a ni commencement ni fin, c'est-à-dire dont chacun des lieux peut constituer le point de départ possible d'une multiplicité de trajets : espace sans origine, et par là même sans destination autre que réflexive, dont le « chemin d'eau » de l'Èvre peut constituer paradoxalement l'illustration emblématique. Paradoxe apparent au demeurant, comme le rappelle les *Carnets du grand chemin* : « *Le grand chemin, à partir d'un certain seuil, d'étendue et de durée, ne nous déconnecte guère moins que le rêve de l'univers trivial de la causalité.* » (*CGC* ; II, 971).

La linéarité, que l'on retrouve dans nombre de fragments voués à la remémoration ou dans le cycle des lieux, apparaît de fait toute différente selon qu'elle relève de la temporalité ordinale et hiérarchisée du palimpseste ou du temps égalisé du labyrinthe. Le « *fil d'Ariane idéalement déroulé derrière lui par le vrai citadin* » (*FV* ; II, 771-2), plus explicitement encore que le « grand chemin » ou le « chemin d'eau » de l'Èvre, rend bien compte de cette progression qui se recoupe indéfiniment, dont le « *peloton-*

nement irrégulier » (772) des parcours accomplis dans Nantes sont la projection spatiale exemplaire. On retrouve ici une superposition, déjà rencontrée à propos des fictions, entre la ligne et le cercle ; mais la figure que dessine l'écriture fragmentaire n'est pas la même : le cercle se déplace constamment, et la ligne est le parcours même de ces déplacements dont la rectitude ne peut être que locale, inscrite dans le discontinu. Si les points de départ et d'aboutissement qui encadrent le fragment sont l'un et l'autre présupposés par la linéarité constitutive de l'écriture, celle-ci ne se surdétermine pas comme figure du sens mais se voit au contraire expulsée de cette fonction de détermination, au profit d'une réordination purement immanente au texte et susceptible d'être toujours interrogée, discutée, comparée, mise à distance : le sens est alors donné (ou perdu) par la réflexivité de l'écriture se repliant sur elle-même pour définir ses modes de relation à l'hétérogène (à la vie ou à l'Histoire, par exemple) ; non par cette présupposition d'une antériorité fondatrice ou d'une vérité cryptique dont *Le Roi pêcheur*, les nouvelles de *La Presqu'île* et *Un Balcon en forêt* avaient déjà évacué le modèle.

Le labyrinthe propose à cet égard un espace de déliaison de ces figures symboliques dont les fictions multipliaient les emblèmes. L'évocation de « l'ancien Observatoire », dans *La Forme d'une ville*, fait certes ressurgir les « châteaux noirs » d'Argol, de Roscaër et de l'Amirauté des Syrtes, mais c'est pour en déplacer le mystère et le magnétisme : la figure de hantise qu'est le château n'est plus le donné préalable que doit investir l'interprétation — donné dont l'efficace suppose que ne soit pas analysé de trop près le pan de l'imaginaire qu'il désigne ; elle est, bien plutôt, un chantier en cours qui n'intéresse que dans la mesure où il offre un départ significatif pour une lecture simultanée des tenants et des aboutissants de l'écriture. Le texte devient alors commentaire : il passe en quelque sorte derrière l'écrit pour se faire lecture réflexive de l'écrire et de ses procédures de cristallisation, le mystère résidant désormais dans ce qui a pu élire certaines images de la vie ou du fonds culturel auquel s'est nourri l'écrivain : mystère non des objets, mais du sujet qui les a institués comme les figures objectivantes de son énigme :

À quoi tient le pouvoir de ces modèles de rencontre, qui s'installent d'emblée aux carrefours de la mémoire et de l'imagination, qui prennent d'eux-mêmes les commandes du mécanisme par lequel sont projetés, sur tel ressouvenir abstrait, sur telle lecture, une figure matérielle qu'ils n'ont en fait appelée que très indirectement ? (*FV* ; II, 806-7)

L'énonciation discursive propre au fragment apparaît donc en constante autosurveillance, chaque exploration de l'écrire étant le lieu d'un dédoublement entre l'écriture propre de la remémoration et le discours commentatif. Celui-ci s'enlace à celle-là, ou se déploie à partir de son pré-texte pour occuper tout le champ, ou court discrètement en filigrane, ou la modalise, etc., chacune de ces figures d'intervention instaurant l'espace globalisant d'une distance : celle par laquelle le sujet s'élabore comme instance de lecture ou de remémoration au second degré. On peut légitimement rapprocher, me semble-t-il, un tel geste distanciateur de l'ironie si prisée par les romantiques allemands (Schlegel, Jean-Paul, Hoffmann par exemple). Cette distance ironique (non exempte parfois d'effets comiques) fait qu'à chaque moment du discours le dévidement du fil d'Ariane est donné dans sa dimension ponctuelle (celle du souvenir, de la réflexion ciblée, de l'observation) et dans toute son extension temporelle, le labyrinthe étant parcouru comme d'en haut, et depuis le point de vue terminal inhérent à la pratique fragmentaire. Ainsi l'évocation, dans les *Carnets du grand chemin*, des deux années passées à Quimper (1937–1939) ramène-t-elle à « *la rumeur fondamentale* » (*CGC* ; II, 1026) de la mer toute proche « *où se résolvaient et s'unifiaient ces mouvements trop divers* », la disparate de préoccupations immédiates dérivant vers le large de la vie promise (l'écriture, le « brevet de qualification » apporté par une lettre enthousiaste de Breton) ou vers des échouages sans lendemain (militantisme politique). Le passé ultérieur, le présent rétrospectif, confrontent alors — non sans discordances et incongruités, les points de vue et les logiques de représentation qui sont les leurs : « [...] *le tout ne se comporte aucunement de la même manière que la partie, pour la seule raison qu'il prend en compte la durée, et que toute durée est déviation.* » (1052). L'ironie, dans ce texte comme dans l'évocation des années quimpéroises, est la forme même du jeu d'écart et de superposition où se définissent réciproquement le passé ultérieur et le présent rétrospectif : espace d'un écrire qui se fait en défaisant à mesure ce qui l'a fait. L'envers caricatural de ce projet est donné dans le même fragment par le *Mémorial de Sainte-Hélène*, « *dont l'écart avec la réalité est parfois sidéral* » (1053), et qui fige la remémoration dans une monumentalité incongrue, « *une sorte de bafouillage inextricable et grandiose entre ce qu'ils ont voulu faire, ce qu'ils ont fait, et ce qu'a fait ce qu'ils ont fait* » (1053-1054). L'ironie est ici involontaire ; la distance, loin d'être le dispositif par lequel l'objet se rend appropriable, est ce qui immobilise celui-ci et n'en attrape que l'effigie morte.

Ce ton ironique des œuvres non fictionnelles les situe sur un plan tout à fait opposé à celui des trois premiers romans : ton dédramatisé, qui est celui d'une curiosité dont l'éveil inlassable trouve néanmoins aussitôt à se satisfaire dans la forme du texte et la formulation « à géométrie variable » de l'objet ponctuel qu'elle s'est assigné. La phrase gracquienne est exemplairement cette « *phrase "ton de voix"* » (*AB* ; I, 503) que reconnaissait l'écrivain dans la prose de Breton, et qui est tout autre chose que la « *solution décevante* » du « *style parlé* » : signature d'une écriture tout entière identifiable à un sujet. L'ironie dans ces conditions se caractérise moins comme l'inflexion détachée d'une voix s'exprimant à la première personne (ainsi de l'ironie stendhalienne) que comme le dispositif discursif par lequel la figure du sujet est instituée, depuis la pointe extrême de l'ultérieur, aux centres de toutes les configurations labyrinthiques : si le motif de la chambre vide ou du réduit central, bien attesté dans les fictions, peut trouver un réemploi dans la pratique fragmentaire, c'est ici : mais c'est parce qu'il s'agit d'une chambre en perpétuel chantier.

2. Temps et intertextualité.

souvenir et langage : « des poissons solubles »

Si reconduire l'écrit à l'écrire est la condition pour que ne se fige pas le mouvement de la vie, pour que le passé livré par la remémoration ne le soit pas à l'état de cadavre, un fossé demeure cependant qui se creuse à mesure que l'écriture met en place ses dispositifs de capture : celui, propre à la pratique fragmentaire, qui sépare le dire du vivre, la sensation pure de son expression. De ce conflit bergsonien qui fut au centre des préoccupations de Breton[52], Gracq à son tour hérite. L'image même de l'aimantation, dont l'attraction s'exerce dans l'œuvre non fictionnelle depuis le dehors de la représentation et non dans le champ clos de celle-ci, ne désigne en effet que des zones de contiguïté, et ne saurait suffire à rendre pleinement compte du processus, que j'ai tenté de décrire, par lequel la littérature et le monde s'informent réciproquement et parviennent — de façon toujours imparfaite et ponctuelle — à dissoudre leurs limites.

Reprenons en ce sens l'observation de *Lettrines 2* à propos du souvenir improbable d'un retour en train de Langrune à Caen pendant la guerre — souvenir reconstitué, suppose Gracq, par collusion avec le petit chemin de fer de Balbec : « *Ce ne serait pas la première fois que j'observe combien le souvenir qui s'éloigne devient perméable à une fiction littéraire* [...]. » (*L2* ; II, 253). Le vécu fait ici signe sur deux plans nettement distincts : celui du factuel, à travers une image ponctuelle, peu chargée de sens en elle-même (« *un attroupement endimanché attendant l'arrivée de la rame à quai pour retourner à Caen comme à la fin d'un après-midi de courses* ») ; celui du commentaire rétrospectif qui le dote d'une signification historique (un tel souvenir semble impossible étant donné son époque référentielle) et littéraire (celle que lui confère la lecture dans Proust d'un passage apparentable par le contenu). Entre ces plans de signification la

52. Voir *André Breton*... (I, 497–500), où Gracq analyse de manière admirable et convaincante la parenté de l'écriture automatique comme « *procédé de transcription immédiate du flux mental* » (497) avec « *le schéma imaginatif moteur par lequel Bergson cherche à saisir la pensée* » (498) — parenté bien plus flagrante, pense-t-il, que celle proclamée par Breton avec la pensée de Freud.

superposition n'est pas parfaite : elle signale, bien plutôt, le double mouvement d'une collusion qui fait passer le texte de Proust et le vécu de Gracq l'un dans l'autre, et d'une disjonction qui maintient en l'un et l'autre leurs caractéristiques propres et n'opère que par des points de contact ténus mais suffisants (l'attente festive sur le quai ; le caractère « *lilliputien* » de la rame de chemin de fer). Si le vécu qui s'éloigne et la lecture sont « *perméables* », c'est en effet que le souvenir était partiellement soluble dans la littérature ; ce qui signifie que la mémoire est elle-même dotée d'une littérarité suffisante pour accepter de se « *laisser rapiécer* [...] *sans façon* » (254) par la fiction.

La littérature et la vie désignent un espace commun, même si elles constituent des expériences diverses : celui de la langue, qui n'est pas pensée par Gracq contre la littérature, comme le font un Mallarmé, un Valéry ou un Sartre, mais en continuité avec elle. Cette relation de la littérature à la langue est au cœur du débat théorique et idéologique engagé au lendemain de la Seconde Guerre mondiale entre les Surréalistes, auprès desquels Gracq s'est momentanément enrôlé le temps de l'exposition de 1947 (cela a donné sa contribution intitulée « Un Cauchemar »), et les existentialistes rassemblés sous la houlette de J.-P. Sartre. À un tel débat ressortissent des textes comme « Le Surréalisme et la littérature contemporaine » (1949), « Pourquoi la littérature respire mal » (1960), « Novalis et Henri d'Ofterdingen » (1967), ou encore la préface écrite pour *Le Journal de l'analogiste* de Suzanne Lilar (1979), ainsi que nombre de fragments (de *Lettrines* en particulier) : autant d'occasions pour l'écrivain de souligner l'immersion du sujet dans le monde comme dans le langage — les deux étant inséparables dès lors que la langue n'est pas pensée comme ce qui retranche l'homme de son immédiateté mais comme ce qui peut dire, justement, « *cette bulle enchantée, cet espace au fond amical d'air et de lumière qui s'ouvre autour de lui et où, tout de même, à travers mille maux, il vit et refleurit* » (*Préf.* ; I, 879). Là réside ce qui « *fonde* » « *la plante humaine* » — notion chère à Gracq, comme l'on sait, et dont l'expression permettra à la littérature — la conférence « Pourquoi la littérature respire mal » s'achève sur ces mots — de « *restituer à l'homme* [...] *sa* respiration » (881).

Ce mot de la fin définit bien en quoi la relation au langage — littéraire ou non — est essentiellement physique, « *accordée en profondeur aux saisons, aux rythmes de la planète* » (*Préf.* ; I, 879) par lesquels « *davantage peut-être que par la pointe de la lucidité la plus éveillée, nous communiquons* ». En témoignent dans l'ordre de la création littéraire la référence volontiers faite à Baudelaire — celui de tous les poètes français dont la langue, selon Gracq, est la plus « *charnelle* » (*En* ; II, 666) et qui plus que tout autre a illustré la saveur du « *mot-nourriture* » ; ou encore le commentaire qu'attirent sous la plume de l'écrivain certains mots chargés pour lui d'une particulière densité poétique et gustative : « *la pavée* » (*CGC* ; II, 1021), « *le beau mot de légumes* » (1064), mais aussi les noms propres glanés davantage pour leur présence suggestive et leur forme dans le souffle (Nantes, le Vallespir (voir *supra*, pp. 127–36)) que pour leur valeur symbolique (comme l'est pour Breton par exemple, dans *Nadja*, le nom d'un village rencontré en voyage : *Les Aubes*, ou encore le prénom *Solange*). Les vocables imaginaires ne s'opposent point à cet égard à ceux du langage courant mais les frangent, les prolongent selon la même logique, à l'instar des noms propres forgés dans *Le Rivage des Syrtes* (la litanie des noms de villes sur la côte farghienne, où Gracq cherchait à évoquer les « *guerres de Jugurtha* » (II, 1211) n'est pas distincte en son principe de celle des stations de chemin de fer mesurant la distance parcourue par le train des vacances, ou de celles des rues dont la constellation onomastique constitue pour l'écrivain l'évocation la plus authentique de Nantes).

La continuité entre le langage ordinaire et la littérature tient, d'autre part, à ce que tous deux constituent des espaces de formation indissociables pour le sujet, les orientations du rapport à la langue ayant été données pour l'écrivain par les œuvres fréquentées :

> Il y a eu pour moi Poe, quand j'avais douze ans — Stendhal quand j'en avais quinze — Wagner, quand j'en avais dix-huit — Breton, quand j'en avais vingt-deux. Mes seuls véritables intercesseurs et éveilleurs. Et auparavant, pinçant une à une toutes ces cordes du bec grêle de son épinette avant qu'elles ne résonnent sous le marteau du piano forte, il y a eu Jules Verne. (*L1* ; II, 156)

La plupart des souvenirs évoqués dans les œuvres sont contemporains de ces lectures éveillantes dont ils portent volontiers les traces. Ainsi l'évocation des jeux d'enfant sur l'île Batailleuse appelle-t-elle une référence à Jules Verne qui en donne le ton et le climat, qui fixe le souvenir dans une forme littéraire (et onomastique) dont il n'apparaît guère séparable : « [...] *un coin d'Amazonie ou de Louisiane s'embusquait là, intact, long d'une centaine de mètres à peine, mais suffisant pour l'imagination : elle y convoquait le modèle de ce mystérieux îlot qui dans* Nord contre Sud *sert de refuge et de prison aux sanguinaires jumeaux* Texar. » (*L2* ; II, 344). Apparaît clairement ici ce qui tisse le souvenir entre deux pôles énonciatifs fortement distincts et pourtant homogénéisés par la remémoration : le discours commentatif et rétrospectif, qui est ici celui d'une saisie globalisante et rationnelle, et le pôle d'une énonciation qui appartient en propre à l'énoncé et dont le présent de l'écriture manifeste par sa distance même le reflux. Dans le même sens (et l'on pourrait multiplier les exemples) va, dans *Les Eaux étroites*, l'évocation des « *brochets géants* » (*EÉ* ; II, 531) cachés « *entre les souches pourries de trous et d'anfractuosités* » ; le chemin frayé par ces poissons inquiétants dans l'esprit de l'enfant est tracé par Poe, dont tout indique qu'il a donné forme à l'impression éprouvée alors autant qu'à l'expression qui la dit au présent :

> [...] ces eaux couleur de réglisse passaient pour nourrir des bêtes centenaires, comme les étangs de Fontainebleau (et, pour mon imagination en tout cas, nul doute que l'Èvre profonde et noire était un peu comme cette mer ensorcelée du « Manuscrit trouvé dans une bouteille » où tout ce qui y plongeait pouvait engraisser monstrueusement, même les navires)
> (*EÉ* ; II, 531)

Certains souvenirs, toutefois, renvoient à un vécu trop ancien pour avoir pu se constituer littérairement. Tel est le cas du fragment (déjà étudié dans un autre contexte) consacré aux leçons de piano prises à Ancenis « *en 1919 et 1920* » (*L2* ; II, 356). Les scènes vécues sont caricaturalement des « scènes de la vie de province », mais c'est après coup qu'elles sont reconstituées comme telles : « *Je ne sais si une sensibilité d'enfant est capable d'enregistrer, de déceler dans une scène vécue le timbre exact que viendra réveiller plus tard la lecture d'un grand romancier — mais si cela peut être c'est bien rue Barême, à neuf ou dix ans, que j'ai découvert Balzac.* ». L'important est ici que le vécu lointain puisse constituer une expérience que la lecture de Balzac élèvera à sa vérité, et de manière symétrique que l'expérience littéraire puisse d'autant mieux résonner dans l'intimité du sujet et s'authentifier qu'elle aura trouvé un répondant préalable dans la mémoire. La superposition, on le voit, est obtenue au prix d'un ajustement qui réinstaure le vécu dans la littérature, lui permettant à la fois de prendre forme et existence dans le souvenir, et d'être homogène à l'écriture qui rendra compte de cette configuration lectorale du vécu. La référence balzacienne, toutefois, se défait de manière significative : d'abord par la concurrence finalement heureuse de *Adrienne Mesurat* de Julien Green ; d'autre part, parce que le style du fragment est ici fort peu balzacien et réinscrit la lecture (Balzac puis Green) selon les clefs d'une écriture qui tente d'exprimer la singularité itérative de la scène vécue ; enfin la paire de paragraphes consacrée aux leçons de piano chez les demoiselles R. se termine par une notation sensorielle précise qui permet à l'enfant de ressentir « *cette rigidité et ce froid funèbre qui figeait peu à peu, longtemps avant la mort, un couple de vieilles ruinées* » (357) : « *Et pourtant quelque chose en passait jusqu'à moi,* [...] *dans la tape sèche sur les doigts dont j'ai gardé le souvenir : ressentiment raidi, muré, glacé, contre l'injustice inexplicable, le piano, le froid, la pénombre, la ruelle mouillée, la mort venue avant la mort.* ». L'évocation change ici de sens, qui ne tend plus désormais à retrouver l'idéale coïncidence de « *timbre* » (356) entre la littérature et le vécu lointain, mais qui laisse affleurer au présent de la remémoration une sensation pure, au regard de laquelle Green et plus encore Balzac apparaissent comme plaqués après coup : celle de la mort et de la révolte sourde contre la mort. La superposition reconstruite entre les expériences de la vie et de la littérature se déplace en l'occurrence vers une subtile disjonction entre ces plans : non pour signaler une absence de pertinence dans leur collusion (encore moins, bien entendu, une opposition), mais pour tout à la fois laisser chacune de ces expériences courir sur son erre et multiplier entre elles les points de contact ; mais pour faire l'épreuve, à travers le geste même de la lecture, de l'irréductible singularité du sujet et de l'écrire en quête l'un de l'autre.

Cette circulation, cette innutrition réciproque entre le vécu remémoré et les souvenirs de lecture qui ont pu lui prêter sa couleur, son style, la forme de la trace qu'il laisse à reconquérir pour l'écriture, tout cet échange semble bien faire la vie même de la relation du lecteur à la littérature : relation essentiellement passionnelle, comme on le sait de Gracq, et comme telle fondée sur la violence du désir, l'injustice de l'exclusive, le souci obsessionnel — au péril de l'objet — de l'élucidation[53]. C'est en ce sens que vont la caractérisation fameuse, proposée par *En lisant en écrivant*, de la littérature comme « *répertoire de femmes fatales et de créatures de perdition* » (*En* ; II, 681), et la fière et dédaigneuse proclamation qui l'accompagne : « *Et quant à l'"apport" du livre à la littérature, à l'enrichissement qu'il est censé m'apporter, sachez que j'épouse même* sans dot. ». Or de tels propos ne laissent pas d'entrer en contradiction avec la conception, maintes fois répétée par ailleurs, de la lecture comme expérience non utilisable. L'économie de la lecture est en effet doublement liée au représentable construit par le vécu : elle lui prête sa forme, comme on l'a vu, c'est-à-dire qu'elle lui permet d'accéder à cet ordre privilégié de représentation que constitue le langage et dont les œuvres littéraires fournissent les modèles ; mais elle se laisse réciproquement investir par un ordre non littéraire de représentation qui peut dissiper l'efficace des modèles textuels et stériliser l'expérience de leur lecture. Un fragment de *Lettrines 2* analyse en ce sens les modifications apportées à la perception qu'avait Gracq du *Grand Meaulnes* par la disparition de cette « *zone ensauvagée de terrains vagues et de friches forestières, longue et hasardeuse à traverser, qui isolait profondément l'un de l'autre les centres habités* » (*L2* ; II, 346) : « *Tous les ressorts secrets d'un livre comme* Le Grand Meaulnes, *où le fantastique enfantin de la distance joue un rôle si éminent* [...] *s'en sont trouvés brusquement accidentés.* ». On note ici que l'assèchement des sources vives de l'imagination et de la mémoire ne concerne pas seulement la relation de l'écri-

53. On se reportera, pour cette relation passionnelle — entre désir, aspiration fusionnelle et conflit — de Gracq à la littérature, à la belle étude de Philippe Berthier : *Julien Gracq critique : d'un certain usage de la littérature* (Lyon, Presses Universitaires de Lyon, 1990).

ture à la vie (sur laquelle l'écrivain s'est plusieurs fois expliqué) mais le rapport entre le représentable de la vie et celui de la lecture. L'un et l'autre se fracturent réciproquement et créent à ces points de rupture des passages entre les expériences autonomes déployées par le vécu et par la fréquentation des œuvres. Un tel jeu de collusion et d'émancipation, d'attraction et de rejet, de fabrications respectives de l'utilisable et du résiduel, manifeste exemplairement en quoi l'écriture, attachée à restituer ces frontières vivantes et vibrantes, reprend réflexivement le geste de la lecture pour s'instituer elle-même non comme recueil de souvenirs mais comme pur présent d'une remémoration en travail d'elle-même.

À s'inscrire ainsi dans l'espace de la lecture, l'écriture gagne de pouvoir préserver le sortilège d'une information réciproque de la vie et de la littérature, de pouvoir confronter le devenir-passé qui par définition fige ce qu'il inscrit au pur présent où s'anime le texte lu. C'est à cette condition, peut-être, que le geste de l'écriture peut n'être pas celui d'Orphée qui tue celle qu'il regarde en se retournant, ou celui des filles de Loth transformées en statues de sel après qu'elles ont porté les yeux derrière elles : «*Mais dans ce précipité qui a coagulé* [écrit Gracq des œuvres qui se figent derrière leur auteur] *reste qu'il y a fossilisation de tout ce qui déferlait de vivant, d'emmêlé, de conflictuel et de mobile dans son propre esprit.*» (*CGC*; II, 1085). La remémoration, éminemment exposée dans la mesure où elle s'adresse à des objets défunts, c'est-à-dire où elle risque de procéder à une «*fossilisation*» au carré, peut se sauver par la réflexivité même de cette démarche qui lit le passé à travers les lectures où il s'est constitué. Un va-et-vient peut alors s'effectuer entre deux modes de l'actualisation énonciative (celui de la lecture et celui de l'écriture) qui permettent de fixer sans l'arrêter le mouvement inchoatif que s'assigne l'écriture remémorante : de faire que le passé soit non pas ce qu'en a fait le langage mais bien plutôt — à l'instar de ce que propose la lecture — un langage qui se fait.

Cette conversion, opérée par le passage au plan de la lecture, de l'écriture en la réflexivité de l'écrire est paradoxalement ce qui permettrait, dans l'idéal, d'effacer les médiations et d'instituer un plain-pied sensoriel entre le sujet et l'écriture, l'un et l'autre conjoints dans le pur présent de ce qui se donne aussi, et d'abord, comme expérience de l'immédiateté — celle de l'œuvre livrée tout entière dans « *l'immanence impartagée de sa présence vraie* » (*En* ; II, 676) :

> [...] si j'entre sans préjugé dans un roman de Stendhal ou un poème de Nerval, je suis d'abord et tout entier seulement *odeur de rose*, comme la statue de Condillac — sans yeux, sans oreilles, sans perceptions localisées —, et par là l'œuvre d'art me livre son caractère opératoire distinctif, qui est d'occuper immédiatement et sans différenciation aucune toute ma cavité intérieure, à la manière d'un gaz qui se dilate.
> (*En* ; II, 676)

La lecture retrouverait réciproquement la motivation première qui appelait l'entrée en écriture, l'image de l'occupation de la « *cavité intérieure* » (656) par un gaz évoquant celle, déjà rencontrée, de l'apprenti-écrivain criant, pour reconnaître ses capacités, « *dans l'obscurité d'une caverne pour en mesurer les dimensions d'après l'écho* ».

« *Ce roman, ce poème que j'ai écrit, et qui est présence pour vous si vous le lisez, mais une présence qui s'évanouit dans sa consommation* [...], *il est pour moi seul à la fois un présent et un passé, un présent-passé, un passé totalement récupéré dans le présent.* » (*En* ; II, 677-8). On note ici pourtant combien l'orgueilleuse affirmation de Gracq distingue ce que le titre *En lisant en écrivant* entendait traiter sur le mode de la continuité et de la superposition. Si Gracq n'est assurément pas Blanchot pour opposer la logique de la lecture et celle de l'écriture, il n'en demeure pas moins que l'ajointement des deux opérations ne va pas autant de soi que l'ont dit nombre de commentateurs gracquiens. Autrement dit, l'information réciproque de l'écriture et de la lecture est à élaborer, difficilement, à travers des dispositifs où puissent communiquer leurs économies et leurs temporalités respectives. Là réside à mon sens l'un des enjeux majeurs de la pratique fragmentaire chez Gracq.

Les Eaux étroites constitue à cet égard l'exemple le plus accompli, dans la mesure où ce jeu est l'espace même du déploiement de l'écriture. La citation de quelques vers de la « Fantaisie » de Nerval, dont nous avons vu qu'ils servent de « phylactère » à la vignette de La Guérinière, appelle par exemple la diction de la voix (« *Je me redis maintenant à mi-voix les vers de Nerval.* » (*EÉ* ; II, 534)), c'est-à-dire la présence d'un présent de la pure simultanéité — analogue à celle que peut procurer la contemplation d'un tableau : ici un Vermeer « *tout vibrant encore, on dirait, de la sonorité liquide d'une touche que le doigt suspendu vient de quitter*». Cette simultanéité instaurée aussi bien par la lecture que par le regard est l'espace où peuvent affluer à égalité des références aussi hétérogènes que «*la scène de "Sylvie" où chante Adrienne*» et «Soir historique» de Rimbaud, enchaînées l'une à l'autre par le passage du «*son grêle et frileux* [...] *des instruments à clavier très anciens*» (appelé par Nerval et Vermeer) et «*le clavecin des prés*» animé par «*la main d'un maître*» dans le poème des *Illuminations*. De tels «*agrégats de rencontre*» (535) sont ce que Gracq appelle des «précipités *adhésifs que le choc d'une image préférée condense autour d'elle anarchiquement*». Le geste archéologique de la remémoration ne consiste pas à démêler ce qui appartient en propre à l'impression immédiate et à l'impression esthétique : les unes et les autres constituent en effet un agrégat indissoluble dont le noyau d'origine n'est «*pas plus accessible aujourd'hui que la fleur originelle dans la fontaine pétrifiante*» ; d'autre part, le dégagement d'un tel noyau serait aussi absurde que pour l'amant stendhalien la réduction analytique de la cristallisation à quelque neutralité véridique de son objet de départ. La remémoration consiste en revanche à parcourir les «échangeurs» où les «précipités *adhésifs*», les «*constellations*» se sont formés dans l'intrication des présents : ceux qu'animent les impressions de lecture suscitées dans les différentes clefs de la représentation ; ceux que nouent le monde et la bibliothèque, les œuvres et la vie, dans le désir projectif du déchiffrement. Que la remontée généalogique opérée par l'écriture conduise à la représentation d'un espace d'échanges propre à caractériser simultanément les dynamiques de la lecture et de l'écriture, cela caractérise fortement, me semble-t-il, l'écriture fragmentaire.

L'écriture de *Les Eaux étroites* peut significativement être rapprochée de ce que devient pour l'auteur des *Carnets du grand chemin* «*le déjà-lu d'un roman en cours de lecture*» (*CGC* ; II, 1084) : un «*fragile radeau construit, sans doute, pêle-mêle, autant de cages à poules et de bouts de planches que de madriers, assemblé progressivement par nous à l'aveuglette en cours de lecture*», et qui fait que «*la masse des éléments de lecture déjà enregistrée ne se sédimente pas à mesure dans l'esprit du lecteur en un dépôt inerte, mais se transforme tout entière en aiguillon imaginatif*». Sans doute les «*constellations fixes*» (*EÉ* ; II, 535) où s'est formé l'imaginaire et à partir desquelles s'est dynamisée la mémoire semblent pouvoir être opposées au *« fragile radeau »* (*CGC* ; II, 1084) ici évoqué : ce qu'en celles-là l'écriture de *Les Eaux étroites* tend à rejoindre est en effet un déjà-donné dont la suite, à la différence de celle d'un roman en cours de lecture, est connue. Mais le geste généalogique consiste justement à retrouver le caractère aléatoire qui a pu être celui de ces « *agrégats de rencontre* » (*EÉ* ; II, 535) condensés « anarchiquement », à retrouver à chaque moment de l'écrire ce jeu d'équilibre par définition instable entre le donné sensoriel et culturel du présent de l'énoncé et la projection vers l'avant dont ce donné fournissait le matériau. « *Je parle d'Edgar Poe, et voici qu'il ne va guère me quitter* [...]. » (530). De fait, l'engagement sur l'Èvre projette son horizon d'avenir à travers une multiplicité désordonnée de références qui viennent caractériser le double régime poétique sous lequel apparaît la rivière au moment du départ : celui défini par « l'eau noire », qui appelle Bachelard, « L'Île de la Fée » et « La Chute de la maison Usher » de Poe ; celui défini par « *l'appel dans toute son urgence confiante* » (529) et dont répondent, à la suite de *Lohengrin*, les rêves d'opium de De Quincey et (à travers un glissement plus inquiétant mais peu évitable en un tel contexte à partir des « *lèvres d'une Mer rouge fendue* » (530)) « Le Masque de la mort rouge » — de Poe encore. C'est moins, me semble-t-il, les points d'ancrage d'un imaginaire qui sont là désignés par l'écriture (ils le sont aussi, bien entendu, dans la mesure où une archéologie ne peut s'accomplir sans objet) que la projection même d'une lecture dont le mouvement pur se profile derrière ses objectivations.

l'intertexte comme métaphore

L'intertextualité se laisse volontiers appréhender, tant dans les œuvres fictionnelles de Gracq que dans les autres, selon un double paradoxe. D'une part, comme j'ai tenté de le montrer, les œuvres déjà existantes livrées par la lecture sont un espace de reconduction de l'écriture en train de se faire à sa pure événementialité — comme si le rabattement de la dynamique propre de la lecture sur celle de l'écriture était la condition d'une continuité entre le lire et l'écrire (c'est au prix de ce détour qu'il peut être vraiment rendu compte, à mon sens, du gérondif et de l'absence de virgule du titre *En lisant en écrivant*). D'autre part, les références intertextuelles chez Gracq, et cela certes ne lui est guère spécifique, instaurent dans l'écriture une polyphonie à travers laquelle l'identité du sujet écrivant se ressaisit sous les figures de l'altérité. Cette polyphonie intertextuelle pourrait faire songer à ce que permet la multiplicité des personnages dans les fictions (dont Gracq rappelle, après Gide ou Malraux, qu'ils sont les projections diverses de l'écrivain lui-même). La différence, essentielle, consiste en ce que la voix de l'autre, dans la citation littéraire, est libérée de la cohérence (sociale, psychologique, diégétique) où se prennent les personnages ; elle est à la fois infiniment plus éloignée de l'instance discursive — dans la mesure où elle est un énoncé importé, déjà constitué et lesté souvent de ce dont l'a doté son appartenance à la culture commune — et infiniment plus proche de cette instance qui attire librement dans son orbite ce qu'a détaché des œuvres le geste décontextualisant de la cueillette. La citation est exemplairement un greffon qui prend (ainsi l'évocation des campagnes décloisonnées du pays nantais trouve-t-elle son expression parfaitement juste dans une formule du « chant de solitude » de René-Guy Cadou : « [...] *la grande ruée des terres jusqu'à l'horizon* » (*FV* ; II, 866)), et un corps étranger qui se signale comme tel par son ton propre, par la présence accueillie d'une voix que l'on connaît déjà, et dont le lecteur partage la résonance à égalité (ou presque) avec l'écrivain qui la cite à comparaître.

Les citations, tout comme les références intertextuelles dont la fonction est à cet égard analogue, permettent donc à l'écriture de se réapproprier elle-même par le truchement d'une mise à distance et simultanément de réfléchir par confrontation sa propre inscription dans l'espace littéraire. La fonction de la citation ou de la référence intertextuelle apparaît donc duelle : l'énoncé se fait ponctuellement le timbre de départ d'un bruissement où retentissent la communauté des œuvres et la langue, et de manière plus réflexive où se formule une problématique générale de l'écriture — selon un phénomène de réfraction littéraire qui veut que « *le tout se reflète un peu dans chacun des fragments qui le composent* » (*CGC* ; II, 939) ; par ailleurs, sur un plan microtextuel, la citation ou la référence hétérogènes creusent dans le texte où elles s'inscrivent un écart poétique paradoxalement propre à mieux piéger la singularité fuyante du sujet : le mouvement de la vie, l'éclat propre de chaque sensation, bref la forme d'un être-au-monde par définition unique.

Ce jeu de distance réappropriante est au cœur du mécanisme

associatif de la rêverie tel que le décrit Gracq dans *Les Eaux étroites*, aussitôt après avoir fait surgir de la Roche qui Boit les figures de Marie de Verneuil et de la « *Flamme errante* » (*EÉ* ; II, 541) : « [...] *portée, propulsée par le flux d'énergie que libère la réanimation par la mémoire d'objets ou de paysages auxquels s'est attachée pour nous autrefois une tonalité affective violente, comme si cette mémoire en les ressuscitant disposait soudain sur eux d'un pouvoir magique de fission.* ». La forme de cette coalescence entre les présences temporelles, entre les personnages de la littérature et les objets ou les paysages, est l'épanchement sans solution de continuité par lequel s'interpénètrent la mémoire intertextuelle et la mémoire biographique. De cette réciprocité témoigne la métaphore filée du feu né de l'eau, qui court et s'amplifie depuis les femmes de Balzac et de Verne (« *feu follet* », « *Flamme errante* » (540)) jusqu'à la caractérisation de la rêverie associative (« *étincelle ranimée* », « *images* [*qui*] *s'enflamment et vont se rallumant l'une à l'autre* », « *tracé pyrotechnique qui zigzague au travers du monde assoupi et le sillonne en éclair en suivant les clivages secrets qui, année après année — d'une expérience, d'une lecture, d'une rencontre essentielle à une autre — l'ont marqué pour toujours à mon chiffre personnel* » (541)). Mais elle se produit aussi comme un processus de différenciation, ou plus justement un dispositif de différentiels que mettent en place au sein de la métaphore filée les « *clivages* » suivis par le « *tracé pyrotechnique* », l'image du « *chemin de foudre* » ou encore celle de la « *fission* » : autant de formules qui, à l'instar de l'image poétique telle que la définissent Reverdy ou Breton ou telle qu'elle se caractérise (un peu différemment, comme on l'a vu) chez Gracq, postulent un écart et le parcours foudroyant de cet écart.

La référence intertextuelle ou la citation, chacune selon le mode de présence qui lui est propre, laissent ici apparaître avec précision la dualité de leur fonctionnement au regard du texte qui les inscrit : tout à la fois fusion et fission ; continuité qui les rend homogènes au vécu dont elles épousent les contours, mais aussi écart ou détour dont l'altérité permet au biographique d'accéder à une forme et de s'inscrire dans une énergétique, d'accéder au sens et à la représentation. On peut déduire de ce constat d'un écart tout à la fois affirmé et résorbé que l'intertexte dessine au regard de l'événementiel du discours (biographique, historique, etc.) un plan de métaphorisation d'extension variable : de la figure filée (ainsi des références à Poe ou Balzac dans *Les Eaux étroites*) à une sorte d'archi-métaphore qui commande la cohérence d'ensemble d'un texte (c'est par exemple le cas des « scènes de la vie de province » de *La Comédie humaine*, qui informent et appellent le souvenir des leçons de piano à Ancenis ; ou du « Portrait ovale » de Poe évoqué dans *Un Beau ténébreux* (*BT* ; I, 146) par Allan qui en fait proleptiquement une clef interprétative du roman et, au-delà, de « *toute œuvre* »). Il appartient en fait au lecteur, comme on le voit, de déterminer une telle extension métaphorique dont l'appréciation relève davantage de l'herméneutique que d'un calibrage objectif.

Si ce dispositif se vérifie autant dans l'écriture fictionnelle que dans l'autre, il est clair toutefois que les références intertextuelles ne sont dans les romans que des métaphores au second degré, subsumées au récit et interprétables comme telles ; c'est surtout dans la pratique fragmentaire que la métaphorisation par les intertextes peut, affranchie de l'aimantation d'une linéarité diégétique puissamment homogénéisée par la fable et le « sujet », se libérer de toute tutelle hiérarchique au sein du texte et accéder, à égalité avec les autres plans du discours, à une puissance génératrice autonome.

L'intertexte proustien fournit dans ces pages mêmes une bonne caractérisation *a contrario* de cette énergétique figurale. Il est certes la référence obligée de toute « *résurrection d'un fragment aboli du passé par l'intermédiaire d'une retrouvaille d'objet* » (*EÉ* ; II, 541) ; mais c'est là une référence qui tombe à plat : le « *quiétisme de l'illumination proustienne* » laisse à leurs identités respectives le passé et le présent, l'instrument et l'objet de la résurrection bloquant par là même toute chance d'un échange métaphorique. En cela, la critique implicite de Gracq rejoint celle que l'auteur de *André Breton...* formule explicitement contre la poétique bachelardienne des éléments, trop « *statique* » (*AB* ; I, 426) à son gré, et comme telle inapte à rendre compte du « *crépitement contagieux des courts-circuits* » (428) ou de « *suivre dans ses migrations paniques une matière perpétuellement dynamisée, insaisissable autrement qu'en affinités, en attractions, en "correspondances" et en devenir* ».

L'exemple limite de cette inertie qui laisse à leurs identités respectives des éléments hétérogènes est donné, selon Gracq, par cette « *entreprise dérisoire et pathétique* » (*CGC* ; II, 1091) que sont les *Œuvres romanesques croisées* d'Aragon et Elsa Triolet, où la

« *solitude de l'écriture* » éclate d'autant mieux qu'on avait tenté de la conjurer par des moyens artificiels. En quoi Gracq signale par défaut combien les jeux où s'échangent et se révèlent identité et altérité littéraires n'ont de sens et d'espace que dans la quête que mène une écriture de sa propre singularité.

l'intertexte comme tautologie

Autour des sept collines présente assurément un cas à part quant à l'usage gracquien de la citation ou de l'allusion littéraire. Le voyage à Rome, on le sait, a été accompli tardivement par Gracq et il correspond dans l'esprit de l'écrivain à un genre dont la prégnance est vivement ressentie — et suscite une réticence à sa mesure : celle du pèlerinage culturel. Le discours d'autrui, tout comme l'appareil monumental de l'Italie dont la fonction est à bien des égards analogue, préexiste à l'expérience sensible au point de ne permettre avec elle aucune coalescence. Le vécu se greffe sur ce qu'ont déjà fortement constitué les récits des voyageurs (Chateaubriand, Stendhal, Lamartine, Nerval — les plus enthousiastes, comme le Président de Brosses ou Renan, sont délibérément oubliés) — récits qui font doublement l'objet d'une mise à distance : ce qu'ont vu les prédécesseurs de Gracq sur les routes de l'Italie ne ressemble guère à ce que voit ce dernier (seules les impressions négatives, celle où par exemple Chateaubriand dénigre le Tibre, conservent selon lui quelque actualité) ; d'autre part, la remémoration de l'Italie (car il s'agit là encore, comme pour toutes les œuvres non fictionnelles de Gracq, d'une écriture de l'après-coup et non d'un récit de voyage ou à plus forte raison d'un Journal) constitue un objet relativement étanche dans le temps : rien ou presque n'y assigne un vécu plus lointain du sujet, ni les perspectives d'un advenir que referment par avance l'âge relativement avancé de l'écrivain au moment du voyage (soixante-six ans) et le caractère ruinifère de ce qui s'est offert à sa contemplation. En ce sens *Autour des sept collines* propose l'envers de cette dynamique du passé ultérieur qui soustend la temporalité de *Les Eaux étroites*, de *La Forme d'une ville* ou de nombreux textes des recueils fragmentaires : l'ouvrage montre en fait plutôt ce que produit le défaut d'une telle dynamique, c'est-à-dire aussi ce qui en signale la limite et la portée. En ce sens, les références intertextuelles de *Autour des sept collines* permettent également à l'écrivain de mesurer la distance de l'écrire à l'écrit. Ce que livre la lecture du texte est immédiatement donné comme la surexposition de la lecture des lieux : déchiffrement, en fait, de ce qui se donne à voir sans réserve ni mystères puisque Rome, « *tous ses viscères nobles mis à l'air,* [...] *est la seule ville au monde qui ressemble à une autopsie* » (*SC* ; II, 914). L'écriture n'apparaît donc pas comme le procès réflexif de ce qui retourne vers une puissance inchoative de l'écrire, mais comme ce qui se produit sur un fonds référentiel constamment défini comme écrit : œuvres mortes, que Rome donne à admirer à profusion dans les rues comme (surtout) dans les musées ; œuvres vives (celles des écrivains qui assurément confèrent à l'Italie ce qu'elle a de plus vivant aux yeux de Gracq), mais qui ne sont convoquées par la mémoire culturelle — secondaire et universitaire — que pour nouer un dialogue sur les morts. C'est exemplairement le cas de la référence amusée et soulagée à Ferdinand Lot avouant à demi-mots son ennui devant l'art romain (voir *SC* ; II, 898-9). Ce l'est encore dans ce dialogue qui se poursuit sans se nouer entre « *les relations de voyage illustres* » (924) des siècles passés, et ce que donne à voir et à dire la Rome d'aujourd'hui : les démentis se multiplient à une littérature dont les témoignages vibrants basculent, faute de liens possibles avec le vécu de l'écrivain, dans la neutralité des archives ou la nostalgie des vies éteintes : « *Ni l'Île sonnante de Rabelais, ni la bauge conventuelle et bigote, un peu croupissante, de Stendhal, ni les clairs de lune sur les ruines de Chateaubriand, aussi veufs d'*immeubles de rapport *que pourraient l'être ceux de Palmyre ou de Persepolis.* » (925).

Il est significatif que l'entrée en matière de l'ouvrage s'encadre du portique de deux références à l'enseignement des humanités jadis dispensé dans les collèges, l'une qui en signifie le refus (Breton), l'autre l'application naïve (Montherlant). Gracq ne se moule dans aucune des deux, mais son regard apparaît toujours surplombé par le « *point d'interrogation agressif* » (*SC* ; II, 881) qui questionne à chaque coin de rue le plaisir ou le déplaisir éprouvés, la plus ou moins grande conformité du lieu visité au stéréotype qui le précède. Ainsi la campagne italienne est-elle disqualifiée par la surimpression des *Bucoliques* : « *Les bergers me semblent encore les bergers de Virgile, amis des muses rustiques et du pipeau* [...]. » (893) ; la conséquence est la dissociation radicale entre une image claquemurée dans la figure du même (celle d'une convention culturelle qui se surexpose en caricature) et une image de la vie qui est laissée à l'écart : « [...] *rien ne prévaut contre l'impression que tous ces gens* [...] jouent *la vie dont ils donnent le spectacle superficiellement animé plutôt qu'il ne le vivent.* » (894). L'intertexte, rendu inerte par sa complète identité à soi, reste étranger à la dynamique de la mémoire dont il ne partage pas la temporalité (les jeux labiles du présent et du passé, de l'actuel et du virtuel, de l'ultérieur et du rétrospectif) ou encore dont il occupe une galerie morte : pure altérité, qui ne permet pas à l'écriture de se ressaisir dans l'exploration de sa généalogie mais qui assurément la confronte, et avec elle le regard de l'écrivain sur le monde, à ses points aveugles. La figure propre où se ressaisissent les références intertextuelles est en l'occurrence, diamétralement opposée à celle de l'échange métaphorique, la tautologie.

Ici s'éclaire ce que Gracq appelle dans la section « Autour de Rome », de façon moins stéréotypée qu'il n'y paraît, « *du tourisme de contreseing et de validation* » (*SC* ; II, 891). Contresigner, c'est signer au bas d'un texte que l'on n'a pas écrit ; c'est-à-dire s'engager sans avoir barre sur l'écriture qui vous engage. L'écrit préexiste alors, déjà constitué mais non constituant puisque le sujet échappe en partie à l'acte qui l'implique et demeure dans une zone indécise, obscure, résiduelle. C'est cette zone que peuvent explorer les dispositifs de capture de l'écrire, mais que laissent à sa réserve le pré-écrit et le contreseing — comme si l'absence de mystère qui, écrit Gracq, caractérise Rome était justement ce qui laisse, de manière un peu inquiétante, le sujet à son mystère. Telle est à mon sens l'une des leçons de *Autour des sept collines*, sur laquelle — parmi d'autres — il me faudra revenir. Ce qui dans l'immédiat m'importe est le jour ainsi jeté sur le statut et la fonction de l'intertexte convoqué par les œuvres non fictionnelles. S'y dégage en effet un troisième paradoxe connexe à ceux déjà examinés (les références intertextuelles reconduiraient l'écriture à son événementialité pure ; l'altérité des références serait un dispositif de quête de l'identité). La citation, la référence fonctionnent en effet sur le double tableau de la partie et du tout : l'épisode, le détail, le personnage ou la voix autre appelés par l'écriture convoquent l'ensemble de l'œuvre dont ils sont extraits — non selon la métonymisation mécanique du savoir, mais parce qu'à travers eux revient l'épaisseur et la temporalité singulières d'une expérience de lecture où le sujet se ressaisit lui-même comme totalité. *Autour des sept collines* se situe là encore sur un plan opposé à celui des autres œuvres fragmentaires, qui s'en laissent éclairer en creux : l'allusion, la citation, ne parviennent pas en effet à impliquer le sujet, le laissant au morcellement de ses impressions ponctuelles, livrant simultanément l'écriture à la parcellisation des notations et des constats. Ainsi une phrase de la lettre de Chateaubriand à son ami Fontanes intrigue-t-elle Gracq qui la cite : « *"En hiver* [...] *les toits des maisons sont couverts d'herbe, comme les toits de chaume de nos paysans"* » (*SC* ; II, 905). Et l'auteur d'ajouter que « *cette bizarre remarque* [... *l'*]*a poursuivi plus d'une fois dans* [*s*]*es promenades à travers les rues* ». La remarque toutefois se résorbe dans sa bizarrerie, sans rien appeler de la globalité d'un rapport au monde comme le font si souvent dans les autres œuvres les notations sensorielles les plus ténues, et se termine significativement sur un double constat de manque (la « *carence* » d'étrangeté qui affecte la ville) et d'occultation : « *Toujours cette alluvion qui recouvre Rome comme une palissade se recouvre d'affiches.* ».

Rome emblématise ce morcellement du sujet et de l'écriture et se donne à lire comme l'envers des lieux de l'intégrité retrouvée :

> À Paris, dans les rues, on vit le regard à hauteur de visage. À New York je vivais le nez en l'air, l'œil aspiré vers le zénith par la fusée des gratte-ciel. À Rome, il se fixait plutôt à mi-hauteur des façades, en quête d'entablements, de cartouches, de balcons, de corniches sculptées : maison ou *palazzo* ? (*SC* ; II, 905)

L'émiettement des détails ne parvient à rien recomposer et retranche le sujet du sentiment de sa respiration. C'est que la lecture tautologique est entièrement du côté des objets, posés dans une antériorité séparatrice face au regard et à l'écriture qui ne peuvent les inscrire — sinon par défaut — dans l'espace de leur propre réflexivité. Tout se passe comme si la notation était enfermée dans une représentation exclusivement « myope », dont on sait qu'elle va à l'inverse de la presbytie que se reconnaît Gracq : le détail imposé, en fixant une antécédence, oblige l'écriture à rendre compte d'une sédimentation qui n'est pas la sienne propre, à substituer la temporalité inerte de l'objectivé à celle de l'objectivation vivante. À l'inscription poétique, qui seule permet au détail ou à la partie de réfléchir le tout, s'oppose en l'espèce l'inscription muséale qui ne parle que le langage juxtapositif des choses (ou des tombes).

On peut noter *a contrario* tels fragments de *Lettrines* où la représentation myope du détail vient fracturer l'ensemble qui l'inscrit pour en révéler la perspective et y prendre sens en retour. À cette condition, le sujet peut retrouver l'ampleur de sa respiration, ce qui signifie — les médiateurs invoqués (Hugo, Tolstoï, Claudel) sont là pour en témoigner — que l'écriture peut instituer elle-même sa temporalité et sa forme :

> [...] la *zone du tragique*, souvent plus étroite qu'on ne pense — incroyablement resserrée. Ceci très bien vu, comme toujours, par Hugo, dans l'émeute des *Misérables* : à une portée de fusil des barricades où on se mitraille, des fêtards après le théâtre soupent joyeusement sur le boulevard.
> (*L1* ; II, 147)

S'enchaînent alors tout uniment deux exemples : l'un emprunté aux *Trois récits de Sébastopol* de Tolstoï ; l'autre à ce qu'a vu le lieutenant Poirier « *sur l'Aa de Gravelines* » (160) et dont les références précédentes garantissent l'aptitude à prendre forme : « [...] *deux mitrailleurs au bord de l'eau, tapis au défilement derrière la diguette avec leur engin qui venait de tirer et sa bande encore enclenchée, puis, à dix mètres de là,* [...] *un estaminet où une petite vieille servait deux pernods à des soldats accoudés au comptoir.* » — « *Mais les* grandes circonstances, *ainsi prises par le témoignage naïf dans la trame des travaux et des jours, ne rapetissent pas comme le croyait Tolstoï : elles s'enracinent. Claudel ne l'a pas ignoré.* ».

À la superposition de couches étrangères les unes aux autres, dont la comparaison de l'alluvion romaine à une palissade recouverte d'affiches donne une image de feuilletage étanche et réifié, s'oppose l'enracinement — figure d'organicité par quoi le tout du sujet communique avec le tout de l'œuvre lue, citée ou s'écrivant : « *Les livres ont leurs racines, comme les plantes* [...]. » (*FV* ; II, 808). À la monumentalité romaine, réduite à la menue monnaie de ses détails et à l'artifice de figurants que l'intertexte éloigne et fige plus qu'il ne les anime, répond à l'autre extrême de la polarisation la modeste et, aux yeux de l'écrivain, infiniment prestigieuse ruine de « *l'Ancien Observatoire* » évoquée par *La Forme d'une ville* (806). Le lieu n'est que détails (mousse et lierre, « *instruments de mesure décrépits et démodés* », « *vigie maléfique de sa logette vitrée* »), mais propose l'un des « échangeurs » les plus complets et les plus suggestifs de l'œuvre de Gracq : « [...] *une fixation s'opéra dans mon esprit : à la maison Usher comme au château de Dracula, à toutes les maisons hantées du roman comme aux "maisons du pendu" de la peinture, l'Ancien Observatoire se mit à servir à la fois de référence matérielle instinctive et de truchement imaginatif.* ». Lieu de communication de la mémoire intime et de la littérature, des topographies réelle et imaginaire, du stéréotype et de l'œuvre d'art, la ruine est ici exemplairement espace de redistribution entre les forces de disponibilité de la vie et les formes d'actualisation dont les lectures ont fixé les hantises, entre la puissance d'objectivation d'un imaginaire dont on sait quel sort il a réservé dans les fictions à la figure du « château noir », et le procès réflexif qui, conférant à la littérature qu'il convoque sa respiration, retrouve les clefs d'une telle puissance pour s'en approprier inépuisablement le « sésame » : « *Et l'ancienne vague glaciale, qui semble maintenir en hibernation, pêle-mêle avec son rempart de branches intact, une bâtisse depuis longtemps promise à la ruine, a de nouveau déferlé sur moi.* » (807).

V

LA FORME DE L'HISTOIRE

1. LE STYLE DE L'HISTOIRE.

l'« esprit-de-l'Histoire »

L'Histoire et la remémoration ne constituent pas dans l'œuvre non fictionnelle de Gracq, me semble-t-il, deux objets évidemment séparables par leur nature. Les souvenirs les plus anciens de l'écrivain sont presque toujours inscrits par le commentaire dans leur contexte historique, moins sans doute par souci professionnel d'exactitude que parce que émerge dans le vécu même du scripteur une distance qu'il perçoit comme fascinante en soi : la section de *Lettrines 2* la plus chargée de souvenirs d'enfance est précisément intitulée « Distances ». Si cette distance pose la question de sa représentation, que j'ai tenté jusqu'à présent d'analyser, c'est aussi dans la mesure où la proximité du souvenir, même le plus lointain, à celui qui se souvient est indissociable du sentiment d'un changement de monde qui le maintient simultanément dans un éloignement vertigineux. La confrontation, déjà étudiée (voir *supra*, p. 38), entre les deux états d'un champ de bataille sous le feu et revisité quarante ans plus tard est sans doute la forme extrême de cette fracture qui fait que le présent de la remémoration est incapable de reconnaître son objet, non parce qu'il est oublié mais parce qu'il appartient à une réalité et à une temporalité radicalement autres (« *un plus-que-passé, un irréel passé qui demanderait pour le signifier un temps inédit du verbe* » (*FV* ; II, 144)). Si par ailleurs, nombre de fragments évoquent des souvenirs relativement récents (dans les recueils en particulier), ceux-ci se laissent volontiers investir par des perspectives fuyantes où s'ouvrent brutalement les brèches de la mise à distance historique, ou encore par la superposition avec des souvenirs plus anciens qui soudain rendent représentable une épaisseur temporelle.

De manière symétrique, les fragments prenant l'Histoire pour objet, ou plus souvent telle période ou tel épisode historique, instituent le discours sur le double plan de l'information (ou du contenu) et de la représentation — comme si l'intérêt de l'évocation se déplaçait vers les modalités de l'énonciation, vers ce qui dans le présent de l'écriture se voit questionné par la référence. Ainsi, parmi tant d'exemples possibles, la confrontation entre les penseurs russes du XIXe siècle et les penseurs français du XVIIIe siècle « *apprête à rêver* » (*CGC* ; II, 1043-4) l'écrivain sur « *l'extraordinaire contraste* » entre deux figures de temporalité : l'une où « *rôde en arrière-plan le pressentiment de l'Apocalypse* », l'autre qui projette devant elle, « *spontanément, les seules perspectives fleuries, raisonnables, d'un jardin à la française, aménagé et retaillé sans drame dans le buissonnement confus de la vieillerie monarchique* » (1044). Au-delà du pittoresque de ce contraste dans l'histoire des idées, se retrouve l'antithèse poétique — assurément fort parlante pour l'auteur de *Le Rivage des Syrtes* — entre l'aspiration irrationnelle d'une imminence (telle que la manifestent diversement les phrases de Breton, les romans de Stendhal et bien entendu de Gracq lui-même) et la cécité d'une raison planifiant abstraitement un futur mort-né (et que démentiront bien entendu les faits). On retrouve là la dualité, déjà évoquée, entre les deux phrases de *Hamlet* et de *Macbeth* citées dans *Lettrines* et dont l'écrivain fait l'essence même de ce qu'est pour lui le retentissement théâtral : l'une qui « *pressent* », l'autre qui « *ne pressent pas* » (*L1* ; II, 196).

L'exemple le plus frappant est sans doute proposé par la section « Littérature et histoire » de *En lisant en écrivant*, avec le développement d'« *un beau sujet pour un* péplum *à la manière de Flaubert* » (*En* ; II, 709) : le légat romain Cecina, « *cerné avec ses légions par Arminius dans les marécages boisés des Longs Ponts en Germanie* », voit apparaître en perspective derrière le fantôme sanglant de Varus « *la fin de Rome* [...] *trois siècles à l'avance* » et « *la grande ruée barbare* » qui fera naître un autre monde. Gracq à vrai dire traite lui-même en partie, en une sorte de mini-roman elliptique, ce sujet fourni par les *Annales* de Tacite qui le hante de toute évidence. C'est que l'Histoire relève ici de l'écriture romanesque (tout comme l'a fait — à en croire un entretien avec Gilbert Ernst[54] — la « *drôle de guerre* »), voire qu'elle procède elle-même, à travers les lignes de Tacite citées par Gracq, à une réécriture de *Le Rivage des Syrtes* et de *Sur les falaises de marbre* de Jünger dont elle détermine le point de fusion et constitue l'intertexte fascinant.

Le rapport de Gracq à l'Histoire est ici exemplairement figuré : celle-ci ne se donne pas comme le déploiement d'une chronologie ou d'un enchaînement rationnel. Si l'Histoire peut éclairer le présent, et assurément nombre des commentaires et des informations livrés par les fragments lui assignent cette fonction, c'est toujours selon un éclairage rasant qui ne laisse apparaître que ce qui fait saillie dans l'imaginaire et se laisse définir par la puissance configurante de l'écriture. L'Histoire n'arrête l'écrivain que pour autant qu'elle le restitue à sa dimension de sujet et à la réflexivité de l'écrire — en quoi elle s'identifie, si éloignés que soient les supports qu'elle propose à l'objectivation, à la dynamique de la remémoration la plus intime. Ces lignes des *Carnets du grand chemin*, où l'auteur caractérise le travail de stylisation propre au souvenir de paysage, pourraient au mot près, me semble-t-il, définir l'emblématisation de l'Histoire par les figures de son devenir-écriture :

> Il y a une élision du souvenir qui, à la manière de l'héraldique, rattache parfois à certains lieux visités rapidement, ou traversés au fil de la route, deux ou trois attributs stylisés qui les représentent à suffisance, comme fait un écu mi-parti ou tout au plus écartelé sur la porte d'une ville.
>
> (*CGC* ; II, 945)

À signifier ainsi une héraldique de la vision à distance, l'écrivain désancre l'objet de sa temporalité référentielle (particulièrement prégnante dans le cas de l'Histoire) pour instituer celui-ci dans l'ordre d'une représentation qu'il peut appeler, dont il peut suggérer l'orientation ou fournir le modèle (ainsi avec l'épisode rapporté par Tacite), mais qu'il ne saurait régir depuis l'espace hétérogène qui était initialement le sien. L'Histoire apparaît alors comme histoire virtuelle, qu'elle se laisse prendre dans un ample geste d'écriture où elle s'épuisera comme factuel en passant à une dimension plus accomplie, ou qu'elle soit saisie comme

54. Voir l'entretien de Julien Gracq avec Gilbert Ernst, pp.211–21 in *Julien Gracq*, Jean-Louis LEUTRAT *ed.* (Paris, L'Herne, « Cahiers de L'Herne » 20, 1972).

simple figure séminale dont l'écriture peut se borner à esquisser l'expansion possible. Elle est alors en quelque sorte en gésine de sa métamorphose poétique et de son accès à une temporalité sublimée. C'est ce dont rend compte la formule, souvent citée par la critique, de l'*esprit-de-l'Histoire* :

> Ce que j'ai cherché à faire, entre autres choses, dans *Le Rivage des Syrtes*, plutôt qu'à raconter une histoire intemporelle, c'est à libérer par distillation un élément volatil, l'« esprit-de-l'Histoire », au sens où on parle d'esprit-de-vin, et à le raffiner suffisamment pour qu'il pût s'enflammer au contact de l'imagination. Il y a dans l'Histoire un sortilège embusqué, un élément qui, quoique mêlé à une masse considérable d'excipient inerte, a la vertu de griser. Il n'est pas question, bien sûr, de l'isoler de son support. Mais [...] il n'est pas interdit à la fiction de parvenir à l'augmenter.
> (*En* ; II, 707)

Gracq retrouve les termes *excipient inerte*, qu'il a déjà utilisés dans le même ouvrage à propos du cinéma, pour désigner la matérialité factuelle du support utilisé par l'œuvre d'art, matérialité qui vient parasiter dans le « septième art » l'accomplissement esthétique de l'œuvre, mais qui se trouve ici à la fois assumée et dépassée par la fiction. Le motif de cette plus grande solubilité dans le récit tient à une parenté de « *rumeur* » (708) dont fait état la suite, plus rarement citée, de ce fragment : « *Quand l'Histoire bande ses ressorts,* [...] *elle dispose sur l'ouïe intérieure de la même agressivité monitrice qu'a sur l'oreille, au bord de la mer, la marée montante* [...]. ». L'Histoire manifeste, par ce timbre qui signale son ébranlement, une homogénéité acoustique avec la fiction qui est en même temps une homogénéité temporelle : le timbre, on le sait, est chez Gracq le mécanisme le plus intime de la dynamique d'appel qui entraîne le récit et éveille en lui la « *rumeur directrice du monde* » (641).

La différence la plus sensible, dans le traitement fictionnel de l'« excipient inerte », entre le factuel de l'Histoire et celui du cinéma ne réside pas tant, toutefois, dans la pure et simple solubilité poétique que dans la relation à l'hétérogène. Alors que le donné enregistré par la caméra reste inerte et résiduel, le factuel de l'Histoire est doté d'une autonomie poétique qui ne se laisse pas tout à fait réduire au geste de l'écriture et à la temporalité propre de la fiction — en quoi réside justement son pouvoir de fascination, rémanent depuis le *Rivage des Syrtes* jusqu'aux *Carnets du grand chemin* par-delà les mises au tombeau provisoirement effectuées par *Un Balcon en forêt* ou « Le Roi Cophétua ».

Ainsi ceux que Vanessa Aldobrandi appelle « *les poètes de l'événement* » (*RS* ; I, 775) ne sont pas seulement ceux qui, étymologiquement, le *font*, mais aussi ceux qui savent entendre sa rumeur et lui donner, sans toujours en maîtriser la donne (c'est ce dont témoigne Aldo dans *Le Rivage des Syrtes*), son prolongement historique et esthétique : « *Il y a dans l'Histoire un poète puissant et multiforme, et la plupart du temps un poète noir, qui à chaque époque prend pour l'écrivain un visage neuf, mais qu'aucune majuscule ne désigne* [...]. » (*En* ; II, 711). Il s'agit alors pour l'écrivain de lire le visage à la fois offert et caché par l'Histoire, de répondre par l'écriture de ce visage qui ne naît pas de l'écriture.

La fascination suscitée par certains moments historiques tient en l'occurrence à leur irrationalité, à ce qu'ils ont d'immaîtrisable pour la logique. C'est sur cette défaillance qu'achoppe le commentaire, renvoyant le discours à sa réflexivité (par quoi il pense les conditions d'une représentation de ce qui se dérobe) et ouvrant par cette brèche les droits de la fiction. L'irrationalité de l'Histoire, dont le sens semble selon Gracq avoir échappé aux Anglo-saxons mais non aux penseurs russes ou allemands, est plaisamment figurée dans les *Carnets du grand chemin* par « *l'image d'une voiture effrénée dont le comportement normal est, à chaque tournant, de déraper et de se mettre en travers de la route, quand il ne lui arrive pas d'effectuer au préalable deux ou trois tonneaux* » (*CGC* ; II, 1059). Et l'écrivain de conclure sur cette « *mauvaise pensée intime* », si valéryenne d'esprit et de ton : « [...] *parmi toutes les histoires nationales — sinon certes du point de vue artistique et idéologique, du moins assurément de celui du* rendement *de l'énergie dépensée — depuis trois siècles, il y en a peu de plus* bêtes *que la française.* ».

les « paysages-histoire »

Rendre compte de l'*esprit-de-l'Histoire* suppose donc que soit maintenu un écart esthétique, que la fiction ne ferme pas les brèches où la représentation rencontre sa gageure mais sache, comme dans le projet de « péplum » inspiré de Tacite, approfondir « indéfiniment la perspective ». D'un tel projet témoignent particulièrement, aussi bien dans les œuvres fictionnelles que dans les fragments, ce que Gracq appelle des *« paysages-histoire » (*CGC* ; II, 989). Le choix de la forêt des Ardennes pour cadre de *Un Balcon en forêt* n'a pas d'autre raison :

L'Ardenne est pour moi un de ces *paysages-histoire* : elle ne parlerait pas, quand je la revois et que je la traverse, aussi fort qu'elle le fait à mon imagination, si, à la seule image de la forêt d'Hercynie sans chemins et sans limites que nous ayons conservée chez nous, elle ne superposait celle de la forêt de Teutoburg, inquiétante à force de silence, par trois fois grosse des légions d'Arminius. (*CGC* ; II, 989)

Les fragments proposent de tels paysages : Verdun, Langres par exemple cristallisent dans la mémoire de l'écrivain des concrétions spatio-temporelles que décontextualise l'autonomie de leur fonctionnement emblématique et que recontextualise leur situation aux « *carrefours de la poésie, de la géographie et de l'histoire* ». On sait le sort privilégié réservé par les fictions aux hauts-lieux, châteaux noirs ou hauteurs naturelles propices à la concentration symbolique et à l'ivresse respiratoire. Les paysages-histoire se distinguent toutefois autant des vignettes du souvenir que des hauts-lieux de la fiction. Ces derniers sont définis par l'expansion narrative qui s'y concentre et qu'ils redistribuent. Ainsi l'îlot de Vezzano, dans *Le Rivage des Syrtes*, joue-t-il à la fois le rôle de crypte initiatique (Aldo et Vanessa y scellent leur pacte implicite en y faisant l'amour (*RS* ; I, 682)) dont le motif reprend celui de la chambre des cartes de l'Amirauté, le rôle d'observatoire exaltant et inquiétant tourné vers le Tängri (dont il reprend le caractère de signal maléfique) et détourné des Syrtes qui n'y sont plus visibles, et le rôle de vaisseau (« *un voilier sous ses tours de toile* » (680-1)) préfigurant évidemment la traversée ultérieure du "*Redoutable*" vers le Farghestan : autant de fonctions que le château d'Argol réunit hyperboliquement, que celui de Roscaër ou la chambre d'Allan à l'Hôtel des Vagues, dans *Un Beau ténébreux*, reprennent plus elliptiquement, et que la « *maison forte* » ardennaise de Grange miniaturise ironiquement. Les hauts-lieux des fictions bandent ainsi à l'extrême la puissance propulsive du récit, tout investis qu'ils sont par la latence de l'événement.

Les « paysages-histoire », à l'inverse, pétrifient dans l'espace une Histoire qui les a désertés (Verdun) ou qui ne les a jamais rejoints (Langres) : figures d'une fatalité, manquée ou accomplie, qui leur est consubstantielle (ainsi Langres est définie comme « *une forteresse centrale naturelle,* [...] *un Verdun qui n'aurait pas rencontré son destin* » (*CGC* ; II, 999)). La légende qui commente certaines de ces vignettes historiques ne relève qu'au second degré d'un geste de singularisation poétique — comme si l'écriture qui les traverse relevait d'une parole collective plus haute et plus ancienne. L'exemple limite, déjà évoqué, en est Jérusalem : « [...] *ville Pythie, ville épileptique, hoquetant sans trêve de la transe de l'avenir, mordant le pied qui l'écrase, projetant autour d'elle comme les pierres de Deucalion les pierres calcinées de ses remparts* [...]. » (*L1* ; II, 230). De même à Verdun telle colline « *de toute éternité on dirait, était faite pour s'appeler la cote 304* » (238). Le commentaire tourne en fait autour de ce langage qui le précède plus qu'il ne l'investit, tout comme il est réduit, dans tels fragments des *Carnets du grand chemin*, à gloser le silence de certains lieux qui reculent dans les âges — en deçà de tout événement attestable : ainsi le Morvan, « *donjon gaulois, puis* saltus *romain, qui continue à défier les grandes routes* » (*CGC* ; II, 955) et où demeure encore « *le silence de la forêt celtique* » ; ou bien le lac de Grandlieu, « *énorme flaque engorgée, mangée de roselières* » (956), où l'on peut encore voir « *ce que dut être l'abord, non aménagé, des marais de l'ancienne Gaule* ». Dans cette mise à distance du discours, la fiction peut s'engouffrer, comme on l'a vu à propos de la forêt des Ardennes, mais elle ne parvient pas à combler la brèche qui s'approfondit indéfiniment. Telle est, me semble-t-il, la fonction de ces notations qui dans *Un Balcon en forêt* intemporalisent vers des lointains antiques et légendaires le présent d'un énoncé fortement emprunt d'historicité[55], ou encore du virtuel — plus fascinant sans doute pour l'écrivain que ne le serait la réalisation du projet — dans lequel se tient le « sujet de péplum » d'après Tacite évoqué précédemment.

La spécificité de la représentation gracquienne de l'Histoire apparaît en l'occurrence clairement : non pas, bien entendu, déploiement linéaire ou ordonné ; non pas maillage ou réseau,

55. Citons par exemple :

La forêt respirait, plus ample, plus éveillée, attentive jusqu'au fond de ses forts et de ses caches soudain remués aux signes énigmatiques d'on ne savait quel retour des temps — un temps de grandes chasses sauvages et de hautes chevauchées — on eût dit que la vieille bauge mérovingienne flairait encore dans l'air un parfum oublié qui la faisait revivre. (*BF* ; II, 37)

La nuit sonore et sèche dormait les yeux grands ouverts ; la terre sourdement alertée était de nouveau pleine de présages, comme au temps où on suspendait des boucliers aux branches des chênes. (*BF* ; II, 53) comme la mémoire — la masse de l'information disponible interdit probablement un tel type de projection, et interdit davantage encore l'uniformisation des différences temporelles que ce modèle supposerait. L'Histoire telle que la reconstruit l'écriture fragmentaire relève en soi du fragment, en quoi elle rencontre sa forme ; en quoi réciproquement la pratique discursive trouve un objet privilégié où lire sa propre réflexivité. Ce qui prend figure, ce sont des singularités (Jérusalem, Venise, les Ardennes, etc.) qui peuvent s'appeler l'une l'autre (ainsi le Morvan est-il superposable, au regard de l'historicité, au massif ardennais, ou Langres à Verdun), mais dont chacune constitue à la fois une essence et un exemplaire unique. L'Histoire rencontre en fait exemplairement le nominalisme de l'écriture gracquienne ; la modalité de cette rencontre, plus que pour le souvenir qui ne trouve là qu'une de ses polarisations, passe par la fracture entre les signes et les choses et fait de l'approfondissement de cette fracture, que la remémoration intime travaille pour sa part à résorber, l'objet de la quête scripturale. Ce qu'interroge l'écriture se laisse là aussi figurer par le blanc interfragmentaire. Mais là où le souvenir souligne l'aptitude des fragments à faire système, à entretisser leurs prolongements et à aboucher les dispositifs d'ouverture qu'ils constituent, la représentation de l'Histoire désigne ce qui clôt chaque fragment sur lui-même et le convertit en partie en dispositif d'illisibilité. Dispositif paradoxal en l'occurrence : c'est par la surexposition du lisible que Verdun déroute le visiteur — emblématiquement figuré par « *un sergent noir américain avec sa petite amie, l'air très désœuvrés, claudiquant entre les entonnoirs comme des pêcheurs de crevettes* » (*LI* ; II, 238).

Rome, de même, « *tous ses viscères nobles mis à l'air, est la seule ville au monde qui ressemble à une autopsie* » (*SC* ; II, 914). Mais ce paysage urbain qui n'est qu'exhibition de l'Histoire déroute par ailleurs toute tentative de construire la cohérence d'un « paysage-histoire », et plus encore de se laisser investir comme essence singulière à l'instar de la vignette. La sur-lisibilité de Rome produit par congestion et saturation son inaptitude à laisser lire toute différence temporelle, c'est-à-dire aussi — et là réside son pouvoir de résistance — toute distance constitutive de la perception gracquienne de l'historicité. Ainsi de la vénérable bâtisse du Campidoglio, « *dont l'aspect est celui du revers d'un* ensemble *contemporain* » (914), révélateur de la « *dissonance architecturale* », de « *la vaste bousculade monumentale de la ville* » :

L'extraordinaire, la chaotique mixité architecturale romaine en fait le pôle opposé du rêve de pierre, [...] mais la vie fait alliance avec ce fouillis urbain à quatre dimensions, où on change de siècle non seulement en changeant de quartier, mais parfois en changeant d'étage, où les églises font leur nid dans les débris d'une colonnade corinthienne, où des taudis populaires branlent du chef sur un soubassement quiritaire, où les arcs de triomphe, avant d'accéder à la dignité de ruines, ont passé par l'état de châteaux-forts. (*SC* ; II, 914-5)

Rome figure ainsi l'envers de toute singularité historique, défait toute signature de l'unique, bouscule toute caractérisation d'une identité par un jeu indéfini d'altération. Les églises en fournissent un exemple significatif, ouvertes sur la rue ou sur le domicile privé « *sans rupture clairement marquée* » (*SC* ; II, 919), théâtralisation sans drame d'une indécision entre le religieux et le profane. Le devenir-autre ici n'est pas le détour d'une réappropriation du même, comme on l'a vu à propos des références intertextuelles, mais bien plutôt le pivot toujours déplacé d'une pure désorientation. En cela Rome n'offre pas cette dynamique d'équilibrage entre le décentrement et le retour au centre que j'ai tenté de décrire à propos de *La Forme d'une ville* : elle en donne à voir bien plutôt, dans sa dérive irrésistiblement centrifuge, l'impossibilité. Ce constant décentrement est de même ce qui oppose Rome aux paysages-histoire dont elle propose paradoxalement le condensé — mais un condensé si anarchique et polymorphe qu'il efface toute distance. Le récit n'a alors plus sa place, expulsé par le discours qui commente cette expulsion et cet effacement avec assez de réticente fascination pour qu'en naisse un volume.

Un exemple (parmi d'autres) de cette éviction du récit est donné par l'opposition entre la statuaire antique du musée du Capitole (« *sujets de pendule admirables* » (*SC* ; II, 899) — comme l'on sait) et le *David* de Michel-Ange, emblématique de la Renaissance et que Florence voit pour une fois porté à son crédit : « [...] *le surgissement de la dynamique "faustienne" chère à Spengler apparaît dans toute sa clarté* ». Autant *Le Gaulois mourant* ou le *Laocoon* romains répètent le motif du « *terrasseur d'hydre* » sans autre prolongement qu'une référence érudite et conventionnelle, réduite à soi, autant le *David* engage par son geste et son regard le pur procès d'une narrativité possible :

L'adolescent a mesuré ses moyens ; l'étincelle de la haute ambition s'est éveillée sous ce front bas : ni pour Saül, ni pour Urie le Hittite il ne fera bon désormais de se mettre en travers de son chemin. Ce n'est plus ici d'aucune manière une variante biblique de l'enfant Hercule étouffant les serpents : c'est Tête d'Or qui se met en route. (*SC* ; II, 899)

l'Histoire comme dehors : l'écriture des vestiges

Le récit inspiré de l'Histoire, le discours sur l'Histoire s'inscrivent donc au défaut l'un de l'autre, chacun restituant à sa façon au regard de la présence-absence du vestige la présence-absence d'une écriture de la fascination. Selon que le vestige peut ou non se laisser investir par le sujet de l'épaisseur de sa temporalité intérieure, il peut être parlant et s'instituer comme figure de déplacement (métaphore ou métonymie), suscitant par là même le geste d'une expansion narrative qui l'absorbe à son présent et à sa présence ; ou au contraire il peut demeurer vestige, figure du même (tautologie) impropre à quitter la réserve d'une différence temporelle inassimilable, murée dans un silence qui assigne comme tel l'écriture à la glose discursive et au constat de la distance[56].

On conçoit aisément que les vestiges rencontrés par la fiction ne soient que des simulacres : ils sont plutôt les signes d'une antériorité imaginaire qui n'a de raison d'être que dans le jeu proleptique de l'écriture et de la lecture. Ainsi les ruines de Sagra, dans *Le Rivage des Syrtes*, préfigurent-elles le devenir d'Orsenna voué à la fossilisation et à l'indifférenciation organiques. « La Route », condensé si précieux de l'imaginaire gracquien, manifeste de manière plus explicite encore cette assimilation sans reste du vestige au présent de la narration à travers l'image même de ce *« grand chemin » (*Pî* ; II, 405) à demi abandonné depuis l'Antiquité : tantôt la route est pleinement visible, « *montrant à nu tout un hérissonnage de blocs* » (406), tantôt elle

56. La relation aux vestiges historiques exemplarise, en le portant à sa limite, le rapport à l'hétérogène impliqué par l'écriture du passé. Le devenir-vestige propre du passé autobiographique a été envisagé plus haut (voir chap. Ier, pp. 39-43. et chap. III, pp. 120-4.).

s'enfonce dans le sol et disparaît, mais garde dans son absence «*une espèce de contact singulier*» avec le voyageur, «*car la trace d'un chemin d'homme est plus longue à s'effacer de la terre que la marque d'un fer rouge*». La nouvelle évoque un peu plus loin, cependant, des vestiges muets : «[...] *on rencontrait de temps en temps au bord du chemin de petits tas de pierre allongés* [...].» (413). Il s'agit là de traces sans répondant narratif, que significativement le récit et les voyageurs abandonnent à elles-mêmes, c'est-à-dire à l'effacement auquel les condamne leur identité pure, leur inaptitude à faire signe : «[...] *la coutume de la Route était d'ajouter seulement au passage un caillou, geste d'absolution distraite qui tenait quittes à la fois le mort de sa mémoire et le meurtrier de ses raisons.* ». Cependant ces vestiges morts, par la mention du rituel indifférent qu'ils suscitent, désertent finalement aussi les parages de la tautologie pour faire signe à leur tour : l'hétérogénéité du vestige, dans les fictions, ne saurait être que thématique.

Autour des sept collines permet de lire parfois (plus rarement que dans les autres ouvrages — et là réside en partie, justement, sa spécificité) cette récupération narrative du vestige : Rome, de fait, ne l'autorise que secondairement, et en creux du discours qu'elle suscite. Un fragment évoquant la Rome des papes permet de saisir *in nuce* ce procès, par lequel soudain la ville rejoint «*les ruelles pleines de douves et de tonneaux du Saint Florent de* [*l'*]*enfance*» (*SC*; II, 903), et s'arrache ponctuellement à la notation du résiduel :

Plus que par sa défroque antique, deux fois morte et trop lourde à porter, c'est par là que la ville respirait encore dans une dimension non prescrite de l'histoire, rejoignait non pas l'*Urbs* évanouie, en toge et en litière, mais les boyaux ombreux, moitié souks et moitié coupe-gorge, de la Rome de la Renaissance, où les cavaliers mettaient pied à terre au coin d'une borne pour faire graver un médaillon ou affiler une dague. (*SC*; II, 903)

Notons là encore le caractère réflexif de l'échappée narrative qui donne à lire l'opposition entre le révolu de l'écrit (sa dimension «*prescrite*», où l'écriture ne peut entrer) et l'inscription en procès («*faire graver un médaillon*»).

Le Colisée propose une image particulièrement significative de l'ambivalence du vestige, puisqu'il laisse lire à découvert à la fois le squelette déserté par la vie et l'organicité qui l'investissait et que le regard et l'écriture peuvent aisément lui restituer :

La séparation du test et de la masse animée qui l'enclosait semble venir de s'effectuer à peine, et par pure violence, si bien qu'alvéoles et logettes se regarnissent d'elles-mêmes de chair dans l'imagination et que l'évocation de cette cuve hantée devient, pour les foules de la Rome païenne, celle d'une vallée de Josaphat. (*SC* ; II, 909)

Le Colisée exhibe en un présent instantané indéfiniment renouvelé par les regards le procès même du devenir-vestige, au moment précis de la disjonction entre le basculement dans un résiduel qui ne laisse de prise qu'à la dessaisie du discours (« *un fossile monumental démesuré* ») et une fiction elliptique où soudainement se laisse entendre, le temps d'une image biblique, la rumeur des foules antiques. Situation en double déséquilibre cependant : l'amorce du récit possible ne fait que franger le discours en une projection fulgurante qu'immobilise aussitôt pour la clore, avant le blanc, le comparant lui-même spatial du lieu (« *une vallée de Josaphat* »).

L'arrachement du passé à son statut vestigiel passe volontiers par sa migration de l'espace constatif d'un discours qui, laissant l'objet à son identité, reste extérieur à celui-ci, vers une zone plus indécise, frontalière au récit, où la présence énonciative peut plus aisément affirmer ses droits. C'est ce qu'opère, dans l'exemple précédemment commenté du Colisée romain, l'allusion biblique finale — en quoi l'on retrouve à la marge vibrante du discours sur l'Histoire cette fonction de « détour rapatriant » (HÖLDERLIN) dévolue aux références intertextuelles ou aux citations dans la remémoration intime. On peut mentionner aussi, outre ces convocations d'un intertexte, le recours aux chocs juxtapositifs (ainsi celui où cohabitent la « *zone du tragique* » (*L1* ; II, 147) et celle du trivial, dont *Les Misérables* ou *Les Récits de Sébastopol* donnent des exemples déjà signalés plus haut) ; ou encore le glissement vers le rêve, dont l'irruption dans la guerre de l'Amiral Nord (196–9) a donné un exemple, et que l'on retrouve dans les *Carnets du grand chemin* avec l'évocation de l'équipée flamande du lieutenant Poirier en mai 1940 : « *La solitude brusque, le silence sans fond faisaient penser aux changements à vue du rêve, où une porte qu'on pousse se change en tapis volant, donne instantanément sur un autre climat, une autre contrée, une autre époque.* » (*CGC* ; II, 1016) ; ou encore l'ironie : le même fragment se termine sur une « *marche fourvoyée à travers des champs d'asphodèles* » (1017) (un passage lyrique de *Un Beau ténébreux* s'en souvient (voir *BT* ; I, 131)) dont le modèle narratif oscille entre la citation mythologique d'un vers de l'*Énéide*, la métamorphose bovine de la troupe (« *toute la section ronflait vautrée dans l'herbe juteuse* ») et une référence doublement inattendue à la culture *beatnik* (le narrateur « *drogué* » par un « trip *virgilien* »).

Un exemple particulièrement significatif en est donné par la réflexion que suscite « *un monument élevé à la mémoire du peu célèbre Louis de la Rochejaquelein* » (*CGC* ; II, 1010). Le personnage est en fait occulté par son nom (c'est son frère Henri qui est connu), de même que sont oubliées la date et les circonstances de sa mort. Le tombeau est à cet égard un signe vide, pur vestige d'une histoire encore proche qui a basculé dans le néant. Pourtant la fin du fragment, à l'instar de ce que laisse selon Gracq si souvent observer Rome, réinvestit cette vacuité monumentale pour la rendre appropriable au narrateur qui aime à s'y reposer : « [...] *un tombeau convivial, fait à souhait pour le repos du voyageur, comme j'en imaginais sur les bas-côtés de "La Route".* » (1011). C'est ici l'absence propre au vestige qui convertit celui-ci en présence accueillante : la lecture de l'illisible ne rend pas celui-ci plus lisible, mais le donne à interpréter sur un autre plan que construit dans son espace propre l'organicité du présent. Au « *Hic cecidit* » à demi effacé du monument, qui donne congé à l'écriture comme à l'Histoire, se substitue alors la double réflexivité du geste scriptural où le récit de « La Route » s'est tissé et s'entre-tisse avec le discours fragmentaire.

L'appropriation de la monumentalité des vestiges historiques conditionne en fait dans *Autour des sept collines* le passage à l'écriture, ce qui rend le « voyage à Rome » de Gracq littérairement producteur. À plusieurs reprises en effet, la ville est arrachée à l'inertie statique du fossile en s'offrant à sa remise en jeu — parfois non exempte d'ironie — par le regard. La distance peu respectueuse du narrateur flânant dans les rues tient le plus souvent, justement, à cette abolition de la distance temporelle dont les vestiges sont porteurs. La visite de Rome est pour Gracq l'occasion — non certes d'une élision de la chronologie (ce qui reviendrait à ne rien voir de la ville et de sa spécificité), mais d'une dé-hiérarchisation des strates historiques et des plans de références qui les inscrivent dans la tradition culturelle. Cette attitude est autant, en fait, celle du visiteur que celle de la ville envers elle-même — en quoi *Autour des sept collines* exprime volontiers une sorte de connivence et de plain-pied : le plaisir est la contrepartie de la relative déception, l'envers disponible d'une fascination globalement refusée :

> [...] la familiarité, la désinvolture naïve dans le réemploi de la ruine, [...] presque partout me charmait et me mettait à l'aise. Quand la ville se donnait ça et là une bouffée d'importance, elle semblait s'en plaisanter elle-même : j'aimais lire de loin en loin au long des trottoirs le S.P.Q.R. parodique qui estampillait ses plaques d'égout. (*SC* ; II, 901)

Les vestiges historiques perdent par là à la fois leur dimension de monument et de document : ils ne sont plus le signe d'une grandeur révolue puisque leur disparate, leur entassement anarchique les prive de la cohérence d'une référentialité contextuelle. C'est à la construction visuelle ou scripturale qu'il appartient de leur conférer une monumentalité : non plus celle d'une Histoire que tout récuse (et dès lors les vestiges s'effacent eux-mêmes comme tels), mais celle des ruines, qui relève fondamentalement de l'artifice esthétique et de la mise en scène. L'indécision entre la nature et la culture est révélatrice : les ruines, à Rome, sont paysagées comme sur les toiles des peintres paysagistes des siècles passés. Ainsi du Forum, « *où les vestiges antiques, revenus à l'état de fragments de nature, semblent se glisser d'eux-mêmes dans un paysage d'Hubert Robert, et se marient si légèrement, si paisiblement à l'arbre et à l'herbe* » (*SC* ; II, 909). L'émiettement des témoignages de la civilisation dans un « *décor* » naturel aboutit à la fois à une perte de temporalité (celle de la référence antique au premier chef) et à une réinscription dans un temps imaginaire : celui d'un simulacre de l'antique qui pourtant n'est pas mensonge — ou qui l'est selon la vérité propre de l'œuvre d'art. La seule monumentalité possible est celle d'un présent qui joue avec les références temporelles que la culture met à sa disposition, d'un présent qui procède à la mise en scène réflexive et distanciée de sa propre représentation. Le commentaire sur « *l'énorme friche urbaine* » (903) investissant aujourd'hui le centre antique de Rome est à cet égard éclairant :

> Seulement ce qui disgracie d'habitude les coupes à blanc, vite colmatées par une végétation revêche, sied aux débris de Rome, où la fourrure qui reborde les ruines, bouclée, ciselée, vernissée comme les plantes du maquis, éventée par les bouquets de palmes, et surplombée par les nuages sculpturaux, étirés, des pins parasols, vient doter d'une authenticité et d'une consistance monumentale imprévue les parcs à rocailles, à ruines, et à « temples de l'Amitié », autour desquels le XVIIIe siècle a rêvassé de façon si falote et si creuse. (*SC* ; II, 903)

La simulation ponctuelle d'un style « rocaille » ou « préromantique » simulant lui-même l'antique rencontre idéalement sa forme dans la pratique fragmentaire, qui défait la monumentalité de l'œuvre (et de l'Histoire) pour la recomposer ironiquement dans une multiplicité de touches, d'aperçus, de points de vue. À cet égard comme à d'autres *Autour des sept collines* apparaît comme la forme même de la temporalité que donne à lire Rome.

Le statut du vestige historique oscille ainsi entre une attestation impossible du passé, invalidant la fonction métonymique qui lui est traditionnellement dévolue (sauf à penser une métonymie de l'absence), et une occultation délibérée de ce passé dès lors qu'il n'est pour lui de lisibilité que dans son déplacement et son réemploi selon les coordonnées du présent : entre la notation par l'écriture de son impuissance au regard de l'hétérogène, et l'affirmation d'une souveraineté de la littérature prenant à sa charge la monumentalité de ce dont elle rend compte. Les vestiges historiques n'accèdent à la représentation que dans le présent d'une perception et d'une énonciation qui se les rendent contemporains. L'écriture ne procède pas pour autant, toutefois, à un effacement de la temporalité : si les vestiges tendent paradoxalement à se dissoudre dans le plan de la représentation, ils sont aussi ce qui met celle-ci à distance d'elle-même et lui permet de réfléchir — par-delà le présent qui la définit — son inscription temporelle. Le vestige retrouve alors en son mode d'absentement la fonction dévolue à la présence des « paysages-histoire » : il introduit dans le présent le vertige, le plaisir ou l'incongruité d'une pure distance qui est la trace de l'hétérogène. On conçoit donc que l'intérêt de l'écrivain ne se porte à proprement dire ni sur l'objet irreprésentable, ni sur une représentation qui faute d'objet consistant se satisferait de se mirer elle-même, mais sur la forme de cet écart par lequel l'altérité temporelle révèle en creux le présent à lui-même. Le relevé amusé du « S.P.Q.R. » sur les plaques d'égouts de Rome, l'artifice esthétique des ruines paysagées, adressent certes les vestiges langagiers ou monumentaux à la puissance configurante du présent, mais ils font sens aussi comme étrangeté — par quoi la configuration peut accéder à la représentation de sa propre temporalité. Le paradoxe du vestige consiste en l'occurrence en ce que son occultation par le présent de la représentation est ce qui permet à celle-ci de se rendre lisible à elle-même.

C'est la notation d'un tel processus qui justifie, me semble-t-il, un fragment comme celui que Gracq consacre à « Richelieu *en Touraine* » (*CGC* ; II, 949). La « *minuscule cité du Cardinal* » frappe le voyageur par sa déshérence, et plus particulièrement par la disproportion des fenêtres :

> Les immenses fenêtres des pavillons Louis XIII de la rue principale, hautes de trois mètres cinquante, sont rebouchées à demi, tantôt en haut, tantôt en bas, par des plaques de ciment, qui tentent de les rajuster à l'échelle des modernes bonbonnières. [...] Pas un rideau, lorsqu'elles subsistent intactes, à ces verrières géantes : il y a là apparemment un format de voilage que ne fournit plus nul Monoprix. (*CGC* ; II, 949)

La petite ville concentre en un détail unique ce dont Rome fournit l'exemple à profusion : l'écart entre la logique monumentale perdue du passé, dont les fenêtres sont ici les vestiges explicites, et la logique miniaturiste d'un présent ramené visiblement à l'exiguïté de ses standards : « [...] *la mesquinerie sordide de l'habitat moderne s'affiche exemplairement dans cette bastide aristocratique colonisée par des squatters petits-bourgeois, dans ces "intérieurs" où les logis de haute époque sont partout réduits hideusement comme des crânes jivaros.* » (949-50). L'exotisme de la comparaison concerne le présent : non que le passé se trouve soudain rapproché ; l'écrivain ne se livre, et pas plus là qu'ailleurs, à aucune rêverie résurrectionniste sur l'Histoire ; mais la distance où ce passé apparaît par contraste avec l'habitus contemporain aspire celui-ci à son tour, et donne à mesurer son historicité en manifestant les points aveugles d'une représentation qui s'ignore. Un tel procédé nous découvre exemplairement un Gracq moraliste, héritier occasionnel de La Bruyère et de Montesquieu, qui se mêle moins de juger que de rendre visible.

C'est une perspective un peu différente qu'ouvre par exemple la réflexion menée dans un autre fragment des *Carnets du grand chemin* sur « *l'ancienne prose latine* Te lucis ante terminum » (*CGC* ; II, 1108). Le vestige y est langagier, et comme tel il se donne — fût-ce dans une langue archaïque — comme proximité pour le sujet écrivant ; si en outre il permet — à l'inverse des fenêtres de Richelieu ou des monuments romains — une réappropriation immédiate du passé lointain, c'est dans la mesure où il « *réactive pour nous le souvenir d'une orientation de la sensibilité aujourd'hui évanouie : la peur atavique qui s'éveille au seuil du royaume des ténèbres* ». Sa fonction métonymique semble en fait pouvoir être assumée dès lors qu'elle rencontre une archéologie du sujet dont le présent a occulté les profondeurs menaçantes et obscures, pourtant toujours prêtes à remonter à la surface (« *la primitive épouvante de la lumière perdue* ») : un obscurcissement de l'obscurité en somme, que le vestige révèle ponctuellement à sa perspective signifiante.

L'exemple le plus saisissant de cette double mise à distance réciproque du passé et du présent par le vestige est peut-être donné par un fragment de *Lettrines* consacré à l'évocation des esclaves de l'Antiquité et au caractère « *extraordinairement troublant* » (*L1* ; II, 146) de leur disparition, passée totalement inaperçue aux yeux des contemporains. L'analyse que fait Gracq de « *la scène des esclaves jetés aux murènes* » — analyse que ne désavouerait pas un historien de l'école des Annales — est éclairante, qui déplace le caractère spectaculaire de l'acte lui-même (non pas d'un sadique mais plutôt d'un « *parvenu* » : tout banalement d'« *un M. Poirier*[57] *qui voulait étonner son gendre* ») vers les conditions de sa représentation : le spectaculaire réside dans l'absence de spectaculaire, ou pour mieux le dire « *la vraie singularité de la scène, c'est qu'il n'y avait aucune tension* ».

Il est indifférent que le vestige soit ou non attestable : celui-ci est garanti par des sources ; mais le même fragment en propose un autre, imaginaire, qui le vaut : artefact, comme le vrai, d'un présent qui doit construire réflexivement sa lecture de l'hétérogène pour pouvoir se penser lui-même — c'est-à-dire se poser à son tour comme hétérogène. L'écrivain suppose, en l'occurrence, « *une George Sand du siècle de Cicéron* » (*L1* ; II, 145).

> [...] au lieu des bœufs berrichons qui poétisent de leur lenteur les guérets de *La Petite Fadette*, on y verrait les troupes d'esclaves rentrant les fers aux pieds du moulin ou du pressoir ajouter pour les sensibilités délicates quelque chose à la paix des crépuscules. Cela donnerait un sentiment soudain et singulier de la *distance* — apprêterait de quoi rêver à l'amateur de cultures spenglerien. (*L1* ; II, 145)

Aux rêveurs creux et aux belles âmes, que Gracq n'aime pas plus que Goethe, et qui font ici les frais d'une ironie mordante,

57. Le choix du nom — même s'il fait référence à une pièce célèbre du théâtre du « bon sens » (*Le Gendre de Monsieur Poirier* d'Émile Augier) — n'est évidemment pas innocent. Il permet d'inscrire l'énonciateur du discours présent dans un énoncé narratif dont le plan de référence est à la fois antique et exotique. Il alimente par là-même, de manière simultanée et contradictoire, l'effet d'actualisation et l'effet de distance.

l'écrivain oppose les instruments d'une réflexion théorique dont ce passage est l'un des rares à fournir les références. C'est ici le concept qui apparemment, et contre l'habitude, commande le récit. Mais la forme de ce dernier détermine en retour la conception et la représentation de la distance. On sait que si *Le Déclin de l'Occident* d'Oswald Spengler fait partie des ouvrages qui ont influencé la vision gracquienne de l'Histoire (autant que *La Fin du monde antique* de F. Lot), c'est moins dans la mesure où l'écrivain s'en serait fait le disciple que parce que les périodes historiques s'y laissent lire selon une autonomie de leurs cohérences poétiques. Le modèle spenglerien est à la fois celui de la continuité et de la discontinuité (tous les faits sociaux s'enchaînent selon la nécessité d'une véritable grammaire des temps, mais chaque époque est dotée de sa logique propre, de sa manière propre de construire le sens). La réflexion sur la distance est à cet égard caractéristique d'une double projection de la référence spenglerienne dans l'écriture (qui ne s'y laisse certes pas réduire, mais peut s'en trouver à certains égards éclairée). Ainsi *Le Rivage des Syrtes*, dont on sait qu'il a été influencé par la lecture de Spengler[58], peut-il apparaître sous ce jour comme le récit d'une réversibilité (de l'état clos et épuisé de « civilisation », dont Orsenna est la figure, à celui, jeune et ouvert, de « culture » — incarné par le Farghestan et avec lequel la guerre donne à la Seigneurie ses chances de pouvoir peut-être renouer à son tour). *Le Rivage des Syrtes* est alors le récit de la distance temporelle parcourue, dont le franchissement de la mer des Syrtes est l'image. Le fragment de *Lettrines* qui vient d'être commenté est à l'inverse, dans cette optique, celui de la distance maintenue et de la non-réversibilité : entre la « civilisation » (au sens spenglerien) de l'Antiquité tardive et la nôtre, il n'y a de superposition possible que par le truchement passablement burlesque de quelque George Sand imaginaire, que dans un écart qui interdit toute lecture réciproque entre les termes et fait de cette illisibilité la condition même sous laquelle le présent puisse s'interpréter lui-même. La poétique de ce type d'écarts, par définition

58. Voir Bernhild Boie, *Hauptmotive im Werke Julien Gracqs* (Munich, W. Fink Verlag, 1966), p. 197 ; entretien avec Jean Roudaut (II, 1215). Voir aussi la notice de B. Boie sur *Le Rivage des Syrtes* (I, 1335), et l'article d'Anne-Marie Amiot, « Le Modèle historique dans *Le Rivage des Syrtes : Le Déclin de l'Occident* d'Oswald Spengler », *Cahiers 34/44* [Univ. Paris VII], mars 1982, pp. 63 sq..

ponctuels et désignés par le vertige d'une sensation qui soudain désapproprie de lui-même le regard au présent, est par excellence fragmentaire. En ce sens, et toutes proportions gardées, le fragment dévolu aux esclaves antiques, *« animulae vagulae blandulae » (*L1* ; II, 146), est l'envers du *Rivage des Syrtes* : le récit qu'il esquisse se fige dans la fascination qui le suscite, condamnant l'écriture à s'en faire sans prolongement possible l'épitaphe (ici empruntée à Properce) — le monument de sa propre énigme, à l'instar de ce que proposait ailleurs le tombeau élevé à Louis de La Rochejaquelein.

La distance manifestée par les vestiges historiques, dans les exemples précédents, suppose l'arrachement de la trace à son statut historique au profit de sa réinscription dans l'ordre esthétique. Le vestige se situe à la limite du dicible et du non dicible, puisqu'il est tendanciellement annulé comme vestige par sa conversion en signe, mais qu'il ne demeure agissant (et peut donc susciter le discours et l'intérêt de l'écrivain) que dans la mesure où il excède la sphère du signe. *Autour des sept collines* reprend avec ampleur une dualité qui appartient en propre à l'écriture fragmentaire, et que le discours sur l'Histoire manifeste de manière plus systématique et plus directement lisible que ne le font les récits de souvenirs : la confrontation de l'écriture à son dehors, et la redéfinition continuelle de ses pouvoirs et de ses présupposés selon cette mesure qu'ignorent largement les fictions. Le texte se tient alors entre deux pôles dont le conflit constitue à la fois sa dynamique d'affirmation et de clôture : celui qui tend à instituer la possibilité d'un devenir-signe et d'une bifurcation narrative (ainsi de l'évocation du monument funéraire près de Sion (*CGC* ; II, 1010)) ; celui à l'inverse de l'impossible conversion et de l'impossible récit — impossibilité que traduit volontiers l'incongruité d'une comparaison, le mystère d'une image poétique, qui l'une comme l'autre le tiennent à distance et en tiennent lieu.

Ainsi un fragment de *Autour des sept collines* consacré à l'absence décevante de dépaysement éprouvé par Gracq à Rome, se termine par la notation d'une exception monumentale assez forte pour arrêter le discours sur une vision qui le *pétrifie* : « *Le seul moment où on se retrouve un peu en Arabie Pétrée, c'est devant les thermes de Caracalla.* » (*SC* ; II, 927). Il en va de même des tombeaux romains qui, là encore, échappent à la loi homogénéisante du « *mixte* » architectural et de la confusion des genres (religieux et profane, par exemple) : « [...] *le tombeau célèbre de Cécilia Metella, qui* [...] *jette sur la voie Appienne, du haut de son cylindre clos et crénelé, une ombre vénéneuse de* tour du silence. » (906) ; le château Saint-Ange, dont « *la masse écrasée, élémentaire, est comme une transgression, au cœur de Rome, des tumulus de l'Orient profond et même de la Chine* » et qui « *semble faite* [...] *dans le tourbillon des vents de sable et des déserts de lœss, pour borner au milieu des solitudes l'empire d'Alexandre* ». De tels monuments préservent, à l'inverse ce qui ailleurs (sur le Forum par exemple) les paysages en ruines, leur monumentalité. Celle-ci est porteuse de l'étrangeté de l'originel et de la distance d'une Histoire dont l'écriture ne peut rien faire — sinon figurer la forme de son propre silence, son immobilisation réticente ou pétrifiée qui transforme à son tour l'écrivain en fille de Loth : suspens énigmatique au seuil d'une énigme dont elle peut reprendre le geste, mais qu'elle ne peut réfléchir. La colonne Trajane évoque ainsi la monstruosité exotique irréductible à toute classification (« *à demi historique, à demi fossile* » (907)) d'« *un séquoia fourvoyé dans un square municipal* », inapte à la transfiguration en signe (narratif ou emblématique), pur vestige d'une écriture désormais sans usage pour l'écriture et réduite au silence des tautologies : si ses homologues parisiens « *peuvent encore chanter pour nous au souffle de l'Histoire comme chante au soleil le colosse de Memnon — rien ne peut plus sauver du seul embaumement archéologique les rébus de la reddition du roi Décébale ou les hiéroglyphes de l'obélisque* »[59].

59. La présentation touristique, fréquente, de la colonne Trajane comme « bande dessinée » de l'Antiquité va à l'inverse, au prix d'un anachronisme assez niais, dans le sens d'une occultation de la distance historique.

2. Le signe et la chose.

le musée et l'archive

Il est dans la topographie imaginaire de Gracq un lieu tôt assigné à l'ennui et à l'insignifiance : il s'agit du musée, annexe secondaire — à la manière des « matières à option » du cursus scolaire — du lycée où était dispensé le savoir officiel. L'espace muséal est presque toujours perçu par l'écrivain comme claustral et étouffant, expulsant le sujet de lui-même et de toute relation vivante aux œuvres qui y sont entassées[60]. La section « Littérature et peinture » de *En lisant en écrivant*, qui inaugure cet ouvrage comme pour mieux marquer par opposition la fonction de la littérature, propose à cet égard une mise au point mesurée sur la temporalité de l'œuvre d'art telle que l'instaure par force l'organisation muséologique :

> Ce qui m'intrigue quand je visite un musée, tout particulièrement quand les toiles y sont classées en fonction des écoles et dans l'ordre chronologique, c'est l'aspect, la signification essentiellement terminale des chefs-d'œuvre qu'il assemble, et qui, en les exaltant, frappent un à un de caducité (au sens le plus noble) les moments de l'histoire qui les ont produits, les laissant après eux inexprimablement périmés. (*En* ; II, 557)

Les musées livrent ainsi au regard ce qui a immobilisé le temps, vidé l'Histoire de son historicité en la réduisant à une série inerte (classée après coup, et artificiellement) de concrétions parfois somptueuses mais toutes frappées du sceau de l'irréversible : « *Une mémorisation exaltée et* arrêtée, *contre laquelle le Temps lui-même ne prévaudra pas* » (*En* ; II, 557), et qui semble « *entrer indéfiniment dans l'avenir à reculons* ». L'art présenté par les musées est en fait celui des cimetières, marqué par le *Hic cecidit* funéraire dont le monument élevé à Louis de La Rochejaquelein, tout comme la tombe dévolue à Heide dans *Au château d'Argol*, est le signe même de l'effacement. En cela, « *toute peinture, dans son essence, est rétrospective* », ou encore « *terminus* » (il en va de même de la sculpture) — à l'inverse de la littérature, « *la fiction très particulièrement,* [*qui*] *est par essence proposition d'un possible, d'un possible qui ne demande qu'à se*

60. En cela comme sous bien d'autres rapports, Gracq est proche de Valéry — autre grand praticien de la forme fragmentaire.

changer éventuellement en désir ou en volonté » (557-8). Le musée est ainsi du côté d'une Histoire intemporalisée et décorporée, c'est-à-dire niée dans sa substance et sa signification mêmes. À l'*esprit-de-l'Histoire* dont l'aptitude à susciter le récit et le discours tient à son caractère « volatil », il oppose la matérialité inerte d'*archives* où il n'est pas question pour le sujet d'entrer, d'habiter, de se projeter : « *Ce qu'un siècle dépose et lègue dans sa peinture, ce sont ses archives imaginaires les plus éblouissantes, mais archives toujours classées et closes, et marquées d'abord par l'aptitude à la pérégrination immobile au travers des siècles* [...]. » (557).

Les musées présentent ainsi l'envers négatif des recueils de fragments, qui sont comme eux disparates, parfois organisés en séries ou éclatés selon la multiplicité des objets de rencontre, mais qui contrairement à eux sont ouverts à une circulation (celle de l'écriture) traversant les objets au lieu de s'y arrêter, assignant le sujet lisant et écrivant au lieu de l'exiler dans l'objectivité des choses, faisant de la temporalité la forme même d'une identité instaurée et d'une écriture appropriée au lieu de l'anéantir dans l'égalisation terminale des nécropoles. Tous les recueils fragmentaires (à l'exception significative de *Les Eaux étroites*, qui n'en a pas besoin) font ainsi une place aux musées qui en figurent discrètement la contre-épreuve. Certains d'entre ces derniers, toutefois, sont sauvés : principalement les demeures d'artistes ou de mécènes, comme le musée Gustave Moreau (dont l'accueil est plutôt « *celui d'une maison hantée* » (*FV*; II, 822)) ou le musée Dobrée à Nantes : « [...] *il s'apparente aux seuls musées qui me touchent, qui sont des coquilles humaines expropriées* [...]. ». Le musée Dobrée par cette image produit ce « *changement de signe* » (*RS*; I, 769) par quoi le capitaine Marino lisait la marque de l'imminence, et qui annonce dans le roman l'irruption de l'Histoire et la prégnance retrouvée du temps. À ces exceptions près, où l'écrivain retrouve le plaisir de la respiration ambulatoire, les musées n'appellent que le glissement, froidement admiratif, ennuyé ou nauséeux, du regard sur ce qui ne peut, justement, se convertir en signe : les « archives » d'un temps perdu qu'il n'appartient pas même à la littérature de pouvoir retrouver[61].

61. Les références à des tableaux sont nombreuses dans l'œuvre de Gracq, et la plupart d'entre eux ont été rencontrés dans des musées. Mais il s'agissait justement de rencontres, comme telles fortement singularisées et échappant donc à la logique muséale.

La fonction des références aux musées dans les œuvres fragmentaires semble donc être de désigner une fracture sans retour entre l'ordre des choses et celui des signes — fracture que le livre, comme on l'a vu, tend au rebours pour sa part à mesurer et à transformer. Si les musées sont sous ce jour en diamétrale opposition avec la « *matière romanesque* » (*En* ; II, 558), c'est encore dans la mesure où, en eux, tout devient objet à égalité ; dans les fictions à l'inverse toutes les composantes deviennent signes à égalité :

> [...] à la fois agis et agissants, actifs et passifs, et traversés en une chaîne ininterrompue par les pulsions, les tractions, les torsions de cette mécanique singulière qui anime les romans, [...] et qui transforme indifféremment sujets et objets — au scandale compréhensible de tout esprit philosophique — en simples matériaux conducteurs d'un fluide (*En* ; II, 558)

L'écriture fragmentaire est à mi-chemin, me semble-t-il, entre ces deux empires exclusifs des choses et des signes, et en ce tissage des unes aux autres — tissage qui appelle justement la présence thématique des musées comme celle des fictions — résident à la fois sa spécificité et la difficulté de la négociation sémiotique constante et variée qui s'y joue. Les fragments en effet ne connaissent pas l'heureuse égalité de l'univers fictionnel, puisque le réel ne peut faire retour et être appréhendé dans sa réalité que si ses différences et ses degrés sont pris en compte. Les objets qu'ils se donnent à foison sont à la fois des « *matériaux conducteurs* » (II, 558) et des matériaux résistants, opaques et énigmatiques comme le sont les êtres et les choses du monde extérieur. Statut ambivalent donc, et qui donne lieu à toutes les combinaisons ou polarisations possibles — au détriment, comme l'on sait, de toute classification générique ou simplement formelle stable.

les écritures de l'emblème

Un texte radiodiffusé portant le titre « Symbolique d'Ernst Jünger » (plus particulièrement dans *Sur les falaises de marbre*) définit comme « emblématique » ce statut duel d'un langage s'instituant comme distance entre le regard et les choses, et comme densité matérielle cristallisant l'épaisseur du réel qui tout à la fois s'y transfigure et s'y laisse lire en transparence : simultanément espace de jonction et d'écart entre le sujet et le monde, entre l'ordre des réels et l'ordre des signes, et qui peut révéler par un double contraste la caractérisation sémiotique de la distance et celle de l'emblème dans la pratique fragmentaire de Gracq. Il est significatif en effet que ce dernier laisse entendre « *le timbre particulier de la voix de Jünger* » (*Préf.* ; I, 980) « *par la lecture de quelques fragments* » (dont la responsabilité était laissée au comédien Alain Cuny) :

Je dirais qu'il [« *le mérite insigne* » *de "Sur les falaises de marbre"*] est [...] dans la *distance* que ce style presque inhumain, minéral [...] interpose entre le regard et la chose regardée. Au moyen de la clé que nous tend Jünger, nous rouvrons des chambres scellées de la mémoire où sont inscrites des images ineffaçables, mais une transmutation énigmatique s'est accomplie : ces chambres, il nous semble que nous les rouvrons comme on rouvre ces tombeaux d'Égypte où une croûte dure, resplendissante, de pierreries, d'émaux, de feuilles d'or, a figé la vie derrière la rigidité des masques funèbres, disposé pour jamais un monde enseveli selon l'éclairage incomparable de la mort. (*Préf.* ; I, 981)

Ces lignes disent la part de l'immobilisation de l'écriture, ou de « *l'art héraldique* » (978) dont Jünger est pour Gracq le représentant exemplaire : art dont l'emblème est le *Meurs et deviens* de Goethe[62], et dont l'alchimie secrète est la « *cristallisation* » de la langue selon « *ses mystérieuses lois moléculaires* » (981). Le réel apparaît ici sous les espèces de son « double *impalpable* » et définitif — à la fois même et autre, à l'instar de l'effigie qui éternise dans un autre monde les propriétés du vivant. En ce sens, sa valeur « *emblématique* » (978) est celle des blasons ou des tarots, dont est révélé ce que le conférencier appelle, reprenant le titre d'un des poèmes de *Liberté grande*, le « grand jeu ».

L'écriture gracquienne trouve là une de ses polarisations majeures, propre à susciter chez l'écrivain certaines « préférences » (Jünger, bien entendu, mais aussi le Racine de *Bajazet*, le Novalis de *Heinrich von Ofterdingen* ou — avec plus de réticence — le Kleist de *Penthésilée*) : celle de l'immobilisation figeant le réel dans une figure poétique qui en est comme la signature. La pratique fragmentaire le vérifie par exemple avec la forme des vignettes, le geste clausulaire, la pure transparence

62. GOETHE, *Le Divan* (Paris, Aubier, 1979), « Nostalgie bienheureuse », p. 82. Gracq cite cette formule fameuse comme celle de la « *mise au tombeau* » (*Préf.* ; I, 981) que constitue « *toute grande œuvre* » — et exemplairement l'œuvre d'Ernst Jünger.

à soi de certains vocables, ou encore la construction des paysages-histoires. Les fictions l'attestent quant à elles dans les moments de suspens lyrique ou dans certains passages à forte valeur de mise en abîme emblématique. Mais l'écriture romanesque de Gracq résorbe doublement cette distance entre les mots et les choses dont Gracq crédite *Sur les falaises de marbre* : la langue n'y cristallise que pour remettre dans le jeu — non le « *grand jeu* » (I, 978) des figures éternelles de l'héraldique mais celui du récit où les seules distances sont celles que parcourt la circulation de signe à signe. Il n'est, d'autre part, dans les fictions gracquiennes de regard qu'intérieur, là où le regard transfigurateur de Jünger s'attache à l'extériorité d'un réel en proie à l'Histoire, « *se pose sur les convulsions d'une époque qui a été souffrance et joie* » (981), « *révulsion de la terre retournée sur elle-même* ». Cette double dimension de la distance est en revanche pleinement présente, comme on l'a vu, dans les fragments qui tendent là à dessiner plus durement leurs bords, à définir exactement leur centre et leur expansion.

Le figement du langage à sa plus haute température, dont Jünger partage la caractérisation métaphorique avec Kleist[63], est par ailleurs associé dans le commentaire de *Sur les falaises de marbre* à une sorte de cratylisme idéal dont la présence est précisément chez Jünger ce qui cristallise la distance, « *une grammaire symbolique et vivante, un texte à peine chiffré sur lequel l'homme a prise par le langage qui lui est de nature accordé* » (I, 979). Sans doute certains fragments, certains passages des fictions surtout, manifestent chez Gracq un tel état de grâce d'un langage « *réaccordé magiquement aux forces de la terre* » (879) — dont les moments privilégiés du Romantisme allemand ont fourni le modèle décisif, et dont le Surréalisme, Jünger ou Gracq, fort diversement, sont les héritiers. Toutefois de tels moments ne sont pas chez ce dernier une cristallisation du réel dans le lan-

63. Voir « Le Printemps de Mars » (*Préf.* ; I, 970) où Gracq définit *Penthésilée* (pièce de Kleist qu'il a traduite en 1952 pour Jean-Louis Barrault) comme une de ces « *œuvres fondues à très haute température* » et produisant « *une espèce de vitrification* » des personnages — et au-delà d'eux des formes mythiques qui hantent notre mémoire. Le registre métaphorique est significativement le même pour évoquer *Sur les falaises de marbre* : les personnages y sont « *les figures sous lesquelles notre destin nous a été distribué* » (976) ; l'œuvre est qualifiée comme « *un de ces cristaux glacés, aux arêtes nettes, à la stabilité, à la transparence absolue, au travers desquels on lit comme sur un thermomètre la température des volcans* » (982).

gage mais plutôt pure abolition de la distance propre du langage ; non ce qui confère au sujet la figure stable de son identité (fût-ce sous les espèces du double funéraire) mais ce qui à l'inverse immerge pleinement l'homme « replongé *dans ses eaux profondes* » : moments matinaux ou baptismaux par excellence, qu'il peut appartenir aux romans de thématiser, mais qui restent exceptionnels dans une pratique fragmentaire vouée à une ressaisie réflexive et distanciée de la relation du sujet au monde. Le point de vue terminal des recueils de fragments, qui est aussi — au rebours des fictions gracquiennes — celui des romans de Jünger, est ici largement exclusif de cette immédiateté instauratrice et comme originelle du langage. L'immédiateté, la germination sont des objets à construire, et leur mouvement natif relève de l'ironie propre à toute mise en perspective d'une temporalité signifiante. L'interposition du langage entre le regard et les choses[64] est ici non ce qui fixe celles-ci — comme chez Jünger — à leur température de fusion, mais plutôt ce qui les restitue aux configurations mobiles de leurs échanges et de leurs mises à distance respectives. En cela sans doute Gracq apparaît moins proche du modèle fascinant proposé par le romantisme novalien que ne l'est à ses yeux-mêmes Jünger : modèle qu'il ne rejette certes pas et qui assigne pour lui un état idéal du langage dont toute son œuvre, fictionnelle ou non, porte la hantise ; modèle toutefois impossible pour une pratique fragmentaire qui en hérite par la forme et parfois par le ton, mais qui doit s'instituer elle-même réflexivement comme dispositif de capture de ces liens ténus et labiles où se sont tissés le regard et ce qui est regardé, les mots et les choses : du côté de Schlegel plus que de Novalis, finalement, malgré les préférences avouées.

On mesure ici le malentendu qui risque de s'installer à considérer, comme la critique le fait volontiers, l'œuvre de Gracq comme « emblématique » au sens où l'écrivain définit justement ce terme à propos de Jünger. L'art de celui-ci, cet « *art transparent qui fait penser à celui du vitrail* » (*Préf.* ; I, 977), vitrifie ce que le monde donne à voir pour le révéler en transparence, par la cristallisation à haute température des signes du langage. On

64. Cette interposition est rappelée dans l'entretien accordé à Jean Carrière : « [...] *le langage, qui est tout de même un sédiment déposé par des âges lointains, paraît s'interposer entre la "réalité" et nous* [...]. » (II, 1268). Ce constat dispense l'écrivain de la « *confiance éperdue* » que le Surréalisme faisait au langage.

sait que dans *Sur les falaises de marbre* un tel équilibre naturel et esthétique, incarné par les gardiens goethéens de « *l'Ermitage aux buissons blancs* », est menacé de l'extérieur par les tenants d'une confusion ou d'une perversion des signes dont les principaux artisans sont le Grand Forestier et « *l'ordre occulte des Maurétaniens* » (979)[65].

Or dans les romans de Gracq (et l'on songe en particulier, bien sûr, à *Le Rivage des Syrtes*) la révélation est à l'inverse au bout du procès d'altération ; la menace est promesse autant qu'anéantissement ; l'équilibre est dissolvant et non figure salvatrice — en quoi la dynamique narrative des œuvres procède selon des mises en perspective opposées : elle ne peut chez Jünger que s'identifier à l'entropie désastreuse d'une forme qui se défait ou ne se préserve qu'au prix de son occultation, alors qu'elle constitue chez Gracq le gage même d'une coïncidence de l'événement et de l'avènement, dont la figure privilégiée est celle d'une temporalité ouverte à l'éventuel et d'un décor en attente du sens : ce que « Les Yeux bien ouverts » qualifie comme le moment où « *le rideau se lève* » (*Préf.* ; I, 849). L'emblème chez Jünger est poétique avant d'être livré à la narrativisation ; il est dans les fictions gracquiennes essentiellement narratif, et définit selon ces coordonnées mêmes sa poéticité. Les textes fragmentaires de Gracq, qui se centrent d'emblée sur les configurations poétiques où se sont tressés le regard et son objet, le langage et la vie, sont à cet égard peut-être plus proches des cristallisations emblématiques de Jünger. Mais c'est pour être aussitôt livrés à la fluidité d'un dire qui décompose le vitrail ; c'est pour faire de cette distance non ce qui révèle le monde à travers le don intemporel du langage, mais le procès même d'une temporalité qui ne peut se construire que dans le jeu réciproque d'institution et de destitution auquel se livrent les mots et les choses.

Si l'on peut à bon droit parler d'emblèmes de l'écriture gracquienne, c'est alors en tant qu'ils se soustraient un instant à la désymbolisation dont leur réflexivité ne les rend guère séparables

65. À la fin de *Sur les falaises de marbre*, l'incendie fait exploser le vitrail emblématique de l'Ermitage. Sur la comparaison entre les écritures des signes dans le roman de Jünger et dans *Le Rivage des Syrtes*, voir mon article : « Figures de la lecture dans trois romans des années de guerre : *Sur les falaises de marbre* d'E. Jünger, *Le Désert des Tartares* de D. Buzzati et *Le Rivage des Syrtes* de J. Gracq », pp. 543–57 in *Voix d'ouest en Europe, souffles d'Europe en ouest*, Georges CESBRON *ed.* (Angers, Presses de l'Université d'Angers, 1993).

et qu'ils polarisent à la manière de figures aussi fascinantes que menacées. Ils sont indissociables dans les fictions elles-mêmes d'une mise en scène, voire d'une exhibition délibérément artificielle comme celle qui apprête dans la chapelle des abîmes de *Au château d'Argol* les objets symboliques de la quête du Graal, ou comme la disposition théâtrale de la chambre des cartes dans les bâtiments de l'Amirauté.

Les emblèmes proposés par les œuvres fragmentaires, de même, sont travaillés par l'ironie d'une représentation discursive qui les modalise, les contextualise, les réduit à la fulgurance fugitive d'un instant qui n'est plus celui de la révélation, comme pour ce pic d'Asie révélé à Allan dans *Un Beau ténébreux* ou pour la pyramide brasillante du Tängri soudain dévoilée par le déchirement théâtral d'un rideau, mais plutôt celui de la notation exacte pour un écrivain explorant rétrospectivement les formes déjà accomplies de sa relation au monde. C'est bien en ce sens que vont par exemple les images édéniques que proposent en guise d'ouverture apéritive les *Carnets du grand chemin* : ainsi « *Belvès* » (*CGC* ; II, 943), qui « *mériterait que tout belvédère tirât d'elle son nom* » mais qui n'apparaît telle qu'au prix de la restriction circonstancielle qui clôt le fragment : « [...] *heureux qui sait quitter à temps le grand chemin* [...] *pour s'asseoir un moment, au soleil de dix heures, dans un café ombreux, aux baies en plein cintre, qui clôture derrière ses caisses de lauriers le fond de sa placette si fraîchement arrosée !* ». Il en va de même des rares moments où le discours fragmentaire confère implicitement au langage la dimension cratylique qui est plus volontiers la sienne dans les fictions. En témoigne la remémoration déjà commentée de la « pavée » à Saint-Florent, où le récit tend à rejoindre par sa plénitude celle du mot qui le suscite, ou encore le commentaire des noms de Nantes ou du Vallespir : la glose ou la narration constituent par leur existence même un écart qu'elles s'ingénient à combler, mais que restaurent ce faisant les allusions intertextuelles ou les considérations historico-géographiques. Le langage, le monde, ne communiquent que ponctuellement, dans la surexposition de médiations qui instaurent la distance à mesure qu'elles la franchissent.

Si l'on retrouve toujours dans l'écriture gracquienne la double polarité de la dynamisation et de l'immobilisation (extatique ou négative, quand ce n'est pas les deux ensemble comme avec la figure du Graal proposée par *Le Roi pêcheur*[66]), cette dualité ne prend pas la même valeur selon qu'elle apparaît dans la pratique fragmentaire ou dans les fictions. Celles-ci instituent le jeu de l'identité et de l'altérité dans l'espace sémiotique unique des signes : « *Tout ce qu'on introduit dans un roman devient signe : impossible d'y faire pénétrer un élément qui peu ou prou ne le change, pas plus que dans une équation un chiffre, un signe algébrique ou un exposant superflu.* » (*En* ; II, 638-9). Autrement dit tout n'accède à l'être, pour le lecteur de roman, que « *dans l'anéantissement concomitant de toute réalité de référence* » (632). On sait que chez Gracq cette mise en lisière du réel est la condition même de l'écriture fictionnelle (« *il y va de l'honneur romanesque même, de la nature intime du roman* »), même si les emblèmes de Jünger présentent justement le contre-exemple magnifique de signes romanesques où le réel lui-même vienne se prendre et se manifester en transparence. L'altérité se conçoit alors comme métaphore narrative par quoi la valeur d'un signe peut migrer d'une signification à une autre (c'est le « *changement de signe* » évoqué par Vanessa (*RS* ; I, 769)). Ainsi dans *Le Rivage des Syrtes* s'opposent, à des moments stratégiques différents du récit, le cimetière de l'Amirauté, figé dans la glaise de son immobilité stratifiée, lieu d'« *une douce continuité pourrissante où l'emblème se reconnaissait* » (609), et l'ensevelissement du vieux Carlo dans un « *sol qui bougeait comme les dunes sous les plis de sable* » (783), dans une « *terre imperceptiblement remise en mouvement* » où le narrateur voit « *un symbole infiniment troublant* ». Il n'y a pas tant lieu, ici, d'opposer vainement le « *symbole* » et l'« *emblème* » que de constater les déplacements et les antagonismes de valeurs opérés entre des signes par ailleurs

66. La fonction du Graal dans *Le Roi pêcheur* est en effet double : sa restauration par Perceval figeait le Sens dans l'accompli de la révélation, mais la présence-absence qui est la sienne durant son occultation maintient l'ouverture toujours réitérée de la quête, c'est-à-dire la possibilité d'une dynamique temporelle et scripturale.

identiques quant à leur statut — distances dont le parcours est le fil même du récit.

Les fragments à l'inverse récusent « *l'anéantissement* [...] *de toute réalité de référence* » (II, 632) ; tout signe y désigne simultanément l'espace qui lui est commun avec les autres signes (ce que manifestent réflexivement les références intertextuelles) et un espace extérieur (du monde, du vécu, de l'Histoire) dont la présence est impliquée par le statut énonciatif même de l'écriture. C'est ainsi que se lit doublement, à mon sens, la phrase souvent citée selon laquelle : « *À Rome, tout est alluvion, et tout est allusion.* » (*SC* ; II, 892). L'homophonie évidente entre les deux attributs identifie assurément dans l'esprit du lecteur les couches de significations, les strates discursives qui depuis la chute de Rome, et particulièrement depuis la fin du XVIIIe siècle (avec un Winckelmann, par exemple) se sont superposées sur la ville et, d'autre part, « *les dépôts matériels des siècles successifs* [*qui*] *non seulement se recouvrent, mais s'imbriquent, s'entrepénètrent, se restructurent et se contaminent les uns les autres* ». L'effet est le même, d'un entassement porteur de confusion, d'une saturation du montrer qui ne peut finalement qu'occulter, ou ne laisse voir que l'épais empilement des médiations. Mais alluvions et allusions sont, d'autre part, en contradiction dans la mesure où elles relèvent de deux logiques hétérogènes et de deux lectures distinctes : celle des signes et celle des réels, dont justement Rome met en évidence, aux yeux de Gracq, la disjonction.

Ce que reconduit tout au long *Autour des sept collines*, c'est une sorte de dédoublement du lisible. D'une part, celui de l'Histoire révélée par la glose rétrospective des vestiges (et cette glose constitue en elle-même pour Gracq un objet historique), d'autre part, celui que livre au visiteur actuel la Rome d'aujourd'hui, et dont la réalité est frappée d'insignifiance au regard de la grandiloquence des signes : réalité d'« *une cité chétive vivotant pendant quinze cents ans dans les débris et les souvenirs d'une mégalopole plus grande qu'elle* » (*SC* ; II, 910), et qui dément « *une "situation" de la ville infiniment au-dessus des moyens des citoyens qui l'habitent* » (913). Le regard de Gracq sur Rome se porte davantage sur l'écart qui bée entre ces deux ordres de lecture que sur la cohésion par ailleurs manifestée par chacun d'entre eux et signalée au passage par le narrateur — cohésion des discours, qui au-delà de leur multiplicité et de leurs divergences se rejoignent en ce que tous reconstituent Rome comme signe et comme symbole ; cohésion d'une « *belle capitale moderne d'un état de moyenne dimension* » (927), agréable à vivre au quotidien (« *où on peut même* [...] *s'acheter un appartement* », conclut la section « À Rome » (936)) : « *La vérité est que, pour une ville contemporaine, répondre devant le visiteur d'un nom devenu purement fabuleux comme ROME est une gageure qui ne peut être tenue.* » (927). L'historicité de Rome se trouve alors déplacée par *Autour des sept collines* : elle ne réside ni dans un ordre des signes démenti par le réel, ni dans un réel évacué par le signe, mais dans l'illisibilité même qui résulte de la confrontation de ces deux systèmes de lecture, l'un au passé, l'autre au présent, qui ne savent pas se déchiffrer réciproquement.

La réflexion spenglerienne (ou plutôt ici : d'après Spengler) sur l'Histoire permet de tirer la leçon de cette fracture entre les choses et des signes qui ne les désignent plus, ou encore entre les signes du passé révolu et ceux qui constituent l'espace présent de l'énonciation :

> [...] comme si l'œuvre d'une civilisation, non seulement dans ses accomplissements « culturels », plus difficilement transmissibles, mais même dans ses réalisations les plus strictement utilitaires, les plus parfaitement transparentes pour le sens pratique, devenait opaque, incompréhensible, inutilisable pour son héritière, dont l'œil neuf fait brusquement — de tous ses aqueducs, de tous ses ponts, de ses portes, de ses routes, de ses tours, de ses temples et de ses palais — un paysage, un simple paysage.
>
> (*SC* ; II, 935)

La différence de sensibilité à Rome relevée par Gracq entre lui-même et Chateaubriand tient ainsi à ce que le dédoublement du lisible ne donne lieu pour ce dernier à aucune fracture mais bien à la dissolution du réel dans un espace de signes qui le transcende et dont il n'est que le témoignage, le vestige homogène à sa signification : « *L'auteur du* Génie du christianisme *n'a guère d'yeux que pour le décombre monumental de la païennie, qui le porte à rêver sur la mise au tombeau finale de toutes les grandeurs.* » (*SC* ; II, 920). Gracq écrit encore à ce sujet : « [...] *c'est par là que la Ville Éternelle — moins éternelle que plutôt film monumental immobilisé, tout entier livré à la suggestion irrésistible de l'*Avant-Après *— parlait tellement à l'imagination de Chateaubriand, toujours fascinée par tout ce qui dissout la présence jusqu'au fantôme.* » (933). Le point de vue de Chateaubriand est celui d'une éternité qui n'intemporalise pas l'Histoire, mais la ramène à ses trajectoires les plus abstraites, à une perspective terminale qui inclut le présent, à égalité avec les autres époques, dans la circulation des signes où parle « *le génie du lieu* » (928). La lecture unifiante de Chateaubriand va à cet égard à l'opposé de celle de Stendhal qui, à la même époque, ne voit dans l'appareil monumental de Rome (baroque de préférence) que l'occasion d'un tourisme surtout préoccupé par ce qui s'offre aux plaisirs présents. Stendhal ignore l'« allusion » qui commente l'« alluvion » (il « *semble un touriste d'avant Winckelmann* » (920)) — en quoi il est du seul côté du réel, autant que Chateaubriand est du seul côté du signe. Si la lecture de Gracq se situe en quelque sorte entre les deux — ce n'est pas certes pour quelque juste milieu œcuménique, mais parce que l'une et l'autre lisibilités sont trop présentes aujourd'hui pour s'effacer, pour ne pas se briser réciproquement : comme si « *le génie du lieu* » devait sembler « *au visiteur moderne bafouiller disgracieusement entre les reliques monumentales, peu à peu coupées de tout langage par la délatinisation généralisée de la culture* » (928-9).

Les Rome de Chateaubriand et de Stendhal sont opposables, en somme, comme celle que produit une lecture symbolisante, analogue à ce que permet exemplairement le roman, et celle que suscite à l'inverse une lecture désymbolisante — congruente aux notations fragmentaires proposées, par exemple, par les *Mémoires d'un touriste*. Si la forme adoptée par Gracq semble plus proche de celle proposée par le modèle stendhalien, une telle proximité doit être toutefois considérée avec prudence : Gracq, on le sait, n'est pas parvenu comme Stendhal à faire l'économie de l'« allusion » et de l'« alluvion », ni — malgré ses tentatives souvent attestées par l'ouvrage à user familièrement de Rome selon le pur présent de ce qui se livre à la flânerie et au plaisir.

Par ailleurs, on note que l'écrivain emploie significativement la même formule pour désigner la Ville éternelle et le roman : tous deux sont des *works in progress* : « *composer* » (*En* ; II, 654) un roman est cette « *chimie* » qui consiste à « *guetter et* [...] *suivre à chaque instant de son progrès les résonances et les harmoniques qui s'éveillent* » ; lire Rome aujourd'hui revient à constater « *un bric-à-brac somptueux de matériaux urbains en instance d'assemblage ou de réemploi* » (*SC* ; II, 933), à saisir plus exemplairement qu'ailleurs le « *chantier en rumeur* », « *le mouvement de marée* bâtir-détruire, *qui est le pouls de toute ville* » et que l'on «*a ici sous les yeux et sous les doigts jusqu'au vertige*». Rome donne à lire dans une co-présence simultanée ce que la remémoration de Nantes livrait pour sa part dans la double absence d'un présent prompt à s'effacer devant les résurgences du passé, d'un passé se superposant librement à un présent essentiellement ouvert et disponible. Ce qui revient à souligner que Chateaubriand lit, d'une certaine manière, Rome comme Gracq lit Nantes : comme un espace d'homogénéisation qui rend possible une ressaisie du temps par l'écriture, et dont le privilège chez Gracq appartient plutôt à ce qu'a de plus fluide la remémoration intime, tout entière livrée à la réversibilité de l'écrire et de la mémoire. À l'inverse Rome est dans *Autour des sept collines* en proie au «*travail négateur du temps*» : non la forme même du temps mais plutôt une forme qui ne parvient pas à prendre, inlassablement détruite par la sédimentation qui la produit.

L'analogie avec le roman trouve alors sa limite significative qui tient à la manière (dynamique ou en coupe figée) dont est perçu le *work in progress*. La saturation des vestiges et celle des signes étouffe la circulation lectorale au lieu de la favoriser; la densité d'une accumulation verticale qui impose sa simultanéité abolit pour Gracq la différence des temps et les jeux d'échanges, si suggestifs aux yeux de Chateaubriand, entre le même et l'autre. Aussi l'écrivain a-t-il «*étouffé à Rome et à Florence — étouffé dans l'émerveillement — un peu comme dans le confinement d'un musée sans fenêtres*» (*SC*; II, 888) : l'étouffement est à la mesure d'une perte de cette respiration si essentielle au roman selon l'auteur de «Pourquoi la littérature respire mal». Peut-être ce qui gêne Gracq dans cette «*machine à remonter le temps*» (884) (mais aussi bien, on l'a vu, à effacer le temps) qu'est Rome est-il en l'occurrence assez voisin de ce qui le gêne également dans *À la recherche du temps perdu*, où «*la production imaginative du lecteur* [...], *privée d'air et privée de mouvement par la jungle étouffante et compacte d'une prose surnourrie, n'arrive jamais à s'élancer hors d'elle* [la masse centrale du livre], *à jouer à partir d'elle librement*» (*En*; II, 627). La forme fragmentaire (on sait que Gracq use de Proust comme de Saint-John Perse : à petites doses) signale dans *Autour des sept collines* une telle asphyxie de la lecture, qui n'autorise de plaisirs que ponctuels, ou dans le cadrage à œillères d'une recomposition (ainsi le regard, au Forum, élide-t-il ou intègre-t-il, selon les moments, « *la muraille de revers* » du Campidoglio (*SC* ; II, 915)). Rome montre l'envers de la forme — pourtant apparemment identique — de l'ouvrage consacré à Nantes, tout entière dévolue quant à elle à la libération des rhizomes de la mémoire, à la circulation la plus aérée et la plus fluide possible entre les signes et les réels.

Écrire sur Rome, plus encore qu'un dialogue avec des prédécesseurs admirés (Chateaubriand, Stendhal) ou que l'exploration d'un écart permettant de faire retentir une voix singulière dans le concert d'une tradition littéraire (sous la forme, pourquoi non, d'un « coup de pistolet » dans ledit concert ?), est pour Gracq — me semble-t-il — l'occasion d'interroger les limites de cette lecture-écriture dont les fragments métacritiques (en particulier bien sûr ceux de *En lisant en écrivant*), *Les Eaux étroites* et *La Forme d'une ville* avaient auparavant formulé les principes, illustré le propos et trouvé diversement les formes d'accomplissement. Le divorce de l'écrire et de l'écrit, du signe et de la chose désignée, des modes de lecture qui relèvent des uns et des autres, rencontre en effet ici non pas son point extrême (qui est plutôt proposé par tels ou tels fragments que nous avons pu évoquer à partir des recueils) mais sa forme la plus auguste et comme son modèle de référence. Rome incarne en l'espèce, justement, une crise de la référentialité et de la symbolisation. La fréquence des allusions ou citations renvoyant au regard de Chateaubriand sur la ville désigne cette autolecture et cette autoqualification de la lecture par quoi seules, comme on l'a vu à propos de l'Èvre ou de Nantes, l'écriture peut affirmer sa souveraineté. Mais là où l'Enchanteur absorbe les vestiges dans l'espace réconciliateur des signes, Gracq exhibe leur résistance et engouffre l'écriture dans cette cassure sémiotique où afflue l'énigmatique matérialité du réel et de l'Histoire, où refluent les chances d'une emprise signifiante du sujet sur sa relation au monde.

Rome signale en somme le dehors de l'imaginaire gracquien, et pour l'écrivain le rebord de son écriture. Elle est l'occasion inégalable de mesurer les pouvoirs du langage à l'aune de ce qui constitue aux yeux du monde (de la tradition culturelle) la plénitude symbolique la plus gonflée, la figure exemplaire d'une essentialité où puissent s'ajointer le signe et la chose — en somme le symbole de tout symbole. Évoquer Rome apparaît en l'espèce comme la confrontation au modèle même légué par les humanités classiques (l'ouvrage commence par leur évocation) d'une littérature qui, soucieuse de ses modes et de ses conditions de désignation, se pense avant tout dans le présent de sa réflexivité.

D'où la nécessité de procéder au dégonflage de cette essentialité présumée, de montrer au contraire la Ville éternelle comme un signe avorté, une tentative enrayée pour appeler une signification qui se dérobe au symbole et ne se livre, partiellement, qu'à la déconstruction discursive du fragment : « *Une des tristesses de Rome, il faut le redire, est dans ces gestes grandioses, mais figés, suspendus à mi-chemin, que la liturgie et l'architecture ébauchent partout comme en rêve ou en souvenir sans jamais les achever.* » (*SC* ; II, 918). L'acharnement avec lequel Gracq enfonce l'épingle dans la baudruche vise à disqualifier Rome au regard même de l'Histoire dont elle a pendant mille ans porté les couleurs :

> Au fond de cette réserve, il y a le préjugé, en moi difficilement surmontable, que les fatalités géographiques sont plus nobles, plus éloquentes pour l'imagination, que les centres de forces noués par une seule volonté historique obstinée : Paris, New York ou Constantinople plus que Rome, Leningrad ou Berlin. (*SC* ; II, 916)

Rome devient le modèle même de ce qui manque à l'essence (incarnée par les « *fatalités géographiques* ») et tombe dans la contingence ; dans l'inessentialité d'un supplément facultatif à la plénitude du monde où ne peut que sombrer à son tour la plénitude du langage. Elle ne peut être une forme dans la mesure où elle est condamnée à demeurer toujours la mise en chantier d'un passé qui ne se rejoint plus — en quoi elle inverse exactement les attributs de cet autre chantier, producteur celui-ci, qu'est Nantes.

Si la part de Rome est aujourd'hui celle du « faire accroire », celle de l'ouvrage qui l'évoque est donc de confronter l'écriture à ses propres exigences au regard de cette inflation du symbolique. La Ville éternelle bénéficie en effet d'une créance fiduciaire qui est le legs des humanités classiques, mais dont elle-même représente d'abondance l'écart exorbitant avec l'encaisse réelle. En témoigne l'art romain dont on a vu qu'il n'était que « *réduplications mornes* » (*SC* ; II, 899), art à l'économie « *qui calcule ses coûts et triche sur ses matériaux, mesquins ou médiocres* » ; ou la brique qui laisse partout apparaître que le faste monumental des édifices n'est qu'un « plaqué » arraché par le temps, dévoilé dans son artifice ; ou le peuple romain lui-même, condamné à mimer les églogues virgiliennes ; ou les ruines mimant leur propre imitation façon « *rocaille* » ; ou enfin — mais on pourrait continuer — le nom même de Rome auquel l'époque moderne est incapable de fournir un répondant. Rome est ainsi l'exhibition d'une économie réelle et symbolique fondée sur le fonctionnement à outrance de la « planche à billets ». En ce sens elle renverse exactement l'économie de l'écriture fictionnelle et de la remémoration intime, dont Gracq précise qu'elle n'admet pas — sous peine de tarissement des sources de la mémoire et de l'imagination — une telle inflation, qu'elle se paie pour l'écrivain au prix fort et réclame une encaisse effective :

[...] le *talent* prêté et dispensé vainement ne sera pas restitué. J'ai toujours su pour ma part, et pour cette raison toujours hésité longuement à les entreprendre, que chaque livre devait être payé par l'écrivain en monnaie forte. Et j'espère — sachant trop combien c'est dérisoire — ne jamais faire fonctionner la *planche à billets.* (*L2* ; II, 320)

L'évocation de Rome projette en quelque sorte l'autre de l'écriture. Son statut temporel, celui d'une incarnation désaffectée de l'Histoire, l'excepte justement de cette épaisseur germinative et orientée du temps dont la ressaisie discursive ou l'institution narrative est la forme même des œuvres (fragmentaires ou fictionnelles) et le modèle organique de leur déploiement. Souligner l'irresponsabilité de la Ville revient à mesurer la responsabilité de l'écriture : celle-là vit sans contrainte économique « *au râtelier de la planète* » (*SC* ; II, 902) quand celle-ci se pense, en termes balzaciens, comme dépense vitale ; elle se soustrait à l'historicité dont la représentation gracquienne du temps n'est, dès après *Un Beau ténébreux*, plus séparable (Rome a « *atteint depuis des siècles sa* vitesse de libération *par rapport à l'Histoire* ») ; elle fige le mouvement même de la vie — cet objet si fuyant de tous les oiseleurs de la littérature — au profit de son artefact grandiose, qui permet à « *l'amateur d'art* » de « *s'endor*[*mir*] *le soir avec son surplus esthétique engrangé sur un mol oreiller de permanence et de sécurité intemporelle* ». La dynamique romaine est celle d'une identité sans cesse confirmée par le va-et-vient de ses figures, dont l'image est celle du « *mouvement incessant et nul d'un sablier, où la matière ne cesse de changer d'étage tout en restant constante* ». Ce sablier, que l'on retrouve aussi comme métaphore de l'identité répétitivement reconduite à elle-même dans *Le Rivage des Syrtes* (à travers le déplacement des piles de papiers sur la table de travail du capitaine Marino), évoque précisément le mouvement des « vases communicants » : mouvement tautologique malgré la référence bretonienne qui l'inspire, et dont nous avons vu qu'il servait de contre-modèle à la dynamique littéraire de la remémoration, ou à cette confrontation à l'altérité qui signe la spécificité de la pratique fragmentaire. Écrire Rome selon la dispersion des fragments consiste alors à épouser l'éclatement d'une ville qui se soustrait à toute injonction dynamique du centre, d'une ville à laquelle manque « *cette convergence monumentale qui vient dans une ville centrer l'imagination sur un seul et grand souvenir, et porter soudain à l'incandescence un point du temps* » (932-3). Écrire Rome consiste enfin à saisir la forme même de ce qui — tout encombré qu'il soit de réminiscences littéraires — se dérobe à l'écriture. En ce sens, me semble-t-il, les chemins de l'œuvre devaient mener l'écrivain à Rome comme au lieu d'une réflexivité ressaisie en creux, d'une réflexivité épurée de s'être colletée au condensé de tous les *impedimenta*.

EN FORME DE CONCLUSION

AUTOUR DES SEPT COLLINES, tout comme les autres ouvrages du cycle des lieux, inscrit le double mouvement temporel de la pratique fragmentaire, à la fois prospectif et rétrospectif. Si le rendez-vous avec Rome était marqué pour être manqué, il ne constitue pas pour autant une moindre réussite dans l'œuvre de son auteur dont il manifeste une polarité essentielle, complémentaire de celle qu'avaient préalablement développée *Les Eaux étroites* et *La Forme d'une ville* (sans préjudice des nombreux fragments que chacun de ces ouvrages peut appeler par affinités dans son champ de gravité) : la relation de l'écriture à un dehors qui résiste à son dynamisme appropriateur.

La remémoration intime est en effet susceptible d'être instituée et légitimée par le geste scriptural dont elle appelle l'archéologie réflexive. On a pu voir comment l'œuvre n'était alors possible que dans la mesure où était déjoué le procès d'objectivation propre au souvenir. Plus précisément la mémoire ne se livre que selon un double mouvement de l'écriture : celui, d'une part, qui tend à rejoindre son projet (l'évocation ou la réflexion que se propose à travers son support-prétexte chaque fragment, l'injonction adressée au devenir et à l'écriture par quelques lieux stratégiques où l'imagination et le vécu ont pu s'ensemencer réciproquement) — mouvement opéré dans une perspective d'achèvement, depuis le point de vue terminal où se situe le présent de l'énonciation, et comme tel porteur d'une objectivation qui n'est pas celle du temps retrouvé mais plutôt celle du livre écrit ; d'autre part, le mouvement qui reconduit l'écriture aux formes naissantes dont l'œuvre et le sujet à venir n'étaient encore que la promesse lointaine, une des voies possibles d'actualisation. Mouvement paradoxal puisque l'écriture est en butte à elle-même, à cette négation du virtuel qu'elle constitue par son existence même ; mais mouvement que rend possible sa réflexivité et dont la stratégie consiste à explorer les configurations où lectures et impressions sensorielles désignent en leur coalescence la source même de l'écrire. Que cette source soit finalement inaccessible tout comme l'est un achèvement de l'œuvre fragmentaire, c'est ce dont la navigation des *Les Eaux étroites* comporte spéculairement la leçon. Mais cette impossibilité garantit la possibilité du rebond, que Gracq saluait dans la phrase de Breton, et permet d'éluder le risque et la tentation du figement.

C'est à un autre type d'élusion que portent les figures énigmatiques de l'Histoire, dont la confrontation aux vestiges constitue l'objectivation la plus fermée dans la mesure où l'insistance du factuel la rend plus rebelle à « la pente de la rêverie », où elle refuse cette appropriation de la distance par quoi l'altérité peut ouvrir — comme elle le fait diversement dans *Sur les falaises de marbre*, *Le Rivage des Syrtes* ou telle paraphrase de Tacite — les chemins du récit. L'écriture rencontre alors un autre péril : celui de sa monumentalité, qui comme tel affecte le statut même de l'œuvre en marche vers son achèvement ou vers quelque entrée en postérité[67]. Gracq sans doute n'est pas Sartre pour penser la création artistique comme vouée au périssable de son inscription historique. Mais c'est moins, on s'en doute, les implications idéologiques de l'œuvre qui sont concernées que sa chance de demeurer forme vivante, comme telle en charge du sujet qui l'écrit et de celui qui la lit. *Autour des sept collines* tient à cet égard pleinement le pari qui est le sien dès les pages liminaires : celui d'une écriture qui sache jouer, contre le figement des *Considérations* qui écrasent la Ville plus encore que « *les dépôts matériels des siècles successifs* » (*SC* ; II, 882), le jeu des « *particularités* » — autant celles d'un regard se ressaisissant sans cesse lui-même dans le va-et-vient discursif de la naïveté et de la lucidité (deux formes de l'ironie gracquienne), que celles « *qui règlent* [...] *pour le visiteur le manger, le flâner, le regarder, le marcher et le dormir* », et dont les infinitifs marquent assez que la liberté réside en un présent du dire et du lire ressaisi dans sa présence. La forme fragmentaire est ici celle que suscite un objet offert à la dissolution, mais elle est aussi

67. Ce péril est le point de départ de l'essai consacré à Breton. La rencontre de Dom Juan avec la statue du Commandeur figure le « *moment assez dramatique* » (*AB* ; I, 399) où l'artiste laisse venir à lui « *une statue qui n'est autre que la sienne* », celle de sa pétrification en « *sa propre effigie* ». Breton cherchant à tout prix à fuir ce figement est certainement l'emblème (encore programmatique en 1947) de toute une éthique de l'écriture et de l'écrivain dont Gracq ne s'est jamais départi.

celle qui, confrontant la représentation à ses apories, permet à l'écriture à la fois de mesurer les limites que lui assigne ce qui lui est résolument extérieur, et de s'affranchir plus souverainement des contraintes de la référentialité.

La relation du sujet à l'œuvre ne s'entend pas, et c'est là me semble-t-il un trait caractérisant la pratique fragmentaire, sans la définition réflexive par l'écriture de ses relations avec ce dehors qu'elle institue autant qu'il la destitue. C'est celui-ci que Christel, dans *Un Beau ténébreux*, qualifie comme « *une certaine épaisseur à traverser* » (*BT*; I, 108) — expression qui vaut aussi bien pour le réel désigné par la poésie que pour celui qu'impliquent la remémoration autobiographique ou la confrontation à l'extériorité des vestiges : dans l'un et l'autre cas ce qui reflue dans une réserve énigmatique à laquelle l'écriture accède seulement de manière ponctuelle, dans le retour spéculaire qu'elle accomplit sur la variété de ses naissances à la forme. En ce sens, c'est l'ensemble de l'œuvre fragmentaire qui relève de ce que l'auteur de *La Forme d'une ville*, citant Goethe, appelle une « forme *empreinte* » (*FV*; II, 877). Forme qui est le mouvement même de l'écriture s'informant du dedans à ressaisir ce qui lui est extérieur pour se le rendre propre, ou pour rencontrer en creux son espace propre ; mouvement par lequel le sujet, le monde et la bibliothèque produisent l'entrelacs harmonique ou litigieux qui définit les échanges entre identité et altérité. La forme est en l'espèce, comme l'on voit, antérieure et ultérieure au regard de l'œuvre : elle est ce que celle-ci ne peut rejoindre qu'en en désignant le manque et l'éclatement ; elle est aussi, simultanément, ce dont l'élusion de tout figement assure virtuellement la cohésion : celle de cet « *écu écartelé, gironné* » qu'est le texte, et celle du sujet qui se trouve à en chercher indéfiniment le geste :

> Je rassemble les morceaux d'un œuf cassé, d'un cocon troué ; rien ne peut plus me rendre la poussée aveugle qui condamnait tout ce qui m'entourait à éclater, pour apprendre à exister autrement, rien non plus ne peut me rendre présente la ductilité, la plasticité d'une âme encore toute vague, sur laquelle toute impression se faisait empreinte, ou plutôt, au sens goethéen, *forme* empreinte, destinée en vivant à se développer. (*FV*; II, 877)

TABLE

IMPRIM'VERT®

Achevé d'imprimer par Corlet,
Condé-en-Normandie (Calvados), en novembre 2021
N° d'impression : 173947 - dépôt légal : novembre 2021
Imprimé en France